总第94辑（2023.2）

中国审判指导丛书

民事审判指导与参考

最高人民法院民事审判第一庭 编

人民法院出版社

图书在版编目（CIP）数据

民事审判指导与参考. 总第94辑 / 最高人民法院民事审判第一庭编. -- 北京 : 人民法院出版社, 2023.12
（中国审判指导丛书）
ISBN 978-7-5109-4000-2

Ⅰ. ①民… Ⅱ. ①最… Ⅲ. ①民事诉讼－审判－中国－丛刊 Ⅳ. ①D925.118.2

中国国家版本馆CIP数据核字(2023)第250556号

民事审判指导与参考　2023年第2辑（总第94辑）
最高人民法院民事审判第一庭　编

责任编辑　丁丽娜
出版发行　人民法院出版社
地　　址　北京市东城区东交民巷27号（100745）
电　　话　（010）67550608（责任编辑）　67550558（发行部查询）
　　　　　65223677（读者服务部）
客服QQ　2092078039
网　　址　http://www.courtbook.com.cn
E - mail　courtpress@sohu.com
印　　刷　河北鑫兆源印刷有限公司
经　　销　新华书店

开　　本　787毫米×1092毫米　1/16
字　　数　238千字
印　　张　15.5
版　　次　2023年12月第1版　2023年12月第1次印刷
书　　号　ISBN 978-7-5109-4000-2
定　　价　68.00元

特约编委

特约通讯员

北京高院　程惠炳
天津高院　段昊博
河北高院　孙　雷
山西高院　张华峰
内蒙古高院　党宏艳
辽宁高院　郝　宁
吉林高院　岳　航
黑龙江高院　边世民
上海高院　洪　波
江苏高院　秦岸东
浙江高院　陈逸群
安徽高院　王惠玲
福建高院　齐传楠
江西高院　吴玉萍
山东高院　陈东强
河南高院　刘　寒
湖北高院　王　艳
湖南高院　胡翔俊
广东高院　刘史丹
广西高院　张　芳
海南高院　麦　琳
重庆高院　明　鹭
四川高院　曾扬阳
贵州高院　龙　龑
云南高院　王俊杰
西藏高院　旦增罗布
陕西高院　滕欣燕
甘肃高院　刘建军
青海高院　王　微
宁夏高院　宋成祥
新疆高院　马忠雄
兵团法院　张志伟
军事法院　田昕鑫

目 录

【人民法庭工作专栏】

【理论前沿】

【地方法院案件解析】

【地方法院调研】

【大法官论坛】

弘扬“枫桥经验” 推进诉源治理 实现新时代人民法庭工作高质量发展*

最高人民法院党组成员、副院长　贺小荣

今天在“枫桥经验”发源地召开全国部分法院人民法庭工作调研座谈会，主要目的是调研全国部分高院辖区人民法庭做实指导人民调解法定职责、推动诉源治理情况，了解当前人民法庭自身建设存在的困难与问题，分析研判新时代人民法庭工作面临的新形势新任务，持续推动人民法庭坚持和发展“枫桥经验”，做深做实诉源治理工作，实现新时代人民法庭工作高质量发展。上午，我们实地考察了枫桥经验陈列馆、枫桥人民法庭、诸暨市社会治理中心，现场感受了“枫桥经验”的时代价值；刚刚浙江法院和部分地区法院代表介绍了人民法庭相关工作情况，提供了一系列关于人民法庭工作的创新经验和思考，最高人民法院民一庭要认真研究采纳，适当予以推广。结合近段时间的调研和思考，谈几点意见供大家参考。

一、全国人民法庭工作基本情况

近年来，最高人民法院召开第四次全国人民法庭工作会议，发布推

---

* 根据贺小荣同志 2023 年 6 月 29 日在浙江诸暨召开的全国部分法院人民法庭工作调研座谈会上的讲话整理。

动新时代人民法庭高质量发展意见，发布 4 批 145 个新时代人民法庭建设案例①，坚持“三个便于”“三个服务”“三个优化”原则，推动更高水平的平安法治乡村建设，推动提升基层治理体系和治理能力现代化。全国各地持续加大投入力度、优化法庭布局、完善保障措施、强化职能发挥，各地人民法庭依法审理各类案件，着力化解矛盾纠纷，将源头预防、多元化解、执法办案工作融入当地党委政府主导的社会综合治理体系和诉源治理大格局，人民法庭建设水平和司法服务能力稳步提升，人民群众获得感、幸福感、安全感不断增强。

一是区域布局不断优化。截至 2022 年年底，全国实际运行人民法庭 10050 个；其中，乡村法庭 6853 个、城乡接合法庭 2249 个、城区法庭 948 个，不少地区建立巡回审判点，人民法庭司法服务实现全国城乡有效覆盖，总体适应新型城镇化建设需求和经济社会发展需要。有的结合实际，因地制宜，强化行业性、类型化纠纷或者区域性突出矛盾纠纷的社会治理功能，在城区法庭、城乡接合法庭开展专业化建设。有的围绕全面推进乡村振兴，持续优化布局，保障农业农村发展、服务深化农村改革。依法保护农村非物质文化遗产，加强保护历史文化名镇名村、传统村落、民族村寨，促进优秀传统乡土文化保护和乡村文化产业发展。浙江各地农村涌现出一批诸如“环保法庭”“旅游法庭”等助力农村特色产业发展的人民法庭。目前，全国共有专业人民法庭 800 多个，约占人民法庭总数的 8%。

二是执法办案提质增效。近五年，全国人民法庭审结案件 2286.4 万件，约占基层法院结案总数的 29.7%。深化家事审判改革，加大人身安全保护令制度落实力度，依法保障留守儿童、妇女、老年人以及困难群众和特殊人群的人身安全和人格尊严。依法妥善审理养老育幼、教育培训、就业创业、社会保险、医疗卫生、社会服务、住房保障等领域案件，促进提高基层公共服务质量水平。妥善处理涉“三农”领域传统纠纷以

① 2023 年 8 月 25 日至 8 月 29 日，最高人民法院发布第五批新时代人民法庭建设案例。截至 2023 年 11 月，已发布 5 批 205 个典型案例。

及休闲农业、乡村旅游、民宿经济、健康养老等新业态纠纷案件，促进农村产业融合发展。入驻法庭的特邀调解组织、调解员队伍迅速发展，特邀调解化解纠纷和司法确认案件数量逐年上升，多元解纷取得实效。

三是司法为民成效显著。近年来参与一站式建设的人民法庭数量逐年递增，因地制宜、结合实际需求为群众提供一站式、规范化诉讼服务，在基层综治中心设立巡回服务点，最大程度释放人民法庭诉讼服务潜能。弘扬“马锡五审判方式”时代价值，依托“车载法庭”“马背法庭”“背包法庭”等广泛开展巡回审判，打通司法服务“最后一公里”。推进完善人民法庭直接立案或者派驻立案机制，推动人民法庭作为立案协作端实现跨域立案。针对案情简单、争议不大、标的额较小或者财产在辖区范围内的案件以及由人民法庭执行更加方便群众的案件，探索建立人民法庭直接执行机制或者派驻执行组执行机制，推动尽快实现当事人胜诉权益，取得良好成效。

四是诉源治理取得进展。紧紧依靠地方党委领导，紧扣市域、县域治理需求，主动融入辖区党委、政府领导的社会综合治理体系和诉源治理格局，推进人民法庭进乡村、进社区、进网格。充分运用平安建设考核、创建“无讼”乡村社区等政策措施，推动基层党委政府以更大力度加强矛盾纠纷多元化解机制建设，切实将矛盾纠纷化解在当地、化解在萌芽状态。注重矛盾纠纷实质性、源头化解，依法治理高价彩礼、干预婚姻自由等不良习气，引导依法制定村规民约，推进移风易俗，推动创建文明村镇、文明家庭。切实降低“成诉率”，实现诉源治理。对审判、执行、信访工作中发现的普遍性社会问题，通过司法建议、白皮书、大数据研究报告等方式，及时向党委、政府反馈，服务科学决策。通过巡回审判、公开审理、以案说法、送法下乡等活动，增强基层干部群众法治观念和依法办事能力。发挥司法裁判示范引领功能，加强法治宣传教育，推动社会主义核心价值观深入人心。

五是自身建设不断加强。全国人民法庭在编干警中，本科及以上学历干警占法庭在编干警总数的90%以上，人民法庭在乡村振兴、基层治理中的法律专业人才优势凸显。充分利用专业优势，加强调解工作业务指导，积极依托人民法院调解平台，在线对接基层解纷力量，开展诉前调解、司法确认等工作，鼓励和引导当事人选择成本较低、对抗性较弱，有利于修复社会关系的化解途径，推动实现诉讼案件慢增长、负增长。积极探索符合人民法庭工作实际的单独考核机制，通过考核指挥作用，极大调动人民法庭干警工作积极性，推动提升人民群众满意度。人民法庭经费保障迅速增长，装备配置基本到位，信息化建设不断加强，城区法庭、城乡接合法庭实现科技审判法庭全覆盖。

二、人民法庭建设面临的新形势新任务

人民法庭充分发挥服务基层、紧贴群众的优势，积极融入当地基层治理，服务新型城镇化建设和全面推进乡村振兴战略，推动基层治理系统化、精细化、法治化，取得一定成效。但是，人民法庭工作与党中央要求和人民群众期待相比仍有差距，面临新挑战。

（一）价值理念的挑战

人民法庭工作面向农村、面向基层、面向群众，涉及老百姓生老病死、衣食住行、婚丧嫁娶，理念不同、价值观冲突往往引发裁判标准不统一，也对人民法庭工作提出不同要求。第一，传统理念与现代理念冲突的挑战。客观地讲，受社会观念变化、时代变迁影响，不同法官受传统观念和现代观念的影响程度不同，也容易导致司法判断标准多元化。面对传统观念与现代观念冲突引发的司法裁判标准不统一，需要法官更多地了解社会发展的多元性、更深入地研究矛盾冲突的根源性；需要完善人民法庭法官选派、人民陪审员参审等机制，法官才能更好地适应和胜任人民法庭工作。第二，城市观念与乡村观念交织的挑战。人民法庭分城区人民法庭、城乡接合人民法庭、乡村人民法庭三类。城市生活节奏快，包括新业态用工、网络消费等具有典型城市特征的纠纷；乡村生活节奏慢，由此引发既有传统的涉“三农”纠纷，也有新型城镇化过程

中产生的涉“村转居”、休闲养老、民宿经济等纠纷。这就对不同类型人民法庭的司法能力提出了不同要求，也对人民法庭分类管理提出了不同要求。第三，法律规范与风俗习惯适用的挑战。我国乡村人民法庭占比近70%，大量村规民约、风俗习惯在纠纷化解中起着重要作用。民法典第十条规定：“处理民事纠纷，应当依照法律；法律没有规定的，可以适用习惯，但是不得违背公序良俗。”因此，人民法庭在化解民事纠纷时，一方面要妥善处理适用法律与适用习惯的关系，另一方面更要引导依法制定村规民约，推进移风易俗，依法治理高价彩礼、干预婚姻自由、虐待遗弃家庭成员等不良习气，依法打击封建迷信活动。

（二）制度机制的挑战

第一，公正与效率的关系。公正是根本要求，效率是人民期盼。人民法庭在司法一线，案件量居高不下，矛盾纠纷层出不穷，更要准确把握好公正与效率、快与慢的辩证关系。今年两会后，最高人民法院新一届领导班子第一次党组会就提出要做深做实公正与效率，张军院长对此多次提出明确要求。人民法庭要始终坚持效率必须服务服从于公正，“快”必须以“好”为基础，精准把握“快”与“慢”、实体与程序的辩证关系，不考虑公正的高效率是低效率、负效率。同时，高效司法也是人民的期盼，迟到的公正会让公正打折扣。在处理公正与效率、实体公正与程序公正的辩证关系上，恰好体现了人民法院、人民法官的政治智慧、法治智慧、审判智慧。在这方面，人民法庭可以大有作为。第二，调解与判决的关系。一方面，不同层级法院职能定位不同，人民法庭职能是化解矛盾、定分止争，应当鼓励调解优先，同时不能违背合法原则和自愿原则；另一方面，也要当判则判，实现“判决一案、治理一片”，通过巡回审判、示范性诉讼等机制，为辖区同类行为或者相关行业树立行为规范和行业规则。第三，综合性与专业性的关系。人民法庭专业化建设对服务保障当地经济社会发展、实现“有为才有位”意义重大，但是坚决不能弱化人民法庭的综合性功能；农村地区和城市近郊要继续加强和完善综合性人民法庭建设，城区法庭要审慎稳妥推进专业化建设。要处理好专业性与综合性、专业化功能与传统功能的关系，遵循实事求是、因地制宜、确有必要原则。第四，依法履职和自身建设的关系。加强人民法庭自身建设是实现依法履职的基础，要更加主动向党委及党委政法委汇报，积极争取党委、政府的财政支持，持续加强人、财、物的保障。例如，从经费保障看，人民法庭维修等临时性支出和信息化建设经费缺口较大；基础设施经费不足，超过一半省份尚未实现一个法庭配备一辆办公用车和一套安检设备。在人、财、物省级统管改革省份，人民法庭服务保障当地基层治理和经济社会发展的经费来源尚未落实、保障尚不到位。

（三）能动履职的挑战

第一，源头预防方面。争取同级党委、政府支持的积极性、主动性有待加强，各地对矛盾纠纷综合治理体系、诉源治理工作重视程度、建设力度不一，有的与“街乡吹哨、部门报到、接诉即办”的基层治理机制要求相比仍存在较大差距。人民法庭推动诉源治理、参与基层治理的途径和范围有待进一步明确，立足执法办案积极融入党委领导、政府主导的基层治理体系的方法和举措有待丰富，向辖区党委、政府提出司法建议或决策参考的意识和科学性有待提高。第二，多元解纷方面。落实人民调解法等规定，履行指导人民调解业务的法定职能尚需进一步做实，人民法院诉调对接平台需要完善，人民调解的司法确认率有待提升。民间矛盾纠纷底数不清，成诉情况不明，个别地方出现矛盾纠纷激化或者“民转刑”恶性事件。常态化调解业务培训不到位，有的调解员知识、技巧不足，影响纠纷诉前就地化解质效。特邀调解、人民调解经费补贴机制不完善、落实不到位，部分调解员工作积极性不高。诉前委派调解、诉中委托调解的实践应用举措有待丰富，发挥人大代表、政协委员、当地乡贤等解纷优势，结合实际打造调解品牌成效不够，等等。第三，执法办案方面。应对涉新型城镇化建设案件，如金融借款、新兴业态纠纷的司法能力有待提升，送达难问题较为突出，影响个案审理的“公正与效率”。树立培养“立审执一体化”审判理念和穿透式审判思维不够，因地制宜推进人民法庭“立审执一体化”不够，不利于矛盾纠纷实质性化解。典型案例挖掘培育不够、示范性诉讼作用有待加强、法治宣传方式方法有待丰富。

（四）人员队伍的挑战

第一，人案矛盾、人事矛盾突出。人员配备、办案数量及参与社会治理三者的紧张关系是现阶段人民法庭建设普遍存在的问题。目前，全国人民法院每年人均结案超过230件，有的超过300件。第二，基层工作能力经验不足。在编人员中大学本科及以上学历占90%以上，但是相比于基层纠纷化解能力要求，不少基层法官的群众工作能力和矛盾化解经验尚有不足。第三，人员编制、人才吸引机制不完善。受所属基层法院编制制约明显，以案定员、以事定员的人员编制配备动态调整机制不健全，非在编人员与在编人员比例接近1：1，但是非在编人员待遇低、队伍不稳定。

三、弘扬枫桥经验，推进诉源治理，实现新时代人民法庭工作高质量发展的基本考虑

习近平总书记指出，“法治建设既要抓末端、治已病，更要抓前端、治未病。我国国情决定了我们不能成为‘诉讼大国’”①。2022年中央1号文件明确，创建一批“枫桥式人民法庭”，推进更高水平的平安法治乡村建设。2023年中央1号文件提出，坚持和发展新时代“枫桥经验”，完善社会矛盾纠纷多元预防调处化解机制。张军院长多次指出，要加强诉源治理，做实新时代“枫桥经验”。今后一段时期，新时代人民法庭工作要紧紧围绕“公正与效率”工作主题，弘扬“枫桥经验”，推进诉源治

① 习近平：《坚定不移走中国特色社会主义法治道路，为全面建设社会主义现代化国家提供有力法治保障》，载《求是》2021年第5期。

理，做深做实为大局服务、为人民司法，推动新时代人民法庭工作高质量发展。

第一，坚持党的领导，把人民法庭建设成为厚植党执政根基的重要堡垒。张军院长多次强调要厚植党的执政根基。如何理解和落实？一方面，人民法庭是巩固党执政基础的重要力量。人民法庭扎根基层、面向群众、服务群众，是基层政权的重要组成部分，是党执政的“神经末梢”之一，在化解矛盾纠纷、维护基层稳定、巩固基层政权方面具有重要作用，为“经济快速发展”“社会长期稳定”两大奇迹作出了应有贡献。所以说，做好人民法庭工作就是厚植党的执政根基。另一方面，人民法庭工作高质量发展离不开党的领导。要紧紧依靠各级党委总揽全局、协调各方的制度优势，把党的政治优势、制度优势转化为工作优势、治理效能。浙江共享法庭之所以能全面推开，取得诉源治理重大成效，根本原因就在于始终坚持党的领导；省级层面成立共享法庭建设工作协调小组牵头抓总，及时研究解决重点难点问题；11个设区市成立协调小组，由市“两办”或者政法委印发实施方案，各成员单位充分履职，形成党委牵头、法院主推、部门协同、多方参与的工作大格局。紧紧依靠党委领导，积极争取政府支持，是新时代人民法庭工作高质量发展最重要内容之一。各地人民法庭工作要以毛泽东同志批示学习推广“枫桥经验”六十周年、习近平总书记指示坚持发展“枫桥经验”二十周年为契机，抓住历史机遇，在当地党委领导、政府支持下，取得更为长足的发展。

第二，坚持司法为民，把人民法庭建设成为向人民群众输送公平正义的重要桥梁。人民法庭是司法服务人民群众、维护公平正义的最前沿，具有贴近基层、贴近群众的优势。人民法庭通过输送司法产品，让人民群众及时感受到公平正义，充分体现了人民法庭的桥梁和窗口作用。浙江持续优化布局，通过2.7万个共享法庭，实现乡镇（街道）和村（社区）基本实现共享法庭服务全覆盖，让群众感受到公平正义就在身边。党的十八大以来，人民法院司法便民工作取得长足进步，一站式多元解纷和诉讼服务体系建设、智慧法院建设等取得举世瞩目的成绩，得到人民群众的一致认可，可以说，中国的司法便民在世界上是一流的。与此同时，也要深刻认识到，社会主要矛盾发生了新的变化，人民群众对公平正义有了更高期待。人民群众打官司，不仅希望获得便捷高效的诉讼服务，更加希望得到一个扎扎实实、公平公正的裁判结果；司法便民不是目的，真正的司法为民是案结事了政通人和。这就要求我们在巩固拓展一站式纠纷解决和诉讼服务等司法便民工作机制的同时，要在不断打造真正体现合理合法合情的裁判文书上、持续提升司法公信力上下更大功夫，努力满足人民群众日益增长的多元司法需求，让人民群众高效获得公正的司法产品。

第三，坚持中国道路，把人民法庭建设成为国家治理体系现代化的基层样板。基层治理是国家治理的基石，人民法庭是司法服务基层治理的最前沿，促进基层治理，既要依法依规，又要符合国情。一是坚持调解优先。就四级法院职能定位来看，不同层级法院职能定位不同，例如，最高人民法院重在统一法律适用，树立裁判标准；而对于位于最基层的人民法庭来说，化解矛盾、定分止争是第一位的，应当在依法自愿原则基础上鼓励调解优先。二是解纷主体多元。浙江共享法庭之所以受到人民群众广泛好评，其生命力就在于对人民调解、社会解纷、基层综治等力量持一种开放态度，让人民法庭成为一个社会治理平台，形成矛盾化解合力。这个观念很重要，一方面把社会解纷力量“引进来”有效化解矛盾，另一方面让法庭资源“走出去”加强解纷指导，同时，通过司法确认等诉调对接机制，保障多元解纷权威，维护群众合法权益。这就是解纷主体多元的内涵，而不是法官“唱独角戏”。三是程序灵活多样。民事诉讼法就普通程序、简易程序都作了明确规定，尤其是中级人民法院、高级人民法院一审、二审程序，有一套严格、复杂的程序要求，因为程序利益也是当事人的重要权益，程序公正对实现公正裁判具有独立价值。但是，人民法庭开庭可以程序灵活，不必拘泥于严格的法庭辩论、调查等，一方面民事诉讼法规定了可以简化的环节，另一方面当事人具有程序利益处分权，只要当事人同意，就可以作适当简化。关键在于化解矛盾，实现案结事了。有的人民法庭设立“茶叙”工作室，请当事人围坐喝茶、叙情明理，让热茶暖心，纠纷化解，实现“杯茶解纷”。四是注重实质化解。人民法庭处理案件，要树立培养“立审执一体化”审判理念和穿透式审判思维，注重实质化解、源头解纷，防止衍生诉讼，不要走过场、走形式，防止程序空转。人民法庭实质性化解诉讼纠纷，能够提高当事人自动履行率、当场执行率，现场解决就不存在执行等问题，也就实现了执源治理。

第四，坚持科技支撑，把人民法庭建设成为多元参与、社会共享、诉调对接的解纷平台。智治是市域社会治理现代化的重要治理方式。以浙江共享法庭为例，它以实体化场所为支点，以数字化平台为依托，将司法触角延伸到镇街、村社等社会治理的最末端，把调解指导、纠纷化解、风险防范、普法宣传、线上诉讼等服务送到群众“家门口”，推动矛盾纠纷解决网络和机制在最基层发挥实效。一是改变了传统法庭的物理结构。浙江实际运行的人民法庭共有 338 个，但通过共享法庭机制，共建成人民群众可以实际参与点位达 2.7 万个，覆盖 100%的乡镇（街道）、98%以上的村（社区）以及众多行业协会、调解组织、社会团体等。不增编、不建房，人民群众通过一根网线、一块屏幕就可以参与人民法庭有关活动。二是拓展了传统法庭的管辖范围。共享法庭不再局限于传统人民法庭管辖的一个或者几个乡镇（街道），通过数字化改革可以跨域甚至跨国提供有关诉讼服务、开展有关庭审活动等，相比于传统法庭，管辖范围得到大大延伸。三是提高了传统法庭的审判效率。共享法庭可以通过连线“庭务主任”等方式随时随地帮助送达，解决送达难等问题，与传统人民法庭要花三分之一的审限用在送达上相比，效率大大提高，“公正与效率”工作主题得到有效做实。四是夯实了人民法庭的功能定位。除了组织诉前调解，及时公正裁判案件，共享法庭还可以低成本方式实现诉源治理、调解指导、普法宣传等功能，凝聚和动员全社会力量共同化解矛盾，所以共享法庭大大夯实和拓展了传统人民法庭的职能定位。

第五，坚持诉源治理，把人民法庭建设成为指导人民调解、发挥制度优势、协调社会力量、履行社会责任的前沿阵地。一是要以理念现代化引领人民法庭诉源治理工作。坚持“办理一案、治理一片”，坚持把诉调对接的“调”再向前延伸，加快推进民事审判理念现代化，围绕提升诉源治理工作水平，服务国家治理和社会治理大局开展工作，把以审判理念现代化服务保障中国式现代化的理念贯彻人民法庭工作始终。二是积极参与矛盾纠纷源头治理。进一步明确人民法庭参与基层治理方式与途径：对没有形成纠纷的社会问题可以提出法律风险防控预案；对已经发生矛盾纠纷的社会问题可以提出可能适用的法律依据以及相应裁判尺度，但是不宜在诉讼外针对纠纷本身直接提出意见；对普遍性问题可以及时提出司法建议并推动将司法建议落实情况纳入相应考核体系。三是做实指导人民调解法定职能。会同司法行政部门，通过组织人民调解员旁听庭审、依法确认调解协议、聘任人民调解员为人民陪审员、设立人民调解指导员、定期分析反馈调解协议确认情况、开展业务培训等措施，共同做实指导人民调解的法定职能；定期向县级司法局、乡镇政府、乡镇司法所等通报民间纠纷成诉情况，推动形成矛盾纠纷共同分析、预判、处理机制；高度重视因家事、邻里等民间纠纷引发恶性伤人事件的预防化解工作，会同司法行政机关建立民间矛盾纠纷可能激化或者引发“民转刑”等恶性事件的双向预警通报机制，共同做好隐患排查、前端化解、综合治理工作；推动将民间纠纷成诉情况作为人民调解工作的考核及表彰等正向激励的依据。四是发挥体制优势化解行政争议。以人民法庭为支点，撬动社会综治中心发挥作用。以诸暨市社会治理中心为例，集中优势力量，强调分层分级治理，将基层智治系统中事项根据难易程度等要素，划分为4个层级（1级至3级事项分别由网格、村社、镇街负责处置，4级事项由县级及以上相关部门负责处置），着重加强对1级至3级事件的督办考核，有效提升矛盾源头吸附能力和基层自治能力，大量行政复议案件可以就地化解。另外，发挥文化优势化解民事争议。注重利用中华优秀传统文化，例如和为贵、重义轻利等价值观，推动完善符合辖区经济社会、地域文化特点的纠纷预防化解机制，打造调解或者纠纷化解品牌，以优秀品牌形象提升调解影响力。

第六，坚持强基导向，把人民法庭的自身建设作为推动人民法庭高质量发展的重要保障。一是坚持以案定员、以事定员，建立省级层面人员编制动态调整机制，推动向基层和办案一线倾斜，基层法院在核定编制内向案件数量多、基层治理任务重的人民法庭倾斜。二是科学配置人民法庭人员，综合考虑法庭案件特点、法庭类型等因素，确保法庭部分人员稳定性和年龄结构合理性；建立人员轮岗交流机制，推动实现人民法庭长期工作人员在入额遴选、晋职晋级、领导干部选任时同等条件下优先考虑机制，让人民法庭真正成为新晋人员锻炼基地、审判骨干培养平台、领导干部成长摇篮。三是根据事权与财权相统一原则，积极争取当地财政经费，保障人民法庭服务辖区经济社会发展，会同司法行政部门推动落实人民调解经费保障机制。四是因地制宜根据实际需要推进人民法庭一站式建设和人民调解平台“三进”工作。五是推动健全符合实际的专门考核办法，适当增加诉源治理、诉前调解等考核权重，重点考核“化解矛盾”质效。六是加强法庭安保工作，完善安全防范设施装备配备，强化案件风险评估和安全隐患排查，加强防范措施和应急处突演练，落实“人防、物防、技防”措施。

加强人民法庭诉源治理工作是一个系统工程，高级人民法院要强化主体责任，主动争取省级党委、政府支持，就加强人民法庭诉源治理、促进国家治理和社会治理的工作思路向省级党委作专题汇报。更加注重强基导向，把人民法庭建设作为乡村振兴、平安法治乡村建设等重点工作之一纳入党委政府总体工作格局，推动解决实际困难。中基层人民法院要主动向当地党委、政府专题汇报，全面如实反映人民法庭工作的重要性、存在问题等，积极争取当地人财物支持，共同解决工作难题。要探索三级法院院长抓法庭工作的组织领导思路，切实把人民法庭工作当作“一把手工程”，将法院工作重心下移到基层基础，定期研究解决人民法庭在职能发挥等方面存在的问题困难和解决思路举措，积极推动人民法庭工作高质量发展。

【涉民营企业、民营企业家人格权保护专题】

最高人民法院发布涉民营企业、民营企业家人格权保护典型案例

2023年10月16日下午，最高人民法院发布涉民营企业、民营企业家人格权保护典型案例并回答记者提问。最高人民法院民事审判第一庭庭长陈宜芳、最高人民法院民事审判第一庭副庭长吴景丽和最高人民法院民三庭副庭长边永民出席发布会。发布会由最高人民法院新闻局副局长王斌主持。

党的二十大报告提出："优化民营企业发展环境，依法保护民营企业产权和企业家权益，促进民营经济发展壮大。"2023年4月21日，习近平总书记主持召开二十届中央全面深化改革委员会第一次会议，会议强调"支持民营经济发展是党中央的一贯方针"。《中共中央、国务院关于促进民营经济发展壮大的意见》指出要"加快营造市场化、法治化、国际化一流营商环境，优化民营经济发展环境，依法保护民营企业产权和企业家权益"。在今年全国两会上，不少代表和委员高度重视民营企业和民营企业家权益保护，建议加强对民营企业、民营企业家人格权保护，持续优化营商环境。9月25日，最高人民法院发布了《关于优化法治环境 促进民营经济发展壮大的指导意见》，要求依法保障民营企业和企业家人格权。为深入贯彻落实党中央决策部署，回应代表、委员和人民群众关切，我们今天发布涉民营企业、民营企业家人格权保护典型案例，进一步推动营造有利于民营经济发展的法治环境。

加强对民营企业、民营企业家人格权司法保护，及时制止侵害民营企业、民营企业家名誉权等人格权的违法行为，对于强化民营经济发展法治保障、持续优化营商环境具有重要意义。人民法院始终坚持以习近平法治思想和习近平总书记关于民营经济发展的重要论述为指引，落实党中央、国务院关于促进民营经济发展壮大的意见，认真履行支持保障民营经济发展的政治责任、法治责任、审判责任，以高质量审判服务高质量发展。

此次发布的涉民营企业、民营企业家人格权保护典型案例涉及网络自媒体蹭热点编造散布虚假信息侵害民营企业声誉，基于不当目的注册商标侵害民营企业家人格尊严，无事实依据抹黑企业或者企业产品，在微信朋友圈及群聊中发布侮辱性言论侵害企业名誉权，同业竞争者虚假投诉进行商业诋毁等问题。这六个案例主要有以下四个方面特点。

一是切实保护民营企业名誉权，营造有利于民营经济发展的舆论环境。企业及企业家的名誉是企业赖以生存和发展的重要基础，依法保护民营企业、民营企业家名誉权是构建法治化营商环境的应有之义。某科技公司诉某文化公司、某传媒公司名誉权纠纷一案，审理法院对网络自媒体恶意侵害知名企业名誉权的认定标准以及网络自媒体账号之间相互引流的共同侵权行为认定进行了积极探索，依法惩治对民营企业的污蔑、诽谤等侵权行为，支持民营企业为经济社会发展履行社会责任、作出积极贡献。

二是有力维护民营企业家人格权益，营造关心尊重民营企业家的良好社会氛围。民营企业家的名誉权等人格权益受损不仅关系其个人权益，也会在很大程度上影响到企业的形象和正常经营发展，处理不好，会破坏民营企业的稳定预期和发展信心。谢某诉陈某人格权纠纷一案，审理法院从普通社会认知角度，对陈某恶意行使商标权侵害民营企业家姓名权和人格尊严作出否定性评价，并判决陈某承担法律责任，积极发挥审判职能作用，有效地维护民营企业家合法权益，为民营企业正常生产经营提供司法保障。

三是依法规制网络侵权行为，营造健康清朗网络环境。健康、清朗的网络环境是良好营商环境的重要组成部分。网络信息传播具有言论表达便捷、受众面广、传播速度快等特点。部分网络自媒体基于博取流量、吸引眼球等动机，在互联网空间散布不实信息、发表不实言论，对民营企业声誉造成严重负面影响，极大地损害了企业经过长期努力建立起来的企业形象和市场评价。互联网并非法外之地，在网络平台发布言论，不得违反法律，不得侵害公共利益及其他主体合法权益。某文化创意公司诉王某某名誉权纠纷一案，审理法院认定在微信朋友圈及微信群聊中发表贬损性、侮辱性的言论信息构成侵权，明确责任承担，对于审理此类案件具有参考意义和指引价值。在某通讯器材公司诉闫某网络侵权责任纠纷一案中，被告在没有事实依据的情况下，通过网络平台发布信息诋毁民营企业名誉，审理法院判令行为人承担侵权责任，维护了企业名誉权，回应了民营企业在发展过程中的司法需求，体现了人民法院优化营商环境、保障民营企业正常开展生产经营活动的司法导向。

四是严惩商业诋毁行为，营造公平有序竞争环境。商誉是经营者在市场经营活动中经过长期努力建立起来的企业形象和市场评价，良好的商誉能够为经营者赢得更多的交易机会，是企业在激烈竞争中赖以生存发展的基石。但是，有的经营主体通过编造、传播虚假信息或者误导性信息实施商业诋毁，损害竞争对手商誉，扰乱市场竞争秩序。在某食品有限公司诉某文化科技有限公司商业诋毁纠纷一案中，被告采取片面的、以凸显自身优势、散布竞争对手劣势为主的直接比较方式，使公众对竞争对手产品的品质产生误解，损害了竞争对手的商业信誉与商品声誉，审理法院判令被告删除涉案视频、公开道歉并赔偿经济损失，对以不实短视频方式损害民营企业形象和名誉的不正当竞争行为作出否定性评价，充分体现了人民法院依法严厉制裁商业诋毁行为、维护公平竞争市场秩序、保护民营企业合法利益的司法价值导向。

民营经济是推进中国式现代化的生力军，是高质量发展的重要基础，是推动我国全面建成社会主义现代化强国、实现第二个百年奋斗目标的重要力量。下一步，人民法院将进一步发挥审判职能作用，找准司法保障民营经济发展壮大的结合点和着力点，在持续优化民营经济发展法治环境中做实为大局服务、为人民司法。

最高人民法院涉民营企业、民营企业家人格权保护典型案例

目　录

案例1　网络自媒体蹭热点，编造虚假信息，侵害民营企业声誉，依法应承担侵权责任

——某科技公司诉某文化公司、某传媒公司名誉权纠纷案

【基本案情】

“某某森林”项目系原告某科技公司发起、推动的绿色、低碳公益项目。2021年5月6日，被告某文化公司在其运营的微信公众号发布文章，称原告利用全国用户积攒碳排放指标，再将排放指标卖给重污染企业，帮助重污染企业污染环境等。该文章发布后，阅读量超7万余次，不少读者留言质疑、否定“某某森林”项目。此后，某文化公司又将案涉文章转发于其在今日头条号等运营的多个自媒体平台账号中。2021年5月8日，网络自媒体某传媒公司也在其微信公众号等多个自媒体账号中转发了案涉文章。

某科技公司曾就案涉事件发布澄清说明，并向某文化公司、某传媒公司发送律所函，但收效不佳，遂以两公司侵犯名誉权，损害“某某森林”绿色公益项目声誉为由提起本案诉讼。

【裁判结果】

审理法院认为，某文化公司发布案涉文章的前述内容与客观事实不符，社会公众在“某某森林”小程序中种下的虚拟树，原告将通过捐赠款项方式交由合作方中国绿化基金会等公益组织进行实际种植，原告对“某某森林”项目种下的绿植不享有财产性权利，更不因此获得碳排放指标，且从未以此进行过碳汇交易。某文化公司发布不实信息的行为，已导致原告及“某某森林”绿色公益项目社会评价显著降低，对原告名誉权构成了侵害。两被告公司的网络自媒体账号存在长期固定的转载、引流关系，有共同开展广告推广等商业行为，且自媒体账号经营者存在相

互出资及人员任职交叉等情形，可以认定两被告在主观上对于侵权文章的撰写、转载和扩散具有共同的意思联络，客观上实施了具有协同性的侵权行为，结果上共同导致了虚假信息在网络空间的广泛传播，造成原告社会评价降低，符合共同侵权的构成要件，应当承担连带责任。遂判决两被告停止侵权、删除案涉文章、公开赔礼道歉、消除影响并赔偿经济损失。

【典型意义】

数字时代人们习惯浅阅读、快阅读，自媒体数量剧增，舆论影响力大。部分网络自媒体为博取眼球，对热点事件进行恶意消费，有些甚至形成“蹭热度—引流量—涨粉丝—变现”的灰色流量营销产业链，并通过搭建自媒体矩阵在不同自媒体平台同时发布虚假、不实信息，对企业和企业家的声誉造成严重冲击，极大损害了企业通过大量投入和长期经营打造的良好形象。本案对网络自媒体恶意侵害知名企业名誉权的认定标准以及网络自媒体账号之间相互引流的共同侵权行为认定进行了有益探索，有利于依法惩治对民营企业的诽谤、污蔑等侵权行为，有利于鼓励和支持民营企业履行社会责任、积极投身社会绿色公益事业、为经济社会发展作出贡献。

案例 2　基于不当目的注册包含他人姓名的商标构成对他人姓名权和人格尊严的侵害

——谢某诉陈某人格权纠纷案

【基本案情】

原告谢某系某上市公司董事长，其本人及名下公司有较高知名度。被告陈某与原告谢某系老乡，两人早年间曾有经济纠纷。2014 年至 2022 年间，陈某陆续申请注册多个与谢某姓名及其名下公司名称同音同字或同音不同字或谐音的商标，以及将谢某姓名与其公司名称或老家地址相关联的商标，注册商标所涉商品类别包含了骨灰盒、棺材、寿衣等殡葬用品，部分商标已获注册并使用在骨灰盒等商品上。在谢某对上述商标提起撤销申请后，陈某仍以谢某名字提交同类别的注册商标申请。2022年，陈某注册登记与谢某同名的丧葬用品经营部，经营范围为殡仪用品销售、殡葬服务等。

谢某认为陈某在未经其允许的情况下擅自以侮辱方式使用其姓名及其公司名称，违反社会道德和公序良俗，严重损害其本人及名下公司形象，致使其社会评价降低，并造成其本人及亲属极大精神压力，故起诉要求陈某不得使用相关商标，并要求陈某赔礼道歉、赔偿损失、支付精神损害抚慰金。

【裁判结果】

审理法院认为，陈某以谢某姓名及其名下公司名称申请注册商标并使用在殡葬用品上，系基于不当目的针对谢某的行为，主观恶意明显。陈某的行为即便从普通社会认知角度看也明显超出了合理的范畴，有违社会公序良俗，已侵犯谢某的姓名权和人格尊严，应承担相应的民事责任。故判决陈某停止使用相关商标、赔礼道歉并赔偿精神损害抚慰金。

【典型意义】

随着社会发展的多元化，侵害人格权的行为方式呈现多样化、隐蔽化，表现为形式上符合法律规定而实质上违反诚实守信、公平正义、公序良俗，对这类行为应当及时制止。本案中，被告与原告早年间曾产生经济纠纷，后基于不当目的针对原告实施的行为主观恶意明显，审理法院通过对陈某恶意行使商标权的否定性评价，判令陈某停止使用注册商标并赔礼道歉、赔偿精神损失，依法惩治了侵权行为，维护了企业家人格权益，有利于引导营造保护企业家合法权益的法治环境。

案例3　惩治网络侵权行为，维护民营企业名誉权

——某通讯器材公司诉闫某网络侵权责任纠纷案

【基本案情】

2019年，被告闫某在新浪微博发表文章，文章包含原告某通讯器材公司的产品系严重伪劣产品，原告高价购买检验合格报告，非法竞标等内容。上述文章被多人浏览、转载。原告某通讯器材公司认为闫某所传播的不实信息使其商业信誉严重受损，严重影响其生产经营。遂提起本案诉讼。

【裁判结果】

审理法院认为，原告某通讯器材公司法人名誉权依法受法律保护。经对原告公司镀锌钢丝产品抽样检查，证明该产品符合相关产品标准，质量合格，并无被告所称质量问题，故此，被告在没有证据证实原告产品质量不合格的情况下，发布感情色彩强烈的信息诋毁原告名誉，损害了公众对原告的信赖，降低了原告产品的社会评价，对其商业信誉产生了影响，侵害了原告的名誉权，应当承担法律责任。遂判决闫某删除所发布信息并公开赔礼道歉。

【典型意义】

企业名誉是企业赖以生存和发展的重要基础，依法保护企业名誉权是构建法治化营商环境的应有之义。通过互联网诋毁企业名誉，具有受众面广、传播速度快、言论表达便捷等特点，极大地损害了企业经过长期努力建立起来的企业形象和市场评价，影响恶劣。本案通过判令侵权人承担侵权责任，维护企业名誉权，体现人民法院优化营商环境、保障民营企业正常开展生产经营活动的司法导向。

案例4　在微信朋友圈及群聊中发布贬损性、侮辱性言论，构成侵害企业名誉权

——某文化创意公司诉王某某名誉权纠纷案

【基本案情】

原告某文化创意公司经营“某东居家”线下专营店，从事某东居家家装的装修建材一站式服务的经营。被告王某某原系原告的员工，离职后因劳动报酬问题与原告产生争议。自2022年4月起，王某某在微信朋友圈以及微信群聊中多次发布原告经营的“某东居家”专营店是骗子公司等内容及其他贬损性、侮辱性信息。原告认为王某某侵犯其名誉权，遂提起本案诉讼。

【裁判结果】

审理法院认为，被告王某某在其微信朋友圈及微信群聊中，对原告某创意文化公司经营的专营店连续发表贬损性、侮辱性的言论信息，且该不当言论信息为一定范围内公众所知悉，导致部分公众（包含部分客户在内）对原告所取得授权的品牌店产生负面认识，造成社会评价降低，侵犯了原告的名誉权，依法应当承担侵权责任，判令由王某某在其微信朋友圈中向原告道歉。

【典型意义】

微信群、微信朋友圈传播信息速度快、范围广。本案被告因与原告发生纠纷后通过微信朋友圈等多次发表针对原告在当地专营的线下专卖店的侮辱性信息，导致了对原告公司专营业务的社会评价降低，严重影响企业声誉。本案裁判规范惩治利用舆论侵害企业名誉权的侵权行为，对网络用户通过在朋友圈、微信群聊等发布负面言论方式侵害企业名誉

权的案件审理具有参考价值，引导网络用户依法使用微信等社交软件。

案例 5　规制短视频带货行为，保护民营企业商誉

——某食品有限公司诉某文化科技有限公司商业诋毁纠纷案

【基本案情】

被告某文化科技有限公司制作并在其某短视频平台账户上发布了短视频《三招挑选优质列巴》，视频中对包括被告经营的列巴和原告某食品有限公司生产的数款列巴产品进行比对评测。对比中，主播在指向原告产品时使用“他不是纯的黑小麦”“他的颜色实际上是染出来的”“用的只是普通的黄油”等内容，在指向被告产品时使用“只有黑麦粉没有其他的小麦粉”“用的是最好的黄油”等内容。被告在某短视频平台的自营账号粉丝量较大，有一定影响力。原告认为被告损害了原告商业信誉与商品声誉，遂诉至人民法院，请求人民法院判令被告删除涉案视频、公开发布道歉声明、赔偿经济损失及合理费用等。

【裁判结果】

审理法院认为，某文化科技有限公司依托短视频平台，利用大数据算法，通过传播短视频推销旗下经营的列巴产品，以同类商品的横向测评，彰显自身商品竞争优势，影响消费者评价、购买决策，是针对竞争对手发布比较广告的行为。某文化科技有限公司在制作与发布涉案视频时，未尽到应有的谨慎注意义务，无视国家、行业有关标准，采取片面的、以凸显自身优势、散布竞争对手劣势为主的直接比较方式，使相关公众对竞争对手产品的实际品质产生误解，损害竞争对手商业信誉与商品声誉，该行为构成商业诋毁。遂判决某文化科技有限公司删除涉案短视频、公开发布道歉声明，并赔偿经济损失。

【典型意义】

对于民营企业，好口碑就是最大的流量。近年来，短视频 App 异军突起，平台准入门槛低、信息传播快、舆论影响力大，已成为企业扩大知名度、提高竞争力的“新阵地”。但一些经营主体违反商业道德和诚信原则，发布不实或误导性短视频，以测评之名行营销之实，不仅误导消费者，破坏了互联网公平竞争的市场秩序，更严重损害了其他民营企业的商誉。本案的审理，明确了经营主体发布测评短视频的性质，对以不实短视频损害民营企业形象和名誉的不正当竞争行为作出否定性评价，对澄澈天朗气清、生态良好的网络空间，打造公平竞争、健康有序的民营经济营商环境具有重要意义。

案例6　同业竞争者虚假投诉造成对方损失，构成商业诋毁

——某网络公司与某生物公司商业诋毁纠纷案

【基本案情】

被告某生物公司是某品牌手撕风干牛肉的生产商，因不满原告某网络公司网络店铺内售卖的该品牌手撕风干牛肉价格比被告官方旗舰店售卖的同类商品价格低 3 元，多次要求原先调整价格未果后，于 2020 年 12 月 29 日以“权利人从未在全球范围内生产也未授权他人生产该样式或型号的产品”为由向原、被告网络店铺所在的电商平台发起知识产权侵权投诉，导致电商平台将某网络公司网络店铺内的涉案商品删除，并给予该店扣除 2 分的处罚。后某网络公司以某生物公司行为构成商业诋毁为由诉至法院，请求判令某生物公司赔偿其经济损失并道歉。

【裁判结果】

审理法院认为，某生物公司虽系某品牌手撕风干牛肉生产商，但其

与某网络公司均在同一电商平台开设店铺销售案涉品牌手撕风干牛肉，二者之间具有直接竞争关系。某生物公司在明知原告网络店铺内所销售相关产品为正品以及发起知识产权侵权投诉将给商家造成严重影响的情况下，为提升自己网络店铺价格竞争优势，恶意捏造事实，以该品牌商标权利人的身份向电商平台进行恶意投诉，有违社会主义核心价值观“诚信、友善”等原则的要求，并导致原告店铺相关产品被迫下架，被电商平台给予扣分处罚，已构成商业诋毁。遂判决某生物公司停止侵害、赔礼道歉、消除影响，并赔偿经济损失。

【典型意义】

对假冒伪劣商品投诉举报虽是权利人的权利及维护正当商业竞争秩序的需要，但投诉举报应有基本的事实依据，并采取适当的方式，遵守公认的商业道德。作为商品生产者，相较于其他经营者，在投诉举报时负有更高的审慎注意义务。本案系一起网络环境下恶意利用权利人身份及电商平台投诉规则虚假投诉损害同业竞争者权益、变相获取价格竞争优势的典型案例，通过从投诉成因、投诉方式及事由、投诉目的、投诉后补救措施等方面对侵权人具有不正当竞争的主观故意以及其行为符合商业诋毁构成要件逐一进行分析，综合认定本案构成商业诋毁，对于类似案件的处理具有示范意义和参考价值，有利于维护诚信、友善的社会主义核心价值观。

最高人民法院相关部门负责人就涉民营企业、民营企业家人格权保护典型案例答记者问

2023 年 10 月 16 日下午，最高人民法院发布涉民营企业、民营企业家人格权保护典型案例并回答记者提问。最高人民法院民事审判第一庭庭长陈宜芳、最高人民法院民事审判第一庭副庭长吴景丽和最高人民法院民事审判第三庭副庭长边永民出席发布会。发布会由最高人民法院新闻局副局长王斌主持。

问：前不久，最高人民法院发布了《关于优化法治环境 促进民营经济发展壮大的指导意见》，其中特别强调保持民营企业和企业家人格权，今天紧跟着发布典型案例，主要有哪些考虑？

答：第一，加强民营企业、民营企业家人格权保护是最高人民法院贯彻落实党中央重大决策部署的积极作为。支持民营经济发展是党中央的一贯方针，习近平总书记就促进民营经济健康发展、高质量发展作出一系列重要指示批示。长期以来，民营经济在稳定增长、促进创新、增加就业、改善民生等方面发挥了积极作用，已经成为推进中国式现代化的生力军，是高质量发展不可或缺的重要基础。人民法院深刻领会并坚决贯彻落实党中央决策部署，充分发挥审判职能作用，一以贯之地为民营经济发展保驾护航。此次发布涉民营企业、民营企业家人格权保护典型案例，是人民法院认真贯彻落实以习近平同志为核心的党中央关于促进民营经济发展重大战略部署以及习近平总书记关于民营经济发展的系

列重要讲话精神的有力举措，旨在进一步发挥司法裁判示范引领作用，加强民营企业、民营企业家人格权保护，持续推动营造有利于民营经济发展的法治环境。

第二，发布民营企业、民营企业家人格权保护典型案例，是人民法院准确适用民法典、依法保护民事主体合法权益的重要体现。人格权是民事主体最基本、最重要的权利。民法典专编规定人格权保护，明确了自然人所享有的人格权和法人、非法人组织享有的人格权。人民法院坚持平等保护各类民事主体包括民营企业、民营企业家的人格权。实践中，涉民营企业、民营企业家人格权纠纷较多的是名誉权纠纷。与其他类型的纠纷相比，涉企业、企业家的名誉权纠纷有其自身的特点。对于企业而言，名誉权关乎其社会信誉，这种信誉是在企业经营活动中日积月累形成的，对于企业名誉权的侵害，往往会对企业生产经营和经济效益造成很大影响。对于企业家而言，名誉权不仅关乎其个人名誉和人格尊严，也会在很大程度上影响整个企业的经营和发展。随意污蔑、诋毁民营企业、民营企业家，影响的不仅是一个企业或者一个企业家的形象，还会牵一发动全身地影响整个经济生态，破坏民营企业的发展信心。此次发布的典型案例，是人民法院结合此类纠纷案件特点，准确适用法律，依法保护民事主体合法权益的重要体现。

第三，发布民营企业、民营企业家人格权保护典型案例，是对审判实践需要的主动回应。近年来，随着信息技术、互联网技术的快速发展，侵权手段更加多样，通过网络谣言等方式侵害民营企业和民营企业家名誉权等人格权益的纠纷时有发生，新类型案件不断涌现。发布典型案例，明确司法价值导向和法律适用标准，对于各级人民法院妥善处理同类案件具有重要实践意义。

问：现在网上的侵权行为很多，请问人民法院在审理网络侵犯民营企业、民营企业家人格权纠纷案件过程中，发现此类案件有哪些特点和难点？

答：近年来，随着互联网的快速发展，网络侵权纠纷迅速增长。在侵犯民营企业、民营企业家人格权纠纷案件中，绝大多数侵权行为是通过互联网实施的。此类案件主要有以下特点：一是对民营企业的侵权主要是侵犯名誉权，对民营企业家的侵权主要是侵犯名誉权、隐私权等类型；二是侵权行为主体多样，包括自媒体以及其他网络用户，其中网络自媒体侵权为多发类型之一；三是侵权方式多样，包括网络自媒体为蹭热点、博流量，编造散布虚假信息，或者通过标题党形式误导公众、降低企业社会评价等方式；四是传播速度快、受众面广，给企业造成很大负面影响甚至造成难以估量的损失，涉及公众人物或者热点事件的网络侵权案件，容易引发舆论关注，给当事人造成极大精神压力。

网络侵权相较传统侵权而言主体多样、手段新颖、责任构成复杂，相关案件审理也存在难点，比如，由于大量网络用户是通过手机号进行注册，网络服务提供者仅能披露涉嫌侵权用户的手机号，要确定行为主体信息，还需要进一步查证，给锁定侵权行为主体增加了困难。另外，此类纠纷案件中，虽然侵权行为造成的影响恶劣，但被侵权人往往很难证明具体的财产损失，存在确定损害后果难的问题。这些都对民事审判提出了新的挑战和要求。

问：请问当前涉民营企业、民营企业家人格权纠纷案件主要有哪些类型？民营企业或者企业家遭受人格权侵害之后，如何进行救济？

答：从此次全国报送的案例来看，涉民营企业和民营企业家人格权纠纷案件主要有以下类型：使用侮辱性语言诋毁知名企业名誉；通过标题党形式误导公众、降低企业社会评价；无事实依据抹黑企业或者企业产品；因私人恩怨或者其他纠纷，对民营企业、民营企业家进行侮辱、诽谤；因同业竞争散布不实信息诋毁竞争对手商誉；等等。

民营企业或者民营企业家遭受人格权侵害后，可以采取以下措施：一是如果侵权言论是通过网络传播的，可依法通知网络服务提供者主要是网络平台采取删除、屏蔽、断开链接等必要措施，由网络服务提供者根据初步证据和服务类型采取措施，以防止不良影响进一步扩大。二是被侵权人能够证明行为人正在实施或者即将实施侵害其人格权的违法行为，不及时制止将遭受难以弥补的损害的，可以向人民法院申请人格权禁令，责令行为人停止有关行为。三是被侵权人可以向人民法院提起诉讼，请求判令行为人承担停止侵害、消除影响、恢复名誉、赔礼道歉、赔偿损失等民事责任，来维护自身合法权益，保障企业生产经营等各方面正常运行。

【物权依法利用典型案例专题】

最高人民法院、住房和城乡建设部联合发布
老旧小区既有住宅加装电梯典型案例

2023年11月8日上午，最高人民法院、住房和城乡建设部联合发布老旧小区既有住宅加装电梯典型案例并回答记者提问。最高人民法院民事审判第一庭长陈宜芳、住房和城乡建设部城市建设司副司长刘李峰、最高人民法院民事审判第一庭副庭长吴景丽出席发布会。发布会由最高人民法院新闻局副局长王斌主持。

随着我国人口结构深刻变化和人民群众对美好生活的需求不断提升，老旧小区既有住宅加装电梯成为广大城市家庭，尤其是有老年人、婴幼儿、残疾人家庭的迫切需求。习近平总书记指出，老旧小区改造是提升老百姓获得感的重要工作，也是实施城市更新行动的重要内容。要聚焦为民、便民、安民，尽可能改善人居环境，改造水、电、气等生活设施，更好满足居民日常生活需求，确保安全。让老百姓体会到我们党是全心全意为人民服务的，党始终在人民群众身边。截至2023年10月，全国老旧小区既有住宅已累计加装电梯近10万部，但加装电梯仍是老旧小区改造中群众反映强烈的难点问题。在电梯加装和使用过程中，楼上楼下、左邻右舍因需求和利益不同，容易产生纠纷。妥善化解邻里纠纷、为老旧小区既有住宅加装电梯提供有力的法治保障，事关千千万万家庭幸福安居、事关“一老一幼”和残疾人安全便利出行、事关广大基层社区和谐稳定。

近年来，最高人民法院与住房和城乡建设部在多个领域通力协作，通过共同建立“总对总”在线诉调对接机制、发出和办理司法建议等方式共促多元解纷，形成法治合力。“一个案例胜过一打文件。”司法和执法案例是最生动的法治教材。为深入学习贯彻习近平总书记关于老旧小区改造的重要讲话精神、贯彻落实全国调解工作会议精神、促进无障碍环境建设法有效实施，推动多元解纷、促进诉源治理，在司法审判和行政执法中大力弘扬法治、文明、和谐、友善等社会主义核心价值观，让广大人民群众住有所居、居有所安，今天，最高人民法院与住房和城乡建设部联合发布老旧小区既有住宅加装电梯典型案例。

本次发布的老旧小区既有住宅加装电梯典型案例有以下几个特点。

一、弘扬法治精神、彰显行为规则

民法典第二百八十八条规定：“不动产的相邻权利人应当按照有利生产、方便生活、团结互助、公平合理的原则，正确处理相邻关系。”民法典还对业主决定加装电梯的表决程序等作了明确规定。2023 年 9 月 1 日施行的无障碍环境建设法第二十二条规定：“国家支持城镇老旧小区既有多层住宅加装电梯或者其他无障碍设施，为残疾人、老年人提供便利。”房屋所有权人应当弘扬中华民族与邻为善、守望相助等传统美德，加强沟通协商，依法配合既有多层住宅加装电梯或者其他无障碍设施。本次发布典型案例中加装电梯行为都依法履行了民主决策程序，完成了报建审批手续，明确了其他业主不得违法阻挠依法加装电梯的行为规范。在徐某等六人诉范某排除妨害纠纷案中，人民法院明确依法加装电梯的业主有权请求相邻楼栋业主停止妨害加装电梯行为；在康某等人诉刘某等人排除妨害纠纷案中，人民法院明确依法加装电梯占用公共绿地对其他业主影响较小的，其他业主不得阻挠；在某公司诉钟某排除妨碍纠纷案中，人民法院明确业主违法阻挠加装电梯施工造成损失的，应当依法承担赔偿责任；在赵某诉唐某、樊某等合同纠纷案中，人民法院明确业主使用加装电梯产生纠纷应按有利生产、方便生活的原则协商处理；在刘某诉某经济联合社侵权责任纠纷案中，人民法院明确业主无充分证据证明依法加装的电梯影响其通风、采光及通行的，无权请求拆除电梯。

二、推动多元解纷、强化诉源治理

习近平总书记要求，“法治建设既要抓末端、治已病，更要抓前端、治未病。我国国情决定了我们不能成为‘诉讼大国’”[①]。中共中央政治局委员、中央政法委书记陈文清在全国调解工作会议上强调，随着经济社会快速发展，社会矛盾纠纷规模较大，不能都进入诉讼，要充分发挥调解作用，切实把矛盾纠纷化解在基层、化解在萌芽状态，依法保障人民群众合法权益。本次发布的多起典型案例均通过调解方式处理，将矛盾化解在基层。在张某等八人诉李某、任某排除妨碍纠纷案中，人民法院通过调解，促使当事人优化施工工艺、安排安全监测，打消其他业主对加装电梯的安全顾虑，化解群众心结；在苏某、吴某诉谌某等十人排除妨碍纠纷案中，人民法院通过调解引导当事人互谅互让、睦邻友善，有效化解电梯加装后的使用纠纷；在何某诉万某排除妨碍纠纷案中，浙江省杭州市上城区人民法院、区住房城乡建设局与区人民调解委员会联合召集各方进行联合调解，从法律和施工的专业角度释法答疑，促进业主形成加装电梯共识，有效化解纠纷。

三、弘扬传统美德、促进社区和谐

习近平总书记要求，“要坚持依法治国和以德治国相结合，实现法治和德治相辅相成、相得益彰”[②]。处理邻里纠纷，既要扎牢法治底线，又要引领道德上线。邻里团结是中华民族传统美德。我国古人讲“千金买屋，万金买邻”。这是因为构建和谐邻里关系对生活品质有重要影响。处理邻里关系之要在“让”，之害在“争”。让能让出格局、让出友善、让

① 习近平：《坚定不移走中国特色社会主义法治道路，为全面建设社会主义现代化国家提供有力法治保障》，载《求是》2021年第5期。

② 习近平：《坚定不移走中国特色社会主义法治道路，为全面建设社会主义现代化国家提供有力法治保障》，载《求是》2021年第5期。

出和谐；争会争出隔阂、争出积怨、争出纠纷。本次发布的多起典型案例，都体现了邻里之间让为先、和为贵的中华民族传统美德，弘扬了法治、文明、和谐、友善的社会主义核心价值观。例如，在王某、窦某诉骆某、阳某等侵权责任纠纷案中，在主张加装电梯的业主已经胜诉，并完成了电梯加装的情况下，居住楼上的党员业主牵头，主动找到反对安装电梯的二层业主协商，由楼上业主共同出资 7639 元，为二层老年业主免费增设电梯入户连廊，十年内免交电梯保养费、维修费，各方握手言和，邻里关系更加和谐。

四、衔接法治自治、实现政通人和

邻里关系是典型的熟人关系。处理邻里纠纷，既需要法治，也需要自治。商以求同，协以成事，“有事好商量，众人的事由众人商量”是基层社会治理的真谛。浙江杭州某小区化解加装电梯纠纷时，当地街道办搭建听证平台，邀请各方参与听证，让法律专业人员释法，由人民群众讲理，让法治与自治有机衔接，使人民群众在充分协商的基础上自行化解纠纷，促使搁置四年的加梯项目“破冰”。本次发布的多起典型案例中，纠纷化解都得益于人民法院、政府部门引导当事人通过协商解决争议，将矛盾化解在基层，让纠纷不出街道，实现了政通人和的效果。

下一步，最高人民法院与住房和城乡建设部将积极履职、通力合作，通过信息共享、司法建议、案例发布、政策协调等方式积极开展多元解纷、诉源治理，为实现人民安居乐业、社会安定有序、国家长治久安提供更加有力的法治保障。

最高人民法院、住房和城乡建设部老旧小区既有住宅加装电梯典型案例

目 录

——赵某诉唐某、樊某等合同纠纷案

案例八　法院调解引导当事人互谅互让、睦邻友善，化解加装电梯使用纠纷

——苏某、吴某诉谌某等十人排除妨碍纠纷案

案例九　楼上业主集资免费为低层老年业主加装电梯连廊，共享加装电梯便利

——王某、窦某诉骆某、阳某等侵权责任纠纷案

案例十　联合调解、释法答疑促进业主形成加装电梯共识

——何某诉万某排除妨碍纠纷案

案例十一　搭建公开听证平台力促搁置四年加梯项目“破冰”

——浙江杭州某小区加装电梯纠纷案

案例一

依法加装电梯的业主有权请求相邻楼栋业主停止妨害加装电梯的行为

——徐某等六人诉范某排除妨害纠纷案

【基本案情】

江苏省无锡市某花园小区某号楼某单元全体业主于 2019 年一致签字同意本单元增设电梯，于小区主要出入口及单元楼道张贴意见征集单、公示、承诺及图纸等相关材料，公示期间未收到异议。随后该增设电梯项目取得了主管部门的审批手续，于 2020 年 4 月正式开工。居住于某号楼北楼的业主范某认为该电梯安装位置影响其采光，侵犯其合法权益，遂多次在加装电梯施工现场阻碍施工，导致项目停工。该小区某号楼业主向人民法院起诉，要求判令范某排除妨碍，停止对加装电梯工程的妨害行为。

【裁判结果】

江苏省无锡市梁溪区人民法院认为，某号楼加装电梯经过本幢房屋相关业主表决同意，徐某等业主系依据合法有效的既有住宅增设电梯开工备案通知单进行施工，范某实施阻碍加装电梯的行为，侵犯了徐某等业主的合法权益。根据法律关于相邻关系的规定，相邻关系应当按照有利生产、方便生活、团结互助、公平合理的原则处理，案涉住宅增设电梯，将对大多数业主特别是老年人、儿童生活带来极大便利。虽然可能会对北楼的房屋采光、通风产生一定影响，但北楼应当本着友睦邻里、互让互谅的原则对待增设电梯工程。人民法院判决范某停止对无锡市某花园小区某号楼加装电梯工程的阻挠行为。范某不服一审判决，提起上诉，江苏省无锡市中级人民法院经审理后判决驳回上诉，维持原判。

【典型意义】

本案是一起因老旧小区加装电梯而引起的相邻关系纠纷，增设电梯工程系依法进行，相邻楼栋业主以侵害相邻权提出异议、阻挠施工。某号楼位于小区的中间位置，加装电梯意味着不仅要对该楼外墙进行改建，且电梯井道也需占用紧邻的一部分土地和地上空间，属于影响业主权利、需由业主共同决定的事项。人民法院判决明确该楼加装电梯事宜已经获得该栋楼法定比例以上业主同意，程序合法。关于增设的电梯是否会对相邻楼栋业主通风、采光造成影响的问题，某号楼增设电梯可以改善该幢楼业主的居住条件及生活便利程度，电梯井道采用的是玻璃幕墙，在设计时已经考虑了可能给相邻楼栋及低楼层业主造成的采光问题，在保证本楼栋业主出行便利的情况下，尽可能将相邻及低楼层业主通风、采光权的影响降到最低。同样，可能受到影响的业主如本案例中的范某，也应对相邻楼栋业主合理合法使用不动产提供一定的便利，即容忍相邻楼栋业主因加装电梯而在合法合理范围内改造建筑物。此外，考虑到增设电梯可能给小区业主造成的影响并非一开始就会全部显露，为充分保障范某的权利，本案二审中也提出，如加装电梯后在采光、通风等方面确对部分业主造成较大影响的，亦可就补偿问题另行协商或通过法律途径解决，既保障了增设电梯工程的顺利完工，也为范某合理合法行使权利指明了路径。

案例二

依法加装电梯占用公共绿地对其他业主影响较小的，有权请求其他业主停止阻挠施工、排除妨害

——康某等人诉刘某等人排除妨害纠纷案

【基本案情】

四川省成都市武侯区某小区某栋某单元共有 6 楼 12 户住户。2019 年 10 月，该单元业主拟增设电梯，获得全部 12 户业主“同意”表态。之后，该小区所在社区居委会根据成都市既有住宅自主增设电梯的相关政策，委托小区物业公司将与增设电梯相关的政策文件及电梯安装示意图等材料在该小区物业公告板以及该单元入口处张贴公示。公示期间没有其他业主提出异议。其后居委会根据成都市相关政策对该单元电梯加装活动进行了备案，该单元业主便委托有资质的安装企业进行电梯安装。安装企业按照政策向住房和城乡建设部门报备后入场施工。根据施工方案，需在该单元门口的公共绿地挖基坑。施工活动招致该单元相邻楼栋及非相邻楼栋的业主不满，部分业主以增设电梯未取得小区全部业主同意、施工违法、占用公共绿地等理由，采取随意进入施工工地等方式阻挠施工，致使案涉电梯增设工程停工。经当地居委会和派出所调解无果后，加装电梯单元业主提起诉讼，要求停止阻拦、妨害电梯正常施工并赔偿相应损失。

【裁判结果】

四川省成都市武侯区人民法院经审理认为，在增设电梯方案公示期间，其他楼栋的业主未提出异议，增设电梯的程序符合政策要求。增设电梯需占用的公共绿地虽属全体业主共有，但电梯加装占用的绿地面积较小，对该单元以外的其他业主影响较低，其他业主应给予便利。最终，四川省成都市武侯区人民法院判决阻挠施工的业主停止对该小区某栋某单元增设电梯施工活动的阻扰和妨碍。四川省成都市中级人民法院二审维持一审判决。

【典型意义】

既有住宅增设电梯政策是落实无障碍环境建设法的重要措施，是保障残疾人、老年人权益的重要抓手。与常见的因低楼层业主阻碍电梯加装活动引发纠纷不同，本案系因相邻的其他楼栋业主以电梯加装占用公共绿地，侵犯业主共有权为由引发。本案的处理兼顾了法理与人情，倡导当既有住宅有必要加装电梯且需占用公共绿地时，在占地的位置、面积合理的情况下，若加装行为不会导致他人采光、通行、安全等方面受到明显不利影响，相关业主应当秉持有利生产、方便生活的原则，给予电梯加装活动便利。本案充分践行了文明、和谐、法治的社会主义核心价值观，对构建自由平等、和谐友善邻里关系具有积极示范作用。

案例三

业主诉请拆除电梯但无充分证据证明依法加装的电梯影响其通风、采光及通行的，人民法院不予支持

——刘某诉某经济联合社侵权责任纠纷案

【基本案情】

刘某系北京市朝阳区某老旧小区某单元一层业主，其父母常年居住在案涉房屋内。2018 年 4 月 23 日，北京市朝阳区住房和城乡建设委员会下发《北京市既有多层住宅增设电梯试点工作项目确认书（朝阳区）》，确定某经济联合社系该小区增设电梯项目的实施主体。2019 年，该联合社对案涉房屋所在单元全部 12 户居民进行了民意调查，其中 10 户居民同意加装电梯，刘某及 402 号的居民不同意。后该联合社在该单元北侧加装了外挂直行电梯，现已投入使用。刘某认为该联合社未征得其同意强行加装电梯，对其房屋的通风、采光及老年人出行造成影响，要求拆除已经加装的电梯。

【裁判结果】

北京市朝阳区人民法院经审理认为，从现场勘验情况看，加装电梯位置位于楼宇北侧原单元门出口，电梯东、西、北侧均为透明玻璃材质，南侧为电梯门，加装电梯后电梯入口朝西，未对楼宇一层房屋的通风形成遮挡或影响；电梯位于楼宇北侧，且未正对刘某的房屋，难以认定对其房屋采光或日照有影响，亦难以认定会产生噪声污染。加装电梯后，楼门口进出依然顺畅，并未对老年人出行带来障碍。刘某亦未提交证据证实案涉电梯影响其房屋的采光、通风及产生噪声污染。综上，法院依法驳回了刘某的诉讼请求。

【典型意义】

城市老旧小区加装电梯是推动城市更新、缓解老弱人群出行难的民生工程，也是明显改善人民群众生活质量的善举，受到全社会的关注。在加装过程中，低楼层与高楼层住户矛盾较大，低楼层业主往往以影响其采光、通风、隐私等理由反对加装电梯。在加装电梯表决程序合法的前提下，已加装的电梯经过绝大部分住户同意，且未明显影响低楼层住户利益，则低楼层住户负有适度容忍义务。电梯加装过程中应大力弘扬“老吾老，以及人之老；幼吾幼，以及人之幼”的中华民族传统美德。本案体现了和谐、友善的社会主义核心价值观，彰显了司法裁判在社会治理中的规则引领和价值导向作用，对维护团结互助的社区环境、营造和谐友爱的邻里关系具有积极意义。

案例四

业主违法阻挠加装电梯施工应当依法承担赔偿责任
——某公司诉钟某排除妨碍纠纷案

【基本案情】

广东省广州市海珠区某住宅楼某单元加装电梯项目于 2018 年取得规划部门核发的《建设工程规划许可证》。该单元业主钟某认为，电梯加装工程影响其住宅采光，高层业主并未与其协商好补偿方案，遂采取多种方式阻挠施工，亦与高层业主发生多次诉讼。2021 年 3 月，案涉住宅楼业主代表与某公司签订《建筑工程施工合同》，约定由某公司承包案涉住宅楼加装电梯井道工程。但钟某两次进入施工场所阻挠和破坏电梯施工工程，以致建设工程长期未能正式开工。某公司向人民法院起诉，请求判令钟某不得对电梯施工进行阻挠和破坏，并赔偿工程无法开工造成的损失。

【裁判结果】

广东省广州市中级人民法院审理认为，案涉住宅楼加装电梯，已经相关行政部门审核批准。某公司作为案涉加装电梯工程的施工方，其合法权益受法律保护。案涉电梯施工需要大型施工设备进场作业，出于安全考虑，非施工人员均不应长时间在施工现场停留。在此前生效判决已经判令钟某、刘某不得对住宅楼电梯施工进行阻挠和破坏的情况下，钟某仍故意在施工现场出入，其行为已影响了某公司的施工，构成侵权，钟某应对阻碍加装电梯工程施工的行为承担侵权责任。故某公司要求钟某等不得对电梯施工进行阻挠和破坏，于法有据。在某公司已举证证明因钟某的阻挠行为导致损失的情形下，判决钟某不得对案涉住宅楼电梯施工进行阻挠和破坏，并赔偿某公司 3600 元损失。

【典型意义】

老旧小区加装电梯易引发邻里间矛盾，双方应本着和谐、友善的原则相互沟通和协商。在加装电梯方案设计过程中，高低楼层业主可在充分协商后确定方案，尽可能从技术上减少或避免对低层业主的影响。在加装电梯方案的公示审批过程中，低层业主应当合理行使自己的异议权，在法定的批前公示时间内向相关行政部门提出主张，从而实质性解决加装电梯方案争议。在加装电梯方案无法从技术手段上避免影响且获得行政许可的情况下，低楼层业主应当通过协商补偿或者诉讼等方式合理主张权利。审理法院判决对低楼层业主擅自采取各种行为粗暴阻挠电梯施工作出否定性评价，倡导低楼层业主应采取合法合理的方式维护自身权利，而不是粗暴干涉甚至以置自己于危险境地的手段阻挠施工，对于构建和谐共处、团结互助的邻里关系具有积极引导意义。

案例五

未同意加装电梯业主补交出资后有权使用电梯

——郭某与谢某等建筑物区分所有权纠纷案

【基本案情】

广东省广州市荔湾区某小区某栋9层住宅楼业主于2017年至2018年商议加装电梯，44户业主中有32户业主同意。居住于3楼、年近八旬的业主郭某因有异议未参与出资。电梯投入使用后，郭某提出希望在补交相应集资款后使用电梯，但32户业主认为郭某前期对加装电梯有异议，导致加装电梯工程延误一年多，反对其使用电梯。郭某向人民法院起诉，请求确认其在按前期加装电梯筹资方案支付10077元费用后，对新建电梯拥有与32户业主同等的权利和义务。

【裁判结果】

广东省广州市荔湾区人民法院审理认为，案涉电梯在使用属性上系建筑物的共有部分，郭某与其他业主对电梯享有使用权和共同管理的权利。郭某使用该电梯并不属于相关法律及司法解释所规定的应由业主共同决定的事项，亦不会导致其他业主使用电梯的合法权利受到损害，故无须经多数业主同意。依据公平原则，使用电梯应以支付集资款为前提，故法院判决郭某支付增设电梯集资款后，由该住宅业主代表向郭某提供电梯卡，供其搭乘电梯使用。宣判后，32户业主提出上诉。广东省广州市中级人民法院二审驳回上诉，维持原判。

【典型意义】

加装电梯涉及的法理、情理错综复杂，邻里之间应多一分理解和包容，坚持自愿平等、友好协商、兼顾公平的原则开展协商，共同营造和谐舒适的居住环境。郭某已 80 岁高龄，确有使用电梯的客观需要，其在加装电梯期间提出异议属于正常表达意见的范围，若其他业主以此为由拒绝高龄老人使用电梯，不符合诚信友善的社会主义核心价值观。其他业主如认为郭某阻碍电梯加装的行为给其造成损失，可另案主张权利，但不能以此拒绝郭某在补交集资款后使用电梯。

案例六

优化施工工艺、安排安全监测，人民法院加强调解解心结

——张某等八人诉李某、任某排除妨碍纠纷案

【基本案情】

张某等八人系浙江省玉环市某公寓某单元住户，李某、任某两人系夫妻关系，双方为同幢立地栋联建不动产登记权利人，房屋中间有公共通道相隔，间隔距离最近为 12 米。2020 年 7 月，张某等八人经法定程序申请加装电梯。2020 年 10 月，玉环市住房和城乡建设局等部门共同作出《玉环市既有住宅申请加装电梯并联审查意见书》，同意张某等八人加装电梯的申请。李某、任某认为加装电梯会严重损害其房屋安全，强烈反对并采取过激行为阻扰施工，导致加装工程一直无法竣工。张某等八人起诉要求李某、任某立即停止对加装电梯工程的妨碍行为，并赔偿损失 164575 元。

【裁判结果】

案件审理中，经浙江省玉环市人民法院调解，双方当事人充分了解对方关切，并就双方最关心的房屋安全问题提出了切实有效的解决方案，自愿达成如下调解协议：一、原告方电梯施工方式采用直径 1000 毫米的钻孔灌注桩（该图纸需报送相关部门进行变更备案）；二、由原告方负责

委托有资质的第三方机构对两被告的房屋进行安全动态监测（具体监测时间分三次：第一次为电梯施工开工前，第二次由第三方机构在施工期间自行选择一个时间，第三次为自电梯竣工验收合格之日起满六十日后），该监测费用由原告方承担；三、自本协议双方签字生效后，两被告不得再阻挠原告方电梯施工。原、被告双方都要遵守本协议约定，如果有任何一方违约，违约方要赔偿对方 16 万元的经济损失。若该违约金不足以覆盖实际损失，以实际损失为准。

【典型意义】

老旧小区加装电梯，是居民提升生活品质的合理需求，但会引发相邻业主对加装电梯施工影响其房屋安全的担忧，进而产生矛盾纠纷。本案审理法院找准问题解决的突破口，通过多次调解解开当事人心结，促使双方重新商定施工方案，并确定对被告房屋安全进行动态监测。这一解决方案既消除了本案被告对房屋安全的顾虑，又满足了原告对美好生活的需求，还为同类矛盾化解提供了新的解纷思路。

案例七

法院调解促成业主按有利生产、方便生活原则化解纠纷，依法保障未出资业主使用电梯权利

——赵某诉唐某、樊某等合同纠纷案

【基本案情】

2017 年底，江苏省南京市玄武区某小区某幢某单元业主签订协议，约定居住于四楼以上的五户业主为出资方，承担加装电梯所有建设费用、后续维护保养费、电费，包括未出资户在内的本单元所有用户可享受电梯使用权。电梯建成后，全体出资户成立了加装电梯业主管理委员会，

制定了电梯运行管理办法，要求凭 IC 卡使用电梯，未出资户需交纳保障金 6 万元方可领取 IC 卡。赵某为三楼业主，因不愿交纳保障金而无法使用电梯，双方难以达成一致意见。赵某向人民法院起诉，要求法院判令其有权按出资户同等条件使用电梯。

【裁判结果】

江苏省南京市玄武区人民法院一审判决赵某有权按电梯使用协议的约定使用电梯。二审经人民法院主持调解，双方达成《某幢某单元电梯使用调解方案》，约定设立电梯运行维护基金，两年内电梯运行维护开支仍按原协议由出资加装电梯居民承担，两年后由所有使用电梯住户均摊，所有电梯使用住户签订免责协议，即电梯使用住户成员及相关访客，在乘坐电梯过程中出现任何安全事故、人身伤害，除追究电梯运保维修公司责任外，其余责任自负。上诉人向人民法院申请撤回上诉。

【典型意义】

本案中，计划加装电梯时，为争取更多的业主签字同意，部分加装电梯意愿强烈的业主以免费使用电梯为条件，争取加装电梯意愿不强烈的业主签字同意。双方签署了电梯使用协议，明确约定未出资建设的业主也可以使用电梯。但电梯使用协议对电梯使用过程中的运行费用、维保费用以及安全责任等问题未作明确约定，以致产生矛盾。

加装电梯使用过程中，因涉及电梯运行费用、维保费用的承担以及安全保障义务等问题，由使用电梯的部分业主承担全部费用和安全保障义务确实有失公平，但是本案双方已经签署了使用协议，双方应当遵守诚信原则。法院在审理本案过程中，直接作出判决不仅不能化解双方的矛盾，还会加剧双方的矛盾，造成邻里关系恶化，达不到法律效果和社会效果的统一。且赵某在一审庭审中表明其愿意就承担电梯管理、维护等义务，与单元内包括出资户在内的其他业主进行友好协商。在此情况下，人民法院组织双方进行调解，既遵从了双方使用电梯的意愿，也兼顾了权利和义务的统一，最终双方重新达成新的电梯使用方案，彻底解决了双方现有的矛盾并消除了将来的隐患。

案例八

法院调解引导当事人互谅互让、睦邻友善，化解加装电梯使用纠纷

——苏某、吴某诉谌某等十人排除妨碍纠纷案

【基本案情】

原告苏某、吴某和被告谌某等十人为某小区某栋楼某单元业主。该单元共6层12户，苏某、吴某为一层住户。2021年3月，该单元业主商议增设电梯，除吴某未签名同意外，其余11位业主均同意在本单元出入口前空地增设电梯。在商议时，十被告同意在单元出入口顶板延伸处设置电梯停靠点供苏某、吴某进出。2021年5月，案涉电梯取得《建设工程规划许可证》开始施工，因建筑结构特点，新增电梯与建筑物连接处均为楼梯中间转角平台，业主出停靠点后走半层楼梯方能入户，未在单元出入口顶板延伸处设置停靠点。案涉电梯竣工验收后已取得特种设备使用登记证并投入使用。因案涉电梯实际停靠点设置与原商定方案不一致，原告提起诉讼，请求依法判令各被告停止侵害，拆除已违法建设完成的电梯，并在保障其加装电梯平等使用权的前提下重新委托设计、申请规划审批及依法加装电梯。

【裁判结果】

福建省漳州市南靖县人民法院经审理认为，根据民法典第二百七十八条规定，案涉房屋增设电梯属于应由业主共同决定的事项，应当由专有部分面积占比三分之二以上的业主且人数占比三分之二以上的业主参

与表决，并应当经参与表决专有部分面积四分之三以上的业主且参与表决人数四分之三以上的业主同意。案涉单元楼共计 12 户业主，11 户业主同意增设电梯，电梯施工中 10 户业主同意现有的电梯设置停靠点的方案，表决程序及建设程序符合法律规定。苏某、吴某在电梯建设前后均需走半层楼梯入户，案涉电梯建设并未对其出行构成妨碍，其关于拆除案涉电梯并重新设计、建设的主张未经业主合法表决通过，不应予以支持，遂驳回其诉讼请求。苏某、吴某上诉后，经二审法院耐心细致做调解工作，案涉单元楼业主互相达成谅解，同意按照既有设计、建设方案继续使用电梯，苏某、吴某撤回上诉。

【典型意义】

本案中，由于案涉楼栋建筑结构特点，电梯的增设虽无法满足业主平层入户，但从总体效益而言，提高了绝大部分业主的出行便利，提升了居住质量。本案中一楼业主苏某同意增设电梯，但其需求与其他业主的利益发生冲突，一审法院结合实际施工条件及公平原则，权衡各方利益，驳回了苏某、吴某全部诉讼请求。苏某不服提出上诉后，二审法院晓之以理、动之以情，促成原告与被告达成和解协议并撤回上诉。该案在坚持依法审理的同时，运用平等协商、互谅互让、与邻为善的理念化解了邻里之间的纠纷，充分发挥已加装电梯的实际效益，从根本上实现案结事了。

案例九

楼上业主集资免费为低层老年业主加装电梯连廊，共享加装电梯便利

——王某、窦某诉骆某、阳某等侵权责任纠纷案

【基本案情】

2020 年 3 月，广西壮族自治区南宁市某老旧小区某栋某单元业主投

票决定启动小区加装电梯工作。除居住二层的王某不同意以及 2 户业主弃权外，其他业主均同意加装电梯。2020 年 12 月，加装电梯项目准备施工时，王某出面阻挠，并向人民法院起诉，以楼上 14 户邻居侵犯其建筑专有部分权利以及通风采光权等为由，要求停止电梯施工。

【裁判结果】

广西壮族自治区南宁市青秀区人民法院审理认为，经现场勘验，拟加建的电梯及连廊作为全封闭的建筑，在距楼栋较近的情况下可能会影响王某家阳台一侧的通风、采光和日照，至于影响的程度大小，因无明确的证据而无法确定，王某也无法举证。该加装电梯项目已取得相关行政许可，且业主表决程序合法，加建电梯的行为符合法律的规定，故判决不支持王某的诉讼请求。虽然骆某等 14 户业主赢了官司，但为避免出现“赢了官司、输了感情”，该单元的几名中共党员牵头，主动找到王某协商，提出由楼上业主共同出资 7639 元，为二楼年近九旬反对加装电梯的业主免费增设电梯入户连廊，十年内免交电梯保养费、维修费。王某也消除了思想顾虑，肯定了加装电梯对自身带来的便利，双方最终握手言和。

【典型意义】

广西壮族自治区南宁市青秀区人民法院积极引导当事人维护友善和谐文明的邻里关系，在审理中坚持法理情的统一，判令被告停止对电梯安装施工的阻挠、妨碍，从法律层面平衡利益、定分止争，作出符合法律规定、符合社会主义核心价值观、符合人民群众期待的价值判断，彰显了司法为民的价值理念和情怀。同时，在支持加装电梯业主胜诉后，居民党员牵头主动沟通协商，既保障了加装电梯项目圆满推进，又促成了双方破冰和解，维护了以和为贵、团结互助的邻里真情。本案做到了“法理和情理”的交融，大力弘扬了和睦包容、互谅互让的中华民族传统美德，充分表明党建引领议事协商在小区“微治理”中的关键作用，为坚持和完善共建共治共享的社会治理制度提供了有益探索。

案例十

联合调解、释法答疑促进业主形成加装电梯共识

——何某诉万某排除妨碍纠纷案

【基本案情】

2017 年，浙江省杭州市上城区某小区业主何某等人发起加装电梯申请，但是三楼业主万某认为新安装的电梯位置离其住宅距离过近，会带来通风、采光等不利影响，明确反对加装电梯，经街道社区多次协商仍未就电梯加装位置达成一致意见。根据相关规定，同意加装电梯人数已超过法定比例，何某等人向有关部门提交加装电梯申请，区住房和城市建设局等部门联合审查认为该项目符合加装电梯相关条件。2018 年 8 月，加装电梯项目开始施工，而万某坐在施工现场阻挠。何某向人民法院起诉请求万某赔偿因加梯受阻而导致的相关经济损失。万某申请人民调解。

【裁判结果】

浙江省杭州市上城区人民法院、区住房和城市建设局和区人民调解委员会共同决定召集各方进行联合调解，从专业角度为双方分析利弊。法官在充分了解该项目实际情况及双方诉求基础上，详细解读加装电梯适用的相关法律规定、诉讼对邻里关系的负面影响等。区住房和城市建设局说明了加装电梯补贴政策、加装电梯审批流程、位置移动变更手续等。电梯加装企业就电梯加装对楼房间距、个人隐私等影响，从技术层面予以对比说明。最终，双方签订调解协议，电梯在原方案基础上适度移位，双方共同监督加装电梯施工，尽量减少对居民的影响，同时经区人民法院、区住房和城市建设局和区人民调解委员会与设计单位、电梯加装企业协商，不再增加移位后产生的加装费用。何某等人撤诉。

【典型意义】

处理加装电梯纠纷，需要坚持德法融合、情理结合，注重平衡各方利益，推动“共情”促和，寻求加装电梯的“最大公约数”。本案坚持将非诉讼纠纷解决机制挺在前面，充分发挥人民调解化解矛盾、排忧解难的第一道防线作用，以“和善”为主基调，注重法理情相结合，积极调动各方力量共同参与，从不同专业、不同角度查找切入点和突破口，兼顾各方利益，做好正面引导，晓之以理、动之以情，力促双方求同存异，化解心结，拉近距离，促进双方达成加装电梯共识。

案例十一

搭建公开听证平台力促搁置四年加梯项目“破冰”
——浙江杭州某小区加装电梯纠纷案

【基本案情】

浙江省杭州市上城区某小区某楼栋某单元共 7 层 14 户居民，70 岁以上老年人有 20 多人，加装电梯需求迫切。在 2018 年至 2021 年近四年间，居民始终未就加装电梯达成共识，社区和街道多次协调无果，加装电梯就此搁置。2021 年 7 月 29 日，根据该单元楼部分业主申请，属地街道办事处依据《杭州市老旧小区住宅加装电梯管理办法》规定，举行了加装电梯公开听证会。

【裁判结果】

听证会邀请了资深律师、经验丰富的调解员、工程技术和特种设备专家以及民情议事员等五人组成听证团，共同参与项目调解；听证会申请方和被申请方业主均委托公益律师代理参与听证。听证过程中，听证会申请方和被申请方业主充分阐述各自的诉求、顾虑，双方律师在尊重事实和法律的基础上向委托人解读事实和法律，听证团站在独立、客观、公正的角度居中调解，明理释法。通过事实举证和现场辩论，听证团五位听证员经现场商议，向申请方及被申请方阐明民法典及《杭州市老旧小区住宅加装电梯管理办法》等相关规定，说明相互之间提供通行便利是每个公民互助互爱、尊老、护老的应有体现，不仅是中华民族的美德，也是每个公民应尽的法定义务。听证团对该加装电梯项目是否建议安装、后续如何进一步推进加装电梯矛盾化解都给出了具体听证意见。经听证会积极协调，申请方及被申请方达成一致意见。2021 年 10 月，该加装电梯项目顺利完工。

【典型意义】

商以求同，协以成事，"有事好商量，众人的事由众人商量"是基层社会治理的真谛。浙江省杭州市探索建立加装电梯项目公开听证制度，整合人民调解组织、矛盾调解中心和第三方专业机构等各方力量，由公益律师为各自委托人主张权利，让加装电梯申请方和反对方的诉求能够清晰、理性表达，听证员倾听、归纳争议焦点，释疑解惑并居中评判，确保加装电梯纠纷回归到理性和法治轨道，形成"政府引导、居民自治、社会参与"良性互动，实现群众问题能反映、矛盾能化解、权益能保障，从源头上减少加装电梯矛盾，为完善非诉讼纠纷解决机制，破解加装电梯中各楼层业主"意愿难统一"问题提供了新思路。

最高人民法院、住房和城乡建设部相关部门负责人就老旧小区既有住宅加装电梯典型案例答记者问

2023年11月8日上午，最高人民法院、住房和城乡建设部联合发布老旧小区既有住宅加装电梯典型案例并回答记者提问。最高人民法院民事审判第一庭庭长陈宜芳、住房和城乡建设部城市建设司副司长刘李峰、最高人民法院民事审判第一庭副庭长吴景丽出席发布会，发布会由最高人民法院新闻局副局长王斌主持。

问：老旧小区既有住宅加装电梯是改善老年人、残疾人居住和出行条件的重要手段。请问，近年来国家及地方采取了哪些措施，支持加装电梯，促进居民达成共识？

答：推进老旧小区既有住宅加装电梯工作，是落实积极应对人口老龄化国家战略部署，改善老百姓居住环境和出行条件，解决“悬空老人”、残疾人等群体上下楼难题的重要举措。党中央、国务院高度重视这项工作，中央经济工作会议、《政府工作报告》等多次作出部署。2018年以来，在各部门大力支持、各地方共同努力下，全国老旧小区既有住宅加装电梯工作推进顺利，加装量逐年快速增长。截至2023年10月底，全国既有住宅加装电梯近10万部，2022年、2023年当年加装量都在3万部左右。目前，结合既有住宅加装电梯工作的快速推进，除了涌现出了一批典型案例外，也形成了相应的政策体系和工作机制，核心是解决居民关切的问题，让他们没有后顾之忧，促进形成共识，主要有以下六个方面。一是明确作为老旧小区改造重要内容。住房和城乡建设部会同国

家发展和改革委员会、财政部印发文件，明确支持各地结合城镇老旧小区改造工作，大力推进有条件的楼栋加装电梯。可享受中央明确的城镇老旧小区改造各项支持政策。在改造中，具备加装条件且居民已有共识的，完善施工方案，尽快启动加装，让群众早受益；对具备加装条件，但居民暂未形成共识的，先完成管线迁改、基坑施工等，为将来加装电梯预留条件。二是健全居民协商议事机制。充分利用老旧小区改造中建立的发动居民参与机制，发挥社区党组织的领导作用，利用“互联网+共建共治共享”等线上线下手段，开展小区党组织引领的多种形式基层协商，促进居民形成加装电梯共识。在具体协商议事过程中，要坚持“一梯一策”，耐心细致开展群众工作，引导居民共同商定加装电梯设计施工、资金分担、后续管理维护方案，确保电梯装得上、用得好。特别是在最高人民法院的指导与支持下，这几年鼓励各地探索通过基层协商、纠纷调解、民事诉讼等方式，依法破解居民协商过程中“一票否决”难题。三是建立多渠道筹资机制。采取“政策免一点、财政补一点、银行贷一点、居民出一点”的方式，破解加装电梯筹资难题。对老旧小区既有住宅加装电梯，可按规定免征城市基础设施配套费及其他相关行政事业性收费、政府性基金。除中央老旧小区改造补助资金可予支持外，北京、上海、杭州等城市政府及内蒙古等省级政府还安排专项资金予以支持。支持居民本人提取住房公积金、住宅专项维修资金，用于本人或其父母、配偶父母自住住宅加装电梯；鼓励银行业金融机构推出“加梯贷”，为居民提供低利率、免抵押信贷支持。各楼层居民按商定方案，按不同比例落实出资责任。比如，上海市徐汇区龙水北路900弄加装电梯项目总费用75万元，政府补助28万元，居民出资47万元，2层至6层每层4户，每层出资比例分别为6%、13%、20%、27%、34%。四是优化电梯加装工程项目审批。结合审批制度改革，精简既有住宅加装电梯工程审批事项和环节，构建快速审批流程，积极推行网上审批，提高项目审批效率。推广浙江杭州等先行地区经验做法，由区、县人民政府组织有关部门联合审查加装方案，认可后由相关部门限期办理立项、用地、规划审批，实现“一窗受理、一次告知、一步到位”。五是加强质量安全管理。电梯属于特种设备。既有住宅加装电梯，涉及电梯设备质量安全、楼本体结构安全和电梯井道施工安全等，每一个环节都不容有失。督促各地坚决守牢安全底线，借鉴上海、江苏泰州等先行地区经验，制定加装电梯相关技术导则，做好建筑结构安全性评估、电梯产品和施工方案比选、后续运行方案确定等工作，特别是严把加装电梯施工图审查、电梯安装使用登记两个关口，确保加装电梯的施工安全、加装后电梯运行安全、楼栋结构安全。六是建立运营维护管理机制。电梯要装得上，还要保证用得好。对确定加装电梯的楼栋，要同步引导居民协商制定电梯使用管理公约，明确轿厢环境维护、乘梯禁带物品、紧急情况处理方法等事项，明确维保单位责任，保障电梯安全使用和日常维护，让居民放心使用、安全使用。下一步，我们将继续总结推广先行地区可复制可推广经验做法和典型案例，督促指导各地采取措施、创造条件，加快建立符合当地实际的加装电梯技术路径、政策机制，强化加装电梯政策保障。

问：本次发布的典型案例彰显了哪些裁判规则和行为规范，对于化解同类纠纷有什么指导意义？

答：本次发布典型案例从不同角度阐释了老旧小区既有住宅加装电梯的规则，这些规则既是裁判和执法规则，为人民法院和行政主管部门提供司法和执法指引，也是行为规范，为小区业主提供行为指引；既涉及电梯加装阶段的行为规范，也涉及电梯使用阶段的行为规范；既涉及支持加装电梯业主的行为规范，也涉及反对加装电梯业主的行为规范。

一是关于加装电梯的规则。加装电梯属于改建、重建建筑物及其附属设施的行为，是应由业主共同决定的事项，根据民法典第二百七十八条规定，应当由专有部分面积占比三分之二以上的业主且人数占比三分之二以上的业主参与表决，并经参与表决专有部分面积四分之三以上的业主且参与表决人数四分之三以上的业主同意。同时，加装电梯项目必须取得行政主管部门的审批手续，确保加装施工不会对房屋主体结构安全造成危害，尽量降低对其他业主通风、采光、通行造成的不利影响。

本次发布的典型案例中，对加装电梯所需的业主表决程序和行政审批手续均作了严格把关，要求依法加装电梯。

二是关于保障加装电梯工程有序施工的规则。对于依法加装电梯行为，同一单元上下楼层业主、同一栋楼相邻单元业主、同一小区相邻楼栋业主均应当予以尊重和包容，不得违法阻挠施工。如果其他业主阻挠施工，申请加装电梯的业主有权请求排除妨害；如果其他业主阻挠施工造成损失，施工单位等受害人有权请求赔偿损失。

三是不得违法拆除依法建成电梯的规则。对于已经依法建成的电梯，反悔或者反对加装电梯的业主请求拆除电梯的，人民法院不予支持。即使加装电梯会对其他业主通行、通风、采光造成一定影响，或者会占用少量公共绿地，其他业主亦应予适当包容。

四是合法加装电梯的使用规则。目前老旧小区加装电梯纠纷主要集中在加装阶段，随着加装电梯数量增多、电梯运行时间增加，因电梯使用产生的纠纷也会随之增加。一方面，反对加装电梯的业主不得妨害其他业主合理使用加装电梯；另一方面，反对加装电梯或者未出资加装电梯的业主因生活需要而需使用加装电梯的，在合理分担加装和维护费用的情况下，应当依法受到保护。

问：近年来，居民对城镇老旧小区既有住宅加装电梯呼声很高，但各地实施难度也很大。请问，下一步住房和城乡建设部将采取哪些措施，来落实无障碍环境建设法相关要求，推进城镇老旧小区既有多层住宅加装电梯工作？

答：既有住宅加装电梯，既是件好事，也是件难事。至少有三难：一是达成共识难。加装电梯高、低楼层的矛盾，涉及建筑物共有部分和专有部分物权问题，利益不容易平衡，居民也就不容易形成共识。二是资金筹措难。加装一部电梯，不少地方建安成本达到 50 万元至 60 万元，如果涉及管线迁改，还要增加几十万元成本；建成后每年的运行维护费用在几千元到一万元，也是不小负担。三是统筹兼顾要求高。加装电梯需要兼顾居民意愿、楼栋加装条件，要处理好满足需要、节约成本、确保安全的关系，非常考验组织协调能力，特别是群众工作能力。

这几年，住房和城乡建设部通过将“积极推动有条件的既有住宅加装电梯”作为主题教育“为群众办实事”重点项目，建立加装电梯基层联系点等措施，积极梳理总结各地的经验做法，加快将先行地区行之有效、有推广价值的政策措施，上升为国家层面制度安排，支持各地加快破解加装电梯难题。

无障碍环境建设法的颁布实施，既对老旧小区既有住宅加装电梯工作提出了明确要求，也强调了房屋所有权人应当依法配合既有多层住宅加装电梯的法律责任，这对解决“一票否决”、促进居民形成加装电梯共识有积极作用。

下一步，为全面贯彻实施无障碍环境建设法，有效回应老百姓的需求，有序推进既有多层住宅加装电梯，住房和城乡建设部将继续抓好以下五个方面工作。

一是进一步摸清需求底数。指导各地从建筑结构安全、空间条件和居民意愿等方面，开展加装电梯可行性评估，摸清适合加装、较难加装、不适合加装的楼栋底数，以更有针对性开展推动和指导工作。

二是努力提升基层协商质效。支持各地建立健全政府统筹、条块协作、各部门齐抓共管的专门工作机制，采取法治、德治和自治相结合办法，畅通基层协商、纠纷调解、法律途径等渠道，引导居民理性表达意见诉求，在各方需求中寻求“最大公约数”，多方式化解矛盾分歧。特别是要坚持党建引领，充分发挥社区基层组织、基层党员、热心群众及专业技术人员作用，引导居民有效参与协商，努力让矛盾分歧化解在基层，实现依法加梯、和谐加梯。

三是切实守牢安全底线。落实统筹发展和安全要求，把安全发展理念贯穿既有住宅加装电梯各环节和全过程。督促各地明确政策、完善机制，统筹做好群众工作、建筑结构安全性评估与验收、电梯产品和施工方案比选、后续运行方案确定等各项工作，确保加装后电梯运行安全、楼栋结构安全，不仅能够装得上，而且还能用得好。

四是努力做好各项保障。鼓励有条件的地方搭建政企合作平台，引导有资质、有信誉、口碑好的电梯企业研发推出满足需求、成本适当、安全可靠，适合既有建筑加装的电梯产品和技术，并主动提供电梯加装报批、施工及运维服务；鼓励组织集中带量采购电梯设备，为居民争取价格优惠、优质售后服务和质量保障。针对不同结构、不同类型既有建筑加装电梯需要，组织动员全国勘察设计、施工单位、科研院所、大专院校等专业机构开展技术攻关，遴选出优秀设计方案，供各地参考借鉴。

五是积极加强普法宣传。积极开展无障碍环境建设法等相关法律普法宣传活动，普及加装电梯适用的法律条文知识，增强群众依法沟通协商意识，弘扬中华民族与邻为善、守望相助等传统美德，推动形成全社会关心支持加装电梯的良好氛围。

问：随着更多老旧小区加装电梯，可能会有新的邻里纠纷产生，但邻里对簿公堂往往会激化矛盾，不利于构建友善社区、和谐社会，对此类纠纷如何开展诉源治理，让矛盾化解在基层，解决在萌芽状态？

答：良医治病于未发。邻里纠纷是典型的熟人之间的纠纷，如果放任纠纷发展并将此类纠纷全部引入法院，反而会因诉生怨、积怨成仇，不利于纠纷化解。此次最高人民法院和住房和城乡建设部共同发布典型案例，就是要指导各级人民法院和行政主管部门坚持“抓前端、治未病”，用好调解这个“东方经验”，将法治、德治和自治相结合，开展多元解纷，加强诉源治理。

一是坚持法治与德治相结合。法安天下，德润人心。德治是最好的诉源治理。与邻为善、守望相助、互谅互让是中华民族的传统美德。人民法院要在法治宣传和裁判文书中大力弘扬法治、文明、和谐、友善等社会主义核心价值观，引导当事人互谅互让。社区和家庭一样，以让为要、以和为贵。此次发布的多起典型案例，都有原来反对加装电梯，后来需要使用电梯的情形。如果当初以让为先，让电梯早日装起来，后期就会更早享用电梯带来的便利，也不会引发其他业主的反对。在王某、窦某诉骆某、阳某等侵权责任纠纷案中，楼上业主在已经胜诉并已完成电梯加装的情况下，仍然主动出资为二层反对加装电梯的年届九旬的老年人增设电梯入户连廊，以便于其使用电梯，充分保障了老年人权益，使邻里关系更加和谐，殊为可贵。

二是坚持法治与自治相结合。我国是人口大国、经济大国，随着社会经济发展，矛盾纠纷会不断增多。中国人民有“厌诉”的传统，尤其是邻里之间，都不愿打官司，希望协商解决纠纷。人民法院应当充分利用基层群众自治性组织、公益组织等社会力量在化解纠纷中的作用，引导人民群众协商解决纠纷，将纠纷解决在基层、化解于萌芽。例如，刚才介绍的浙江杭州某小区业主因加装电梯产生纠纷的调处。该小区居民就加装电梯产生争议，导致项目搁置长达四年之久，根据部分业主申请，当地街道办邀请资深律师、经验丰富的调解员、工程技术和特种设备专家以及民情议事员等五人组成听证团，并邀请各方业主的代理人也参与听证，通过充分释法说理、沟通交流，自发解决纠纷，让纠纷不出街道，达到了很好的诉源治理效果。

三是坚持将司法审判融入社会治理大局。张军院长强调，要坚持“抓前端、治未病”理念，把诉调对接的“调”向前延伸，主动融入党委领导下的社会治理体系和诉源治理大格局，支持开展“无讼”村（社区）等创建。各级人民法院将在党委领导下继续与住房和城乡建设等行政主管部门、调解组织通力协作，通过发布典型案例、制定政策文件、开展联合调解、指导人民调解、推动诉调对接等方式，践行新时代“枫桥经验”，加强多元解纷和诉源治理，汇聚化解矛盾纠纷的合力。

【司法政策理解与适用专题】

《最高人民法院关于为促进消费提供司法服务和保障的意见》的理解与适用

陈宜芳* 吴景丽** 谢 勇***

2022年12月26日，最高人民法院发布《关于为促进消费提供司法服务和保障的意见》（以下简称《意见》）。《意见》从加强消费者权益司法保护、加强生产经营者权益司法保护、维护诚信公平的市场环境、进一步提升司法服务水平四个方面提出三十条举措。为方便人民法院及社会各界正确理解和适用，现就其制定背景、制定原则和主要内容介绍如下。

一、制定背景

（一）中央对促进消费提出新要求

党的二十大报告提出："着力扩大内需，增强消费对经济发展的基础性作用和投资对优化供给结构的关键作用。"2022年中央经济工作会议将着力扩大国内需求作为2023年经济工作重点。为促进消费提供司法服务和保障，是人民法院贯彻中央方针政策、服务国家发展大局、增进群众

* 最高人民法院民事审判第一庭庭长。
** 最高人民法院民事审判第一庭副庭长。
*** 最高人民法院民事审判第一庭法官。

民生福祉的重要举措。

（二）消费已成为推动我国经济增长的“主引擎”

推动我国经济发展的“三驾马车”是消费、投资、净出口。投资需求受边际报酬递减规律的制约。短期内，在技术水平相对稳定、其他生产要素投入不变的情况下，单一要素投入的增加在达到特定值时，增加该要素所带来的边际产量呈递减趋势。例如，在短期内，劳动力的供给弹性较弱。疫情防控政策优化调整后，受疫情影响较大的服务业在投资带动下迅速复苏，但部分地方面临服务人员不足的情况，这制约了服务业投资的增长。净出口受外部经济环境、政治环境等因素影响，波动性较大。例如，从2000年至2021年，有十一年的净出口对我国经济增长的贡献率都是负数，其中，2009年达到负42.8%。[①] 随着我国国内生产总值（GDP）世界占比增加，外部需求在全部需求中的占比会相应下降。消费是最终需求，也是经济增长的最终动力。近十年来，除2013年、2020年和2022年外，消费需求对我国国民生产总值增长的贡献率均超过50%（见图1），已成为推动我国经济增长的“主引擎”。2022年，我国经济面临需求收缩、供给冲击、预期转弱三重压力。克服“需求收缩”这一压力的重点在扩大内需，扩大内需必须要把恢复和扩大消费摆在优先位置。

（三）我国消费需求增长潜力大

促进消费的前提是我国消费具有增长潜力。我国消费增长潜力来自四个方面：一是疫情防控政策优化调整带来的消费复苏动力。随着疫情

---

① 数据来自《2022中国统计年鉴》，载中国统计局网站，http：//www.stats.gov.cn/tjsj/ndsj/2022/indexch.htm，2023年3月15日访问。

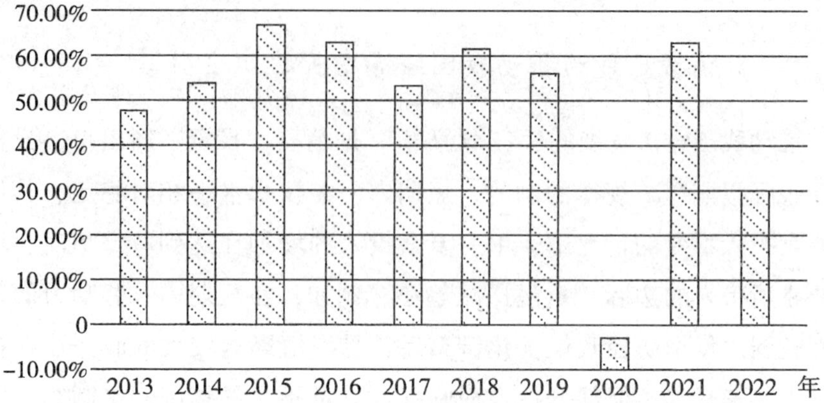

图1　2013年至2022年消费需求对我国国民生产总值增长的贡献率[①]

形势变化和疫情防控措施优化调整，消费需求将快速复苏。在没有疫情影响的情况下，相较于投资和净出口，消费需求对经济增长的贡献最大。2013年至2019年，最终消费支出对经济增长的平均贡献率为60%左右。[②]2022年，这一数据下降为32.8%，我国社会消费品零售总额439733亿元，比上年下降0.2%。[③]疫情冲击使我国消费需求增长速度低于潜在增长速度。疫情冲击减弱或消除后，我国消费需求会在2023年复苏。2023年上半年社会消费品零售总额同比上涨，反映了消费复苏趋势。二是随着人均国内生产总值增长，消费需求对经济增长的带动作用会进一步增强。如果没有疫情冲击的负面影响，近十年来我国最终消费支出对经济增长的平均贡献率约为60%。发达经济体最终消费支出对经济增长的贡

① 2013年至2021年数据来自《2022中国统计年鉴》，载中国统计局网站，http://www.stats.gov.cn/tjsj/ndsj/2022/indexch.htm，2023年3月15日访问。2022年数据来自《国务院新闻办就2022年国民经济运行情况举行发布会》，载中国政府网，http://www.gov.cn/xinwen/2023-01/17/content_5737627.htm，2023年3月15日访问。

② 参见《国新办举行2020年国民经济运行情况新闻发布会图文实录》，载国务院新闻办公室网站，http://www.scio.gov.cn/xwfbh/xwbfbh/wqfbh/44687/44768/wz44770/Document/1697094/1697094.htm，2023年3月15日访问。

③ 参见《国务院新闻办就2022年国民经济运行情况举行发布会》，载中国政府网，http://www.gov.cn/xinwen/2023-01/17/content_5737627.htm，2023年3月15日访问。

献率在70%至80%之间。我国消费增长还有较大的提升空间。三是随着国内生产总值总量增长，消费需求会相应增长。我国人均国内生产总值处于增长区间，即使边际消费倾向不变，随着人均国内生产总值增长和人均可支配收入增长，消费总量也会相应增长。四是供给恢复和增长会进一步提振消费。疫情不仅抑制消费增长，还对供给带来负面影响。疫情防控政策的优化，会使供给增加，供给曲线右移，市场均衡价格下降，均衡产量增加，从而使更多消费需求得到满足。

（四）人民群众消费需求有新发展

消费需求主要由人民群众的可支配收入决定。2022年我国人均国内生产总值达到约1.27万美元，接近世界银行规定的1.32万美元高收入国家标准；全国居民人均可支配收入达36883元，扣除价格因素实际增长2.9%，与经济增长基本同步。[①] 人均可支配收入的提高，将带动消费需求增长。此外，低收入者的边际消费倾向高于高收入者。同样增加一单位可支配收入，低收入者会将更多增加收入用于消费。2021年，我国脱贫攻坚战取得了全面胜利，完成了消除绝对贫困的艰巨任务。在全国人均可支配收入确定的前提下，如果收入分配更加公平，增加收入更多分配给低收入者，社会整体消费倾向和消费需求会提高。我国接近高收入国家标准、人民群众可支配收入提高和收入分配更加公平等因素使得人民群众的消费需求从有没有向好不好、放心不放心、安全不安全转变。通过完善司法规则、加强司法保护，进一步有效发挥法治固根本、稳预期、利长远的保障作用，增强群众对法治环境的信心，有利于营造良好消费环境，增强消费者的消费信心，促进消费发展。

二、制定原则

《意见》在起草过程中坚持了以下原则。

---

① 参见《2022年国民经济顶住压力再上新台阶》，载中国政府网，http://www.gov.cn/xinwen/2023-01/17/content_5737453.htm，2023年3月18日访问。

一是落实中央政策精神。《意见》贯彻落实党的二十大精神、中央经济工作会议精神及《扩大内需战略规划纲要（2022—2035年）》要求，把恢复和扩大消费摆在优先位置，支持住房改善、新能源汽车、养老服务等消费，助力增强消费对经济发展的基础性作用。同时，《意见》从供给端入手，坚持能动司法，服务和保障高质量发展，助力国务院关于扎实稳住经济一揽子政策落实。

二是严格依照法律规定。《意见》以民法典、刑法、消费者权益保护法、食品安全法、药品管理法、电子商务法、个人信息保护法等法律法规为依据，推动相关法律规定在司法审判中全面、准确实施。

三是坚持问题导向。《意见》针对消费领域食品药品安全、预付式消费、“霸王条款”、在线消费、个人信息保护、未成年和老年消费者权益保护、平台经济发展、新个体经济保护、信用体系建设等问题明确态度和举措，着力整治消费领域顽疾，营造有利促进消费的法治环境。

四是回应人民群众关切。《意见》既着力解决传统消费中的固有问题，也积极解决在线消费中的新问题；既注重在消费端营造安全、诚信、放心的消费环境，又注重在生产端维护公平竞争市场秩序，通过保护产权、保护投资、保护知识产权，激励有效供给；既加强消费者权利保护，又降低消费者维权成本，全方面回应人民群众的关切。

三、主要内容

（一）保护食药安全、提振消费信心

民以食为天，食以安为先。食品药品安全是人民群众最关心的民生问题。维护食品药品安全依赖良好的法治环境。对食品药品安全的担忧会打击消费者的消费意愿。《意见》第一条至第三条对维护食品药品安全作出专门规定，落实“四个最严”要求，要求严厉打击食品和药品领域各类生产经营主体的制假售假行为。针对“黑作坊”地难找、人易跑、流动性和隐蔽性强等特点，《意见》要求依法追究生产者和经营者责任，

斩断“黑作坊”的生产经营链条，遏制有害供给。

《意见》注重发挥惩罚性赔偿责任对食品药品领域违法行为的遏制作用。违法成本受违法行为的责任大小与被追责的概率高低两个因素决定。普通消费者维权成本高、维权意愿低，使得消费领域尤其是食品药品领域违法行为被追责的概率低。《意见》要求充分发挥惩罚性赔偿责任对制假售假行为的遏制作用。同时，根据最高人民法院、最高人民检察院等七部门印发的《探索建立食品安全民事公益诉讼惩罚性赔偿制度座谈会会议纪要》，各地法院正在探索食品安全民事公益诉讼惩罚性赔偿制度。人民法院通过增加食品药品领域违法行为被追责的概率和适用惩罚性赔偿制度，进一步提高违法成本，让制假售假者无利可图，减少无效供给，遏制有害供给。通过加强司法保障，营造安全放心的法治环境，让人民群众形成对法治环境的信赖，进而放心消费，实现法治信用向市场信用的转化。

（二）加强预付式消费中消费者权益保护

预付式消费中，经营者与消费者信息严重不对称，在信用管理机制尚不健全的情况下，极易引发经营者道德风险。经营者低价吸引顾客后高价结算，虚假折扣，收取预付款后“卷款跑路”，预付卡遗失不补办、过期作废，任意变更经营场所、服务内容、经营主体等问题是预付式消费领域的顽疾。有的经营者以“小本钱撬动大买卖”，通过预付式消费的方式向广大消费者收取高额预付款，高杠杆经营，向消费者转嫁经营风险。消费者对不诚信经营者的“套路”和“消费陷阱”识别能力不强，权益极易受到损害。针对上述问题，《意见》第四条规定，预付式消费中，经营者不兑现打折等承诺，违反合同约定进行扣费或者降低商品和服务质量的，消费者有权主张经营者承担违约责任。

预付式消费中另一个突出的问题是，有的经营者从消费者处收取预付款后，“卷款跑路”，恶意逃债，导致消费者无法救济其受损的权益。《意见》规定，这种情形下，经营者构成欺诈的，消费者有权要求经营者承担惩罚性赔偿责任。在起草《意见》过程中，关于经营者“卷款跑路”是否构成欺诈的问题，存在不同认识。有观点认为，经营者构成欺诈应当以其在订立预付式消费合同之时的主观状态为准。有的经营者在订立合同时并没有欺诈之故意，只是由于经营不善才“卷款跑路”，这种情况不构成欺诈。经研究认为，合同从磋商、订立、履行到终止，体现为一个动态过程。预付式消费合同的特点在于，消费者预先履行了全部付款义务，而经营者提供商品或者服务的义务则需要一个长期的过程，消费者承担了全部履约风险。经营者即使在订立合同时没有欺诈故意，在收到预付款后履行全部义务之前，形成非法占有预付款之故意的，亦可构成欺诈。而且，经营者在订立合同之时的主观状态难以证明，但其恶意逃避履行义务、“卷款跑路”之行为显而易见，该行为体现了经营者非法占有消费者预付款之主观恶意。鉴于“卷款跑路”在预付式消费中较为常见，对消费者权益损害很大，《意见》规定此种行为构成欺诈，消费者有权依法主张经营者承担惩罚性赔偿责任。这既有利于保护消费者的权益，也有利于引导经营者诚信、审慎经营，即使经营不善，也应当主动通知消费者办理退款等事宜，而不能“卷款跑路”，进一步侵害消费者权益。

（三）规范向未成年消费者提供网络服务的行为

未成年人沉迷网络游戏、进行大额消费、接受不健康网络服务等问题，受到社会广泛关注。此类不当消费行为事关万千未成年人健康成长、事关万千家庭和谐安宁、事关国家未来发展，问题的根源在于网络服务提供者未履行对服务对象的识别义务和对服务内容的审查义务。针对此类问题，《意见》第十四条规定，如果网络游戏和网络直播服务提供者违法向未成年人提供网络游戏和网络直播服务，收取充值费用、接受直播打赏，消费者有权请求返还充值费和打赏费用。同时，如果限制民事行为能力人支付的网络游戏费用或者直播打赏数额较大，与限制民事行为能力人的年龄、智力不相适应，消费者有权请求返还已支付的费用。

在起草《意见》的过程中，有观点认为，提供网络游戏和网络直播服务的经营者向未成年人提供网络游戏和网络直播服务的行为即使违法，亦不必然导致服务合同无效，应当区别具体情况而定。经研究认为，向未成年人违法提供网络游戏和网络直播服务的行为，本身就属于违背公序良俗的民事法律行为。依照民法典第一百五十三条第二款的规定，此类服务合同应当认定无效。服务合同无效后，消费者有权请求返还游戏充值费、打赏费用。在起草《意见》过程中，考虑到违法向未成年人提供网络游戏等服务，对未成年人身心健康造成损害的问题亟待解决，第十四条规定意在营造违法经营者无法从其违法行为中获利的法治环境，从根本上遏制向未成年人违法提供网络服务的经营行为，积极营造健康、清朗、有利于未成年人成长的网络环境。

第十四条规定原则上也可适用于其他违法向未成年人提供网络服务的行为。最高人民法院于 2023 年 3 月发布的第三批人民法院大力弘扬社会主义核心价值观典型民事案例中，案例七明确了向未成年人提供内容不健康网络服务的合同无效的裁判规则。在该案中，未成年人唐某为浏览漫画使用其微信账号向某网络科技有限公司运营的某漫画平台充值，共支付 1466 元，形成 25 笔订单。审理法院认为，对于未成年人这一特殊群体，在判断行为效力时，应注重对行为是否违背公序良俗的审查，并遵循最有利于未成年人的原则。某网络科技有限公司作为网络服务提供者，向未成年人提供的漫画内容中，既包含行政规章规定的互联网文化单位不得提供的文化产品，也包含大量不健康内容。案涉漫画内容会对未成年群体的身心健康造成损害，对未成年人价值观养成产生错误引导，诱发未成年人对漫画内容进行模仿，对未成年人本人、所在家庭和关联群体产生不良影响，与强化未成年人保护的社会共识明显相悖。案涉合同内容违背公序良俗，应属无效，故判决双方订立的网络服务合同无效，某网络科技有限公司返还唐某充值款 1466 元。

实践中，经营者向未成年人提供网络服务，通常体现为由未成年人与网络服务提供者签订网络服务合同。未成年人可能使用自己的账户，也可能使用其父母的账户；既可能花费父母的资金，也可能花费自己的资金。即使未成年人使用的是自己的账户，花费的是自己的资金，其仍有权主张网络服务合同无效，请求违法提供网络服务的经营者退还费用。司法实践中存在不同认识的是，这种情况下是应当以未成年人为原告还是以未成年人的监护人为原告。依合同相对性原则，应当以与网络服务提供者订立合同的一方为原告。如果当事人所列原告不正确，人民法院可向当事人释明。从实际效果看，未成年人的监护人是作为原告参加诉讼还是作为原告的法定代理人参加诉讼，对实体法律纠纷的解决并无实质性影响。

（四）惩治欺诈、“套路”老年消费者权益的行为

伴随老年人口增多，欺诈、“套路”老年消费者的违法经营行为也相应增多，主要表现在两个方面：一是欺诈老年消费者。老年人的健康需求、情感慰藉需求更为强烈，部分不诚信经营者打“健康牌”“情感牌”，对老年消费者实施欺诈。对此，《意见》第十五条规定，经营者通过虚假宣传等方式销售质次价高的商品或者服务，欺诈老年消费者的，应当承担惩罚性赔偿责任。二是开展“洗脑”式营销，“套路”老年消费者，诱导老年消费者购买其并不需要的商品和服务。《意见》规定，人民法院应依法支持老年消费者关于撤销显失公平合同的诉讼请求。

（五）加强生产经营者权益司法保护

在起草《意见》过程中，有观点提出，促进消费既需要加强消费者权益保护，提振消费信心，也需要加强生产经营者权益保护，扩大和改善供给，使供给和需求在更低价格、更高产量、更优品质上实现均衡，从而达到促进消费的目的。《意见》采纳了这一观点，在第二部分就依法保护生产经营者的产权、经营自主权、知识产权，保护农村经营主体合法权益，促进平台经济和新型消费业态发展作出规定。

当前市场环境下，加强对消费者和生产经营者权益的司法保护对于促进消费具有特别意义。三年疫情对需求端和供给端均造成了冲击。疫

情不仅会冲击需求，还会导致供给减少，从而使均衡产量低于自然产出水平。随着疫情形势变化和疫情防控政策优化调整，需求和供给均处于复苏区间，使均衡产量逐步恢复至自然产出水平。这一恢复的速度、广度、程度受到消费者和投资人预期的影响。如果消费者预期收入将增加，其消费倾向也会提高。消费者会将更多可支配收入用于消费。如果消费者不能对未来收入形成稳定预期，就会增加储蓄以应对将来的不确定性。同理，如果投资人预期将来需求增加，就会增加投资。如果投资人不能对未来经济发展形成稳定预期，投资积极性就会降低。2022 年中央经济工作会议多次提到提振“信心”、坚定“信心”，要求 2023 年经济工作要改善社会心理预期、提振发展信心，增强消费信心和投资信心。人民法院要通过保护产权、维护经营自主权、保护合同、捍卫诚信，有效发挥法治固根本、稳预期、利长远的保障作用，贯彻落实“两个毫不动摇”，引导消费者、生产经营者等各类市场主体形成稳定预期，提高消费倾向和投资意愿，促进消费发展。

（六）把握好平台经济发展的红绿灯

最高人民法院长期以来高度重视服务和保障数字经济发展，既依法保护数字经济市场主体合法权益，为数字经济发展营造良好法治环境，又着力保护新业态中消费者合法权益，让数字经济在法治轨道上健康发展。《意见》第二十条规定，要把握好平台经济发展中的“红绿灯”，让资本在促消费等方面发挥更大更好的作用。有观点认为，正确处理平台经济发展中“红绿灯”问题的关键，是要在平台经济的健康发展和对资本的有效监管之间做好平衡。实际上，服务平台经济健康发展和实现对资本的有效监管具有内在统一性。一方面，平台经济健康发展离不开资本要素。习近平总书记强调，资本是社会主义市场经济的重要生产要素。[①] 资本要素是现代市场经济不可或缺的要素。促进经济高质量发展、

① 参见《习近平在中共中央政治局第三十八次集体学习时强调 依法规范和引导我国资本健康发展 发挥资本作为重要生产要素的积极作用》，载《人民日报》2022 年第 5 月 1 日。

全面建设社会主义现代化国家、不断满足人民群众对美好生活的需要，均离不开资本积累、资本投入。促进资本积累和资本投入，关键在于贯彻实施按生产要素分配制度，让投资人获得稳定的营利预期。资本追求利益最大化必然要求其投向效益最好的平台企业。只要资本在法治轨道上运行，其追求收益最大化的本性就是推动平台经济健康发展的强大动力。另一方面，平台经济健康发展依赖于对资本的有效监管。单个资本追求收益最大化的本性决定了资本首先考虑的是经济效益最大化而非社会效益最大化、是自身个体效益最大化而非社会整体效益最大化，因此，若没有法律约束，资本就容易脱轨。平台经济将资本优势与信息优势、技术优势融为一体，获得更大的市场支配力量，在追求收益最大化的本性驱动下，天然具有滥用市场支配地位、限制竞争、违法攫取垄断利润的动力，采取阻碍市场公平竞争、侵害消费者和中小经营者的合法权益的经营策略。这样的市场只对获得垄断地位的平台企业有利，并不利于整个平台经济的发展和社会经济高质量发展。因此，平台经济发展离不开法治保障和对资本的有效监管。

《意见》指出，要把握好平台经济发展中的"红绿灯"。"绿灯"是指平台资本可以依法畅通有序地进入或退出，依法开展经营。人民法院通过保护产权、鼓励交易、维护诚信，保障资本要素市场化配置，让资本流向最有效益的领域，使单一资本在实现自身效益最大化目的的同时，也实现社会整体效益最大化的目标。"红灯"是指对平台资本流动、经营等行为依法应予限制的领域。资本不能违反法律规定，通过攫取垄断利润、恶意限制竞争、损害金融安全等行为破坏市场公平竞争秩序和经济安全，妨害商品和服务有效供给增加，间接损害消费者权益，也不能通过"大数据杀熟""霸王条款"及违法向消费者转嫁经营风险等行为直接损害消费者权益。把握好平台经济发展中的"红绿灯"，目的是要引导和规范资本在法治轨道内良性发展，实现资本经济效益和社会效益最大化。

实践中，资本主要利用资金优势、信息优势、技术优势，滥用垄断地位，对消费者和中小经营者收取垄断高价、限制竞争，直接或间接损害消费者和中小经营者权益。人民法院将重点规范强制“二选一”、“大数据杀熟”、强制搭售等违法经营行为，遏制违法融资等向消费者和金融消费者不当转嫁经营风险的融资行为，加强消费者个人信息权益保护，引导资本在法治轨道上健康发展，助力经济高质量发展，不断满足人民群众对美好生活的需要。

（七）助力数字经济和在线消费发展

生产和消费是经济活动的两端，只有二者形成良性循环，中国特色社会主义市场经济才具有活力，才能不断满足人民群众日益增长的美好生活需要。数字化既是经济发展的趋势，也是消费发展的趋势。为数字经济发展提供强有力的司法服务和保障是人民法院的重要职责。在这一方面，人民法院需要做好三个兼顾。

一是兼顾数字经济新兴产业发展和传统经济数字化转型。数字技术从两个方面影响社会经济，一是数字技术助力传统产业转型，二是数字技术推动数字经济新业态发展壮大。《意见》要求加强知识产权保护，服务和保障实施创新驱动发展战略；依法保护平台企业等市场主体权益，为新业态发展营造广阔空间，助力经济高质量发展。在处理消费者权益保护与新经济业态发展的关系方面，《意见》要求助力培育新型消费，兼顾保护消费者权益和支持新零售业态、新类型消费模式、新个体经济以及共享经济发展。

二是兼顾数据资源利用和个人信息保护。人民法院依法保护数据要素参与收入分配，通过加强司法保护鼓励对数字经济的投入、深化对数据资源的利用，激活数据要素潜能，实现在依法保护个人信息权益的基础上促进数据资源有序开发、流转和利用，助力数字经济健康发展的目的。《意见》第九条专门就加强消费者个人信息保护作出规定，对于需要取得消费者单独同意的信息处理行为，明确规定获得消费者概括同意不能作为经营者的免责事由。同时，本条还明确经营者未取得未成年消费者父母或监护人同意处理不满十四周岁未成年消费者个人信息，以及经营者以消费者不同意处理个人信息为由拒绝提供商品或服务，致使消费者被迫同意经营者处理个人信息的，应当承担民事责任，有针对性地解决实践中常见的侵害消费者个人信息权益的问题。

三是兼顾电子商务行业发展和在线消费者权益保护。《意见》第六条至第八条针对在线消费中常出现的直播间运营者责任，网络餐饮服务平台经营者责任，二手商品网络交易平台上经营者责任问题，以及快递人员擅自使用快递商品、违规打开快递包装、暴力分拣快递等导致消费者损失能否主张免责等问题，明确要维护电子商务市场秩序，为电子商务企业健康发展和消费者在线安心舒心消费创造良好法治环境。

（八）营造有利于促进消费的公平竞争环境

鼓励和保护公平竞争，制止不正当竞争行为，既有利于保护经营者权利、服务经济高质量发展，也有利于保护消费者合法权益、改善消费环境。实践中，垄断和不正当竞争行为从两个方面损害消费者利益：一是垄断和不正当竞争行为恶化竞争环境，扰乱市场秩序，导致有效供给减少，合理消费需求不能得到满足；二是垄断和不正当竞争行为直接侵害消费者合法权益。《意见》第二十四条亦分别从这两个方面入手维护有利于促进消费的公平竞争市场秩序。人民法院应当坚持“两个毫不动摇”，平等保护不同所有制企业的合法权益，维护公平竞争的市场环境，为广大企业尤其是中小微企业、个体工商户发展营造良好法治环境，增加有效供给，让消费者在支付相同对价的基础上获得更大效用。同时，本条还要求遏制直接损害消费者权益的垄断和不正当竞争行为，保护消费者合法权益。

（九）构建有利于增强消费信心的社会信用体系

相对于财产责任，信用责任对违法失信经营者的震慑通常更为有力。2018 年至 2023 年，联合信用惩戒体系让失信被执行人“一处失信、处处受限”，918 万人迫于信用惩戒压力主动履行了义务。[①] 在消费领域，建立违法失信经营者“黑名单”制度，构建有利于增强消费信心的社会信用体系，对于营造促进消费的市场环境具有重要意义。《意见》第二十五条对此提出两项重要举措。

一是加强与行政机关等单位的信息沟通，推动共建违法失信生产经营者信息披露平台。2021 年，国家市场监督管理总局制定《市场监督管理严重违法失信名单管理办法》，向社会公布严重违法失信名单，对“上榜”当事人采取五项信用管理措施。[②] 人民法院在司法审判中亦会查处大量违法失信行为。将这些违法失信者的名单公之于众，降低消费者获取信息的成本，让违法失信者失去市场，本身就能够遏制违法失信行为。信用管理和信用惩戒机制的效果取决于信用信息的传播范围，人民法院通过对接市场监管部门消费领域失信名单制度、共建失信违法生产经营者信息披露平台，有利于增加违法失信成本，遏制违法失信行为。

二是依法支持、引导行业协会、电子商务平台经营者等市场主体构建信用惩戒机制，防范和减少欺诈等违法生产经营行为，助力加强消费信用体系建设。引导行业协会、电子商务平台经营者等主体构建信用惩戒机制，有利于建设多层次信用惩戒机制，构建一张严密的信用惩戒网络，压缩违法失信者的生存空间，让守法诚信经营者获得更大的竞争优势。下一步，人民法院需要进一步研究、探索信用责任的构成要件、责任形式及信用权受损后的救济途径，进一步完善有利于促进消费的信用机制。

---

① 《最高人民法院工作报告——2023 年 3 月 7 日在第十四届全国人民代表大会第一次会议上》，载《最高人民法院公报》2023 年第 4 期。

② 《市场监督管理严重违法失信名单管理办法》规定的对被列入严重违法失信名单的当事人实施的五项信用管理措施是：一是依据法律、行政法规和党中央、国务院政策文件，在审查行政许可、资质、资格、委托承担政府采购项目、工程招投标时作为重要考量因素；二是列为重点监管对象，提高检查频次，依法严格监管；三是不适用告知承诺制；四是不予授予市场监督管理部门荣誉称号等表彰奖励；五是法律、行政法规和党中央、国务院政策文件规定的其他管理措施。

【民事诉讼法修改理解与适用专题】

民事诉讼法最新修改的基本情况和主要内容

宋江涛*

2023 年 9 月 1 日，第十四届全国人大常委会第五次会议高票通过了《全国人民代表大会常务委员会关于修改〈中华人民共和国民事诉讼法〉的决定》(以下简称修改决定)，自 2024 年 1 月 1 日起施行。

一、本次修改的基本情况

民事诉讼法是国家的基本法律，是规范民事诉讼程序的基本规则。我国现行民事诉讼法是 1991 年第七届全国人大第四次会议通过的，本次修改前，先后经历了 2007 年、2012 年、2017 年、2021 年四次修正。经过数次修正，民事诉讼制度不断完善，在保护当事人诉讼权利、保障人民法院公正、高效审理民事纠纷方面发挥了重要作用，但历次修正均未对涉外民事诉讼程序相关内容作出实质性修改。

近年来，随着经济社会的不断发展与高水平对外开放的不断推进，人民法院审理的涉外民事纠纷数量快速攀升，已覆盖全球 100 多个国家和地区，境外当事人主动选择我国法院管辖的案件数量日益增多，我国法院作出的民商事判决得到越来越多国家的承认和执行，我国司法的国际公信力和影响力持续提升。与此同时，司法实践中面临的管辖权国际

* 全国人大常委会法制工作委员会民法室二处副处长、二级调研员。

冲突等问题愈加复杂，现有涉外民事诉讼程序的功能定位、制度规则等已难以完全满足公正、高效、便捷解决涉外民事纠纷及维护国家主权、安全、发展利益的需要，有必要进行修改完善。

党的十八大以来，以习近平同志为核心的党中央高度重视涉外法治工作，明确提出统筹推进国内法治和涉外法治。党的二十大报告强调“坚持高水平对外开放，加快构建以国内大循环为主体、国内国际双循环相互促进的新发展格局”，对推进高水平对外开放、推动构建人类命运共同体作出重大部署，对加强涉外法治工作提出新的更高要求。民事诉讼法第四编“涉外民事诉讼程序的特别规定”（以下简称涉外编）作为涉外法律体系的重要组成部分，对于平等保护中外当事人合法权益，营造市场化、法治化、国际化一流营商环境，维护国家主权、安全、发展利益，推进国家治理体系和治理能力现代化具有重要意义。

为深入贯彻党的二十大精神，贯彻落实党中央关于统筹推进国内法治和涉外法治的决策部署，本次民事诉讼法修改在全面总结涉外民商事审判实践经验基础上，重点对民事诉讼法涉外编的内容进行了修改完善。此外，针对社会普遍关注、司法实践反映集中、各方能够形成高度共识的民事诉讼法其他编的内容，也作了相应修改。

二、修改决定的主要内容

修改决定共二十六条，涉及民事诉讼法二十八个条文，其中新增条文十五条，修改条文十三条，主要包括以下内容。

（一）涉外编修改的主要内容

1. 完善涉外民事案件管辖规则，适当扩大我国法院对涉外民事案件的管辖权

一是拓展管辖类型，增设管辖依据。将管辖纠纷的类型从合同纠纷或者其他财产权益纠纷拓展至除身份关系以外的纠纷，增设其他适当联系作为管辖依据，更好保障当事人诉权，切实维护我国主权、安全、发

展利益。

二是增加涉外纠纷协议管辖的专门规定。尊重当事人意思自治，规定涉外民事纠纷的当事人书面协议选择我国法院管辖的，可以由我国法院管辖。

三是增加涉外应诉管辖的规定。当事人未提出管辖异议，并应诉答辩或者提出反诉的，视为我国法院有管辖权。

四是增加专属管辖的纠纷类型。借鉴各国立法实践，增加两类专属管辖的纠纷类型：因在我国领域内设立的法人或者其他组织的设立、解散、清算，以及该法人或者其他组织作出的决议的效力等纠纷提起的诉讼；因与在我国领域内审查授予的知识产权的有效性有关的纠纷提起的诉讼。将这些特定类型案件纳入我国法院专属管辖，有利于适度扩大我国法院专属管辖范围。

2. 针对管辖权冲突，增加平行诉讼相关规定、不方便法院原则等相关条款

一是增加平行诉讼的相关规定。对平行诉讼，即当事人之间的同一纠纷，一方当事人向外国法院起诉，另一方当事人向我国法院起诉，或者一方当事人既向外国法院起诉，又向我国法院起诉的，增加一般规定：我国法院依照我国民事诉讼法有管辖权的，可以受理。即不因外国法院已经受理而放弃管辖。同时，充分尊重当事人意思自治，增加规定：当事人订立排他性管辖协议选择外国法院管辖且不违反我国民事诉讼法关于专属管辖的规定，不涉及我国主权、安全或者社会公共利益的，我国法院可以裁定不予受理；已经受理的，裁定驳回起诉。此外，适度礼让他国法院管辖，规定在我国法院按照平行诉讼的规则受理案件后，当事人以外国法院已经先于我国法院受理为由，书面申请我国法院中止诉讼的，人民法院可以裁定中止诉讼，但是当事人协议选择我国法院管辖或纠纷属于我国法院专属管辖的，或者由我国法院审理明显更为方便的除外。同时，对诉讼程序的恢复也作了规定：外国法院未采取必要措施审理案件，或者未在合理期限内审结的，依当事人的书面申请，我国法院

应当恢复诉讼。

二是增加不方便法院原则的规定。不方便法院原则是解决平行诉讼管辖权冲突的途径之一，此次修改民事诉讼法，明确增加这一制度，规定我国法院受理的涉外民事案件，被告提出管辖异议，且同时有下列情形的，可以裁定驳回起诉，告知原告向更为方便的外国法院提起诉讼：(1) 案件争议的基本事实不是发生在我国领域内，我国法院审理案件和当事人参加诉讼均明显不方便；(2) 当事人之间不存在选择我国法院管辖的协议；(3) 案件不属于我国法院专属管辖；(4) 案件不涉及我国国家主权、安全或者社会公共利益；(5) 外国法院审理案件更为方便。同时，对驳回起诉后，外国法院拒绝行使管辖权等情形下原告的救济渠道作了规定：裁定驳回起诉后，外国法院对纠纷拒绝行使管辖权，或者未采取必要措施审理案件，或者未在合理期限内审结，当事人又向我国法院起诉的，我国法院应当受理。

3. 总结涉外案件送达审判实践经验，修改涉外送达的相关规定，着力解决涉外案件“送达难”问题

一是针对实践中有的诉讼代理人通过在授权委托书中载明“不包括接收司法文书”以逃避送达的情形，删除原法中诉讼代理人必须“有权代其接受送达”的限定，明确只要是受送达人在本案中委托的诉讼代理人，都应接受送达。

二是增加向受送达人在我国领域内设立的独资企业送达的规定，同时删除分支机构接受送达须“有权接受送达”的限定。

三是增加外国人、无国籍人、外国法人或者其他组织替代送达的适用情形。受送达人为外国人、无国籍人，其在我国领域内设立的法人或者其他组织担任法定代表人或者主要负责人，且与该法人或者其他组织为共同被告的，可以向该法人或者其他组织送达。受送达人为外国法人或者其他组织，其法定代表人或者主要负责人在我国领域内的，可以向其法定代表人或者主要负责人送达。

四是积极稳妥利用现代技术手段，将此前规定的“采用传真、电子

邮件等能够确认受送达人收悉的方式送达”修改为“采用能够确认受送达人收悉的电子方式送达，但是受送达人所在国法律禁止的除外”。既拓展电子送达途径，又以不违反受送达人所在国禁止性法律规定为限。

五是尊重当事人意思自治，增加以受送达人同意的其他方式送达的规定，但是受送达人所在国法律禁止的除外。

六是将公告送达期限由“三个月”缩短至“六十日”，提高送达效率。

4. 增设域外调查取证相关规定

位于域外的证据，对于我国法院查明案件事实、准确适用法律具有重要意义。此次修改民事诉讼法对域外调查取证作出规定，当事人申请人民法院调查收集的证据位于我国领域外，我国法院可以依照证据所在国与我国缔结或者共同参加的国际条约中规定的方式，或者通过外交途径调查收集。同时，也对我国法院通过我国驻外使领馆、以双方当事人同意的方式调查收集作了规定，在所在国法律不禁止的情况下，对具有我国国籍的当事人、证人，可以委托我国驻当事人、证人所在国的使领馆代为取证，也可以经双方当事人同意，通过即时通讯工具或者以双方当事人同意的其他方式取证。

5. 完善承认与执行外国法院生效判决、裁定的基本规则

一是增强我国司法审查的透明度。当事人申请承认和执行外国法院生效判决、裁定的，除法定情形外，应当予以承认和执行，此次修改对不予承认和执行的法定情形予以明确，包括以下任一情形：外国法院对案件无管辖权；被申请人未得到合法传唤或者虽经合法传唤但未获得合理的陈述、辩论机会，或者无诉讼行为能力的当事人未得到适当代理；判决、裁定是通过欺诈方式取得；我国法院已对同一纠纷作出判决、裁定，或者已经承认第三国法院对同一纠纷作出的判决、裁定；违反我国法律的基本原则或者损害国家主权、安全、社会公共利益。专门增加一条，对如何判断外国法院对案件无管辖权作出规定：外国法院依照其法律对案件没有管辖权，或者虽然依照其法律有管辖权但与案件所涉纠纷

无适当联系；违反我国民事诉讼法关于专属管辖的规定；违反当事人排他性选择法院管辖的协议。有上述情形之一的，我国法院应认定该外国法院对案件无管辖权。

二是明确因同一纠纷向我国法院申请承认和执行程序与我国法院案件审理程序的关系。当事人申请承认和执行外国法院作出的发生法律效力的判决、裁定，所涉纠纷与我国法院正在审理的纠纷属于同一纠纷的，我国法院可以中止审理。同时，对具体程序作出规定，外国法院作出的发生法律效力的判决、裁定不符合我国民事诉讼法规定的承认条件的，我国法院裁定不予承认和执行，并恢复已经中止的诉讼；符合承认条件的，裁定承认其效力；需要执行的，发出执行令，依法执行；对已经中止的诉讼，裁定驳回起诉。

三是明确当事人对承认和执行或者不予承认和执行的裁定不服的救济程序，即可以自裁定送达之日起十日内向上一级人民法院申请复议。

6. 促进仲裁裁决的跨境执行

增设申请人住所地法院、与裁决所涉纠纷有适当联系地法院为仲裁司法审查的管辖法院，最大限度便利仲裁当事人的权利救济。

（二）其他编修改的主要内容

一是扩大回避适用范围。对照修订后的人民法院组织法和法官法，扩大回避适用范围，将法官助理、司法技术人员纳入回避适用的对象。保障当事人申请回避权的全面行使，确保民事案件的公正审判。

二是完善虚假诉讼认定规则。突出虚假诉讼本质特征，在“双方恶意串通”情形之外，增加“单方捏造民事案件基本事实”的情形，并明确虚假诉讼侵害的法益是“国家利益、社会公共利益或者他人合法权益”，准确界定虚假诉讼外延，压缩虚假诉讼存在空间。

三是增加指定遗产管理人案件规定。对标民法典有关规定，在第十五章“特别程序”中新增第四节“指定遗产管理人案件”，就指定遗产管理人的相关程序作出规定，实现实体法与程序法的有效衔接。

此次民事诉讼法修改主要针对涉外民事诉讼程序制度，涉及管辖、送达、调查取证、司法协助方方面面，涉及面广、专业性强。在对修改决定进行审议的过程中，有的常委会组成人员就加强法律通过后的宣传培训、制定修改配套司法解释等提出了意见和建议。修改决定自 2024 年 1 月 1 日起施行，有关方面应抓紧做好民事诉讼法修改的宣传培训工作，做好配套司法解释等相关规定的制定、修改工作，保障新修改的民事诉讼法的贯彻实施。

【民法典理解与适用专题】

民法典对民营经济的平等保护

王　灯*

2023年7月19日，《中共中央、国务院关于促进民营经济发展壮大的意见》发布，具体部署了持续优化民营经济发展环境、加大对民营经济政策支持力度、强化民营经济发展法治保障、着力推动民营经济实现高质量发展、促进民营经济人士健康成长、持续营造关心促进民营经济发展壮大社会氛围六个方面重点任务。该意见的出台背景主要是，长期以来，民营经济在稳定增长、促进创新、增加就业、改善民生等方面发挥了积极作用，已经成为我国经济制度的内在要素，推动经济持续健康发展的重要力量；但一个时期以来，民营经济发展环境发生了一些变化，不少民营企业面临着一些问题和困难，迫切需要针对新情况，完善促进民营经济发展壮大的体制机制，提振民营经济预期信心，进一步激发民营经济发展活力。同时，党的二十大报告明确提出"优化民营企业发展环境，依法保护民营企业产权和企业家权益，促进民营经济发展壮大"，对民营经济工作提出了新要求。因此，出台该意见也是贯彻党的二十大精神的具体体现。

法治是最好的营商环境，就民营经济而言，法治保障中的重要内容应是给予民营经济以平等法律保护。就此角度来讲，在现行法律体系内，

* 最高人民法院民事审判第一庭法官。

促进民营经济平等保护的法律规范，最重要的无疑当属民法典。习近平总书记2020年5月29日在十九届中央政治局第二十次集体学习时指出，民法典在中国特色社会主义法律体系中具有重要地位，是一部固根本、稳预期、利长远的基础性法律；民法典调整规范自然人、法人等民事主体之间的人身关系和财产关系，这是社会生活和经济生活中最普遍、最常见的社会关系和经济关系，涉及经济社会生活方方面面，同人民群众生产生活密不可分，同各行各业发展息息相关；民法典实施得好，人民群众权益就会得到法律保障，人与人之间的交往活动就会更加有序，社会就会更加和谐。[①] 结合党的二十大报告关于“完善产权保护、市场准入、公平竞争、社会信用等市场经济基础制度，优化营商环境”的内容，本文围绕产权保护、市场准入、公平竞争、社会信用四个方面，梳理民法典中涉及民营经济平等保护的相关内容，以期对司法实践有所帮助。

一、民法典中关于产权保护的相关规定

从产权保护的核心要义来看，“有恒产者有恒心，无恒产者无恒心”。对于民营经济而言，实质上就是要求持续不变地受到法律平等保护。作为调整平等民事主体之间人身关系和财产关系的法律规范，民法典对于平等保护作出了清晰而直接的规定。第一，在基本原则角度给予平等产权保护。民法典第四条规定，民事主体在民事活动中的法律地位一律平等。第一百一十三条规定，民事主体的财产权利受法律平等保护。第二百零七条规定，国家、集体、私人的物权和其他权利人的物权受法律平等保护，任何组织或者个人不得侵犯。该三条规定广泛赋予民营经济以平等权利，效力贯彻民事法律行为的始终。第二，在征收征用角度给予平等产权保护。民法典第一百一十七条规定，为了公共利益的需要，依照法律规定的权限和程序征收、征用不动产或者动产的，应当给予公平、合理的补偿。第二百四十三条第一款规定，为了公共利益的需要，依照

① 参见习近平：《充分认识颁布实施民法典重大意义，依法更好保障人民合法权益》，载《求是》2020年第12期。

法律规定的权限和程序可以征收集体所有的土地和组织、个人的房屋以及其他不动产。第二款规定，征收集体所有的土地，应当依法及时足额支付土地补偿费、安置补助费以及农村村民住宅、其他地上附着物和青苗等的补偿费用，并安排被征地农民的社会保障费用，保障被征地农民的生活，维护被征地农民的合法权益。第三款规定，征收组织、个人的房屋以及其他不动产，应当依法给予征收补偿，维护被征收人的合法权益；征收个人住宅的，还应当保障被征收人的居住条件。第四款规定，任何组织或者个人不得贪污、挪用、私分、截留、拖欠征收补偿费等费用。第二百四十五条规定，因抢险救灾、疫情防控等紧急需要，依照法律规定的权限和程序可以征用组织、个人的不动产或者动产。被征用的不动产或者动产使用后，应当返还被征用人。组织、个人的不动产或者动产被征用或者征用后毁损、灭失的，应当给予补偿。第三百二十七条规定，因不动产或者动产被征收、征用致使用益物权消灭或者影响用益物权行使的，用益物权人有权依据民法典第二百四十三条、第二百四十五条的规定获得相应补偿。这些规定，相对于民法典之前的规定，就民营经济而言，明显提高了保护底线。第三，在财富传承角度给予平等产权保护。民法典第一千一百二十二条第一款规定，遗产是自然人死亡时遗留的个人合法财产。第二款规定，依照法律规定或者根据其性质不得继承的遗产，不得继承。继承法第三条规定："遗产是公民死亡时遗留的个人合法财产，包括：（一）公民的收入；（二）公民的房屋、储蓄和生活用品；（三）公民的林木、牲畜和家禽；（四）公民的文物、图书资料；（五）法律允许公民所有的生产资料；（六）公民的著作权、专利权中的财产权利；（七）公民的其他合法财产。"就可继承的财产范围，民法典克服了继承法列举式立法的弊端，表明所有合法财产原则上均可继承，无疑有利于民营企业家的财富传承。

同时，需要指出的是，从反向来看，民法典没有将国家政策规定为法律渊源，也不再将"一方以欺诈、胁迫的手段订立合同，损害国家利益"规定为属于合同无效的情形，同样是给予民营经济产权平等保护的具体体现。其一，民法典第十条规定，处理民事纠纷，应当依照法律；法律没有规定的，可以适用习惯，但是不得违背公序良俗。该条关于法律渊源的规定，删去了民法通则第六条可以将国家政策作为法律渊源的规定，无疑有利于稳定民营经济从业者的预期。其二，就合同无效情形的法律依据，民法典删去了合同法第五十二条第一项“一方以欺诈、胁迫的手段订立合同，损害国家利益”属于合同无效情形的规定，表明民法典将以欺诈、胁迫手段损害国家利益等同于损害集体利益和私人利益，均属于可撤销合同的情形，在合同效力的保护上给予平等对待。据此，在司法实践中，如果涉及以欺诈、胁迫的手段订立合同，损害国家利益的，应当依据民法典第一百四十七条至第一百五十一条的规定，作出撤销合同的裁判，而不应当作出认定合同无效的裁判。

此外需要特别强调的是，我国宪法第六条第二款规定：“国家在社会主义初级阶段，坚持公有制为主体、多种所有制经济共同发展的基本经济制度，坚持按劳分配为主体、多种分配方式并存的分配制度。”物权法第三条第一款与此基本保持一致。在民法典编纂过程中，根据党的十九届四中全会决议精神，民法典第二百零六条第一款对社会主义基本经济制度的含义作出规定：“国家坚持和完善公有制为主体、多种所有制经济共同发展，按劳分配为主体、多种分配方式并存，社会主义市场经济体制等社会主义基本经济制度。”该规定使宪法关于基本经济制度的含义得到拓展，即将“分配方式”“社会主义市场经济体制”由基础制度融入我国的基本经济制度范畴，在优化营商环境层面具有相当积极的现实意义和深远的历史意义，将在基本制度和深层次上有利于民营经济产权的平等保护。

二、民法典中关于市场准入的相关规定

关于市场准入标准，我国实行的是负面清单管理模式，即“法无禁止即自由”，这高度契合民法典作为私法基础性规范的基本法理。也就是说，民法典对于民营经济市场准入的平等保护，为基本属性。第一，在

基本原则角度给予平等市场准入。民法典第二百零六条第二款规定，国家巩固和发展公有制经济，鼓励、支持和引导非公有制经济的发展。第三款规定，国家实行社会主义市场经济，保障一切市场主体的平等法律地位和发展权利。第二，在市场主体登记制度角度给予平等市场准入。就个体工商户，民法典第五十四条第一款规定，自然人从事工商业经营，经依法登记，为个体工商户。该条修改了民法通则第二十六条“公民在法律允许的范围内，依法经核准登记，从事工商业经营的，为个体工商户”的表述，便于从业者市场准入。需要注意的是，个别领域用工单位为规避自身责任，要求劳动者登记注册为个体工商户再订立合作协议。就此问题，自2022年11月1日开始施行的《促进个体工商户发展条例》第三十条第二款明确规定，任何单位和个人不得诱导、强迫劳动者登记注册为个体工商户。就营利法人，民法典第七十七条规定，营利法人经依法登记成立。第七十八条规定，依法设立的营利法人，由登记机关发给营利法人营业执照。营业执照签发日期为营利法人的成立日期。就非法人组织，民法典第一百零三条第一款规定，非法人组织应当依照法律的规定登记。第二款规定，设立非法人组织，法律、行政法规规定须经有关机关批准的，依照其规定。第三，在具体行业领域给予平等市场准入。民法典第五百零二条第二款规定，依照法律、行政法规的规定，合同应当办理批准等手续的，依照其规定。未办理批准等手续影响合同生效的，不影响合同中履行报批等义务条款以及相关条款的效力。应当办理申请批准等手续的当事人未履行义务的，对方可以请求其承担违反该义务的责任。第五百零五条规定，当事人超越经营范围订立的合同的效力，应当依照民法典第一编第六章第三节和合同编的有关规定确定，不得仅以超越经营范围确认合同无效。也就是说，即使市场主体的具体经营行为超越其经营范围，除法律明确规定属于合同无效的情形外，超越经营范围订立的合同亦属有效。第一千一百五十八条规定，自然人可以与继承人以外的组织或者个人签订遗赠扶养协议。该规定方式，修改了继承法第三十一条“公民可以与扶养人签订遗赠扶养协议”的规定，即将遗赠扶养协议的相对方由继承法规定的“扶养人”扩大为“继承人以外的组织或者个人”，为养老服务领域的市场化打下制度基础，客观上拓宽了民营经济的市场准入空间。

三、民法典中关于公平竞争的相关规定

习近平总书记2020年5月29日在十九届中央政治局第二十次集体学习时指出，各级政府要以保证民法典有效实施为重要抓手推进法治政府建设，把民法典作为行政决策、行政管理、行政监督的重要标尺，不得违背法律法规随意作出减损公民、法人和其他组织合法权益或增加其义务的决定。同时，习近平总书记强调，保护公民、法人和其他组织合法权益，坚决防止以刑事案件名义插手民事纠纷、经济纠纷。① 为平等保护民营经济，促进公平竞争，民法典作出明确规定。第一，在合同效力方面。民法典第一百五十三条第一款规定，违反法律、行政法规的强制性规定的民事法律行为无效。但是，该强制性规定不导致该民事法律行为无效的除外。该条中的“法律、行政法规”，包括反垄断法和反不正当竞争法的相关内容。例如，《最高人民法院关于审理因垄断行为引发的民事纠纷案件应用法律若干问题的规定》第十五条规定：“被诉合同内容、行业协会的章程等违反反垄断法或者其他法律、行政法规的强制性规定的，人民法院应当依法认定其无效。但是，该强制性规定不导致该民事法律行为无效的除外。”在此前提下，可以实现反垄断法的立法宗旨：预防和制止垄断行为，保护市场公平竞争，鼓励创新，提高经济运行效率，维护消费者利益和社会公共利益，促进社会主义市场经济健康发展。第二，在融资渠道方面。为解决融资难问题，民法典第三百八十八条第一款在物权法原条文基础上增加“担保合同包括抵押合同、质押合同和其他具有担保功能的合同”的规定，以此明确非典型担保的法律地位，有利于市场主体尤其是民营企业融资。同时，就增加融资渠道细化规定，在物

① 参见习近平：《充分认识颁布实施民法典重大意义，依法更好保障人民合法权益》，载《求是》2020年第12期。

权编，为便于融资人提供担保物以实现融资目的，第四百条规定的抵押合同内容和第四百二十七条规定的质押合同内容，将抵押财产和质押财产的具体要求，从物权法的“名称、数量、质量、状况、所在地、所有权归属或者使用权归属”和“名称、数量、质量、状况”统一简化表述为“名称、数量等情况”。在合同编，扩大借款合同适用范围至所有民事主体之间的借贷，买卖合同章中的第六百四十一条至第六百四十三条明确所有权保留的具体规则，完善融资租赁合同章的具体内容从合同法的共十四条增加到民法典的二十六条，专章增加规定保理合同以明确保理为制度层面新的融资渠道。第三，在融资成本方面。民法典第六百八十条第一款规定，禁止高利放贷，借款的利率不得违反国家有关规定。第二款规定，借款合同对支付利息没有约定的，视为没有利息。第三款规定，借款合同对支付利息约定不明确，当事人不能达成补充协议的，按照当地或者当事人的交易方式、交易习惯、市场利率等因素确定利息；自然人之间借款的，视为没有利息。在司法实践中，比如，对于民营企业已经支付超过四倍一年期贷款市场报价利率的利息，是否可以要求返还的问题，目前存在一定争议。这主要是因为，最高人民法院在2020年8月修正《最高人民法院关于审理民间借贷案件适用法律若干问题的规定》时，删去其中第三十一条“没有约定利息但借款人自愿支付，或者超过约定的利率自愿支付利息或违约金，且没有损害国家、集体和第三人利益，借款人又以不当得利为由要求出借人返还的，人民法院不予支持，但借款人要求返还超过年利率36%部分的利息除外”的规定，对外界没有作出清晰解释。该次修正之所以删去原第三十一条规定，主要考虑有两个：一是民法典已就不当得利制度作出了详细规定；二是民法典第六百八十条增加了“禁止高利放贷”的内容。基于此，出借人收取的超过四倍一年期贷款市场报价利率的利息属于“高利放贷”范畴，性质上系不当得利，借款人依据民法典第九百八十五条的规定可以要求返还，这将有利于降低借款人的融资成本。

四、民法典中关于社会信用的相关规定

2018年5月，中共中央印发的《社会主义核心价值观融入法治建设立法修法规划》提出，探索完善社会信用体系相关法律制度，研究制定信用方面的法律，健全守法诚信褒奖机制和违法失信行为联合惩戒机制。在民法典编纂过程中，是将信用单独作为一种民事权利加以规定，还是纳入名誉权的范畴加以规定，存在一定的争议。考虑到我国民法通则和侵权责任法均将信用视为名誉的一部分加以规定，司法实践也一直如此把握，故决定将信用纳入名誉范围。因此，民法典第一千零二十四条第二款规定，名誉是对民事主体的品德、声望、才能、信用等的社会评价。在此前提下，第一千零二十九条规定，民事主体可以依法查询自己的信用评价；发现信用评价不当的，有权提出异议并请求采取更正、删除等必要措施。信用评价人应当及时核查，经核查属实的，应当及时采取必要措施。第一千零三十条规定，民事主体与征信机构等信用信息处理者之间的关系，适用人格权编有关个人信息保护的规定和其他法律、行政法规的有关规定。就民营经济市场主体而言，依据民法典的上述规定，通过名誉权保护路径，可以查询信用评价，对不当评价可以要求更正，对负面评价有权要求删除，这些对于民营经济的社会信用保护起到了基本法的作用。

与此同时，结合民营经济运营实际情况，民法典在具体制度层面规定了相关内容，力图促进社会信用的构建。第一，民法典努力构建诚信社会。第七条规定，民事主体从事民事活动，应当遵循诚信原则，秉持诚实，恪守承诺。第一百三十二条规定，民事主体不得滥用民事权利损害国家利益、社会公共利益或者他人合法权益。在司法实践中，若民事主体的行为构成滥用民事权利，将认定其行为不发生法律效力。在合同编的“合同的履行”一章，第五百零九条第一款规定，当事人应当按照约定全面履行自己的义务；第二款规定，当事人应当遵循诚信原则，根据合同的性质、目的和交易习惯履行通知、协助、保密等义务。关于合同的解除，民法典第五百六十六条第二款规定，合同因违约解除的，解

除权人可以请求违约方承担违约责任，但是当事人另有约定的除外。此规定蕴含的意思表明，只有守约方才有单方提出解除合同的权利，违约方则没有相应的权利。第二，明确企业和企业主相互独立。民法典第六十条明确规定，法人以其全部财产独立承担民事责任。该规定表明，除法律另有特别规定外，企业欠债不能执行企业主的个人合法财产。第三，为防止“新官不理旧账”，民法典第四百六十五条第一款规定，依法成立的合同，受法律保护。第一百三十六条第二款规定，行为人非依法律规定或者未经对方同意，不得擅自变更或者解除民事法律行为。第五百三十二条规定，合同生效后，当事人不得因姓名、名称的变更或者法定代表人、负责人、承办人的变动而不履行合同义务。第一千零一十六条第二款规定，民事主体变更姓名、名称的，变更前实施的民事法律行为对其具有法律约束力。这些制度的综合适用，保证了市场交易的稳定。而且，民法典第九十八条更是直接规定了机关法人被撤销后的责任承担，明确“机关法人被撤销的，法人终止，其民事权利和义务由继任的机关法人享有和承担；没有继任的机关法人的，由作出撤销决定的机关法人享有和承担”，机关法人应当据此承担责任，没有理由“新官不理旧账”。第四，正确对待“父债子还”。对此，民法典第一千一百六十一条第一款规定，继承人以所得遗产实际价值为限清偿被继承人依法应当缴纳的税款和债务。超过遗产实际价值部分，继承人自愿偿还的不在此限。第二款规定，继承人放弃继承的，对被继承人依法应当缴纳的税款和债务可以不负清偿责任。据此，如果作为被继承人的子女放弃继承，其依法不必承担父母的债务。同时，需要注意的是，关于未成年子女造成他人损害的责任承担问题，依据民法典第一千一百八十八条第一款的规定，由监护人承担侵权责任，即由父母对未成年子女的侵权行为承担侵权责任；但是，该条第二款规定，有财产的无民事行为能力人、限制民事行为能力人造成他人损害的，从本人财产中支付赔偿费用；不足部分，由监护人赔偿。因此，在民法典立法层面，努力追求的是“自己责任自己承担”的社会信用目标，民营经济领域的市场主体对此应有准确的认识。

【诉源治理专题】

最高人民法院建议从六个方面做好今冬明春供热工作的风险防范*

李赛敏** 刘忠伟***

近年来，随着用热需求日益多元化、热力提供日益市场化，因供热引发的纠纷时有发生。为贯彻落实“抓前端、治未病”的工作要求，加强供用热力合同纠纷（以下简称供热纠纷）的前端化解，保障供热工作的顺利开展，为有关部门做好风险防范提供司法服务，近日，最高人民法院对近七年来全国法院一审审结的 35.16 万件供热纠纷案件进行分析，实地走访北方四省部分政府相关部门、行业协会、供热企业及用热群众代表，建议从六个方面做好今冬明春供热工作的风险防范。

近七年供热纠纷案件的基本情况包括：一是从案件总量看，供热纠纷案件数量总体呈波动变化、有所上升的趋势，年均增长率为 2.30%；案件以裁定结案为主，判决结案的仅占 16.70%。二是从地区分布看，长江中下游部分供暖地区此类纠纷较少，但年均增速快、地域分布集中，近八成案件分布在江苏、浙江和安徽。三是从处理结果看，生活用热纠

* 为落实最高人民法院院长张军关于对供热纠纷诉源治理的批示要求，笔者经对近七年全国法院供热纠纷案件梳理分析，并实地走访有关政府部门、行业协会、供热企业及用热群众代表后，从司法角度提出有关风险防范措施，以期促进供热纠纷诉源治理工作。

** 最高人民法院民事审判第一庭法官。

*** 最高人民法院民事审判第一庭法官助理。

纷占比超九成，生产经营用热纠纷占比 4.21%；供热方起诉的约占 96.78%，胜诉率高达 95.71%。四是从生活用热纠纷原因看，生活用热的纠纷原因主要是室温未达到供热标准，占比 29.81%；其次是供热费计算标准问题，占比 18.57%；之后是供热时间未达到约定标准，占比 18.23%。五是从生产经营用热纠纷原因看，生产经营用热的纠纷原因主要是用热面积计算问题，占比 37.45%；其次是供热费计算标准问题，占比 26.09%；之后是用热企业故意拖欠供热费，占比 17.73%。六是从纠纷主体看，群体性纠纷案件中，原告为 10 人及以上的案件占 0.08%，原告人数最多的可达 249 人；被告为 10 人及以上的案件占 0.01%，被告人数最多的可达 313 人。

调研发现，供热案件反映出的有关社会治理问题属于每年供热季前后反复出现的顽瘴痼疾，直接影响人民群众对美好生活的获得感、幸福感、安全感。主要问题包括以下几个。

一是供热纠纷矛盾前端化解尚需加强。部分用热居民不当维权、证据保留意识不足、法治意识相对薄弱。比如，原告为供热方的案件胜诉率高达 95.71%。当事人一方为 200 人以上的群体性纠纷层出不穷。

二是社会诚信体系建设尚待加强。部分用热居民长年拖欠费用。比如，北京市昌平区一当事人从 2005 年开始近二十年未支付供热费用。甘肃省兰州市城关区一家供热企业服务对象中 2016 年至今近 1 万户欠费，金额高达 3000 余万元。

三是供热定价多年未调整导致供热企业运营困难。生活用热纠纷产生的最主要原因是室温不达标（占比高达 29.81%），其根源系供热企业反映煤气价格高涨而供热价格又长年未调整，导致企业运营困难，难以保证达标供暖，继而导致用热居民纷纷起诉。比如，山东威海地区、山西大同地区的供热价格分别系 2004 年、2009 年制定，甘肃兰州等地供热价格系十年前制定。

四是供热区域化治理及补贴政策等尚需完善。我国供热地区的供热方式和供暖热源差异化明显。在供热方式上，东北及西北地区多为集中供热方式，沿海及偏南地区多为独立供热方式；在供暖热源上，甘肃兰州等地以天然气为主，黑龙江哈尔滨等地以煤炭为主，山西大同等地以火电厂余热供热为主，个别地区如山东威海乳山采取清洁能源核能供热方式，因此而产生的能耗补贴政策未体现精细化、差异化区别。对于因天气原因按照政府指令延长供热天数的补贴，各地规定不一。北京地区基本由财政全额补贴，甘肃、山西等地区由供热企业自身负担。另外，部分用热居民反映供热范本合同中规定的日千分之一的违约金标准过高（根据此标准，年均违约金 36% 的标准远超过目前民间借贷四倍 LPR13.8%的年利率）。

五是采暖面积测算及退费机制等尚待完善。部分地区反映采暖计费面积不统一、退费机制不完善、经济复苏期间用热企业交费困难等问题。比如，有的地方按照建筑面积计费、有的地方按照实际使用面积计费，还有部分地方如甘肃兰州对于福利分房的补贴面积是否计费存在争议。未健全老旧小区供暖不达标下的退费机制。部分用热企业反映因经济下行压力较大，无法按期交费。

六是投诉平台及实时室温监测尚待规范。部分供热企业反映政府投诉平台对于明显不合理的投诉未建立过滤处理机制，导致供热企业在本就人力紧张的供热季疲于应付，比如，哈尔滨市供热企业反映部分投诉系要求提供超过标准温度（20℃）的增温供热。另外，各地实时室温监测不完善、不权威，第三方测温机构发展不均衡、不规范。

针对上述问题，建议从六个方面加强风险防范，切实保障今冬明春供热工作的顺利开展。

一是完善供热工作府院联动机制。建议供热重点地区在供热季前建立完善府院联动工作机制，充分发挥政府、法院等多方主体的协同联动作用，促进供热纠纷的根本性化解。人民法院应在供热季前就本地区供热纠纷反映的社会治理及法律问题归纳分析，提前预判风险，并同政府相关部门对接，实现信息共享、数据互通、协同联动，做好风险防范工作，推进供热纠纷诉源治理，助推基层社会治理现代化。针对我国北部、西部等集中供热地区群体性诉讼频发的特点，人民法院应积极与党委政府沟通，加大协调化解力度，实现案结事了、政通人和的目标。北京市丰台区人民法院主动融入党委、政府供热诉源治理专班，成效明显，当年新收供热案件 563 件，同比下降 91.4%。甘肃省兰州市城关区人民法院与党委、政府密切沟通，采取“示范判决、重在化解”的形式，诉前妥善化解某小区 1 万余件供热纠纷。开展政府、法院、企业等共同普法教育活动，加强供热普遍性法律问题、维权方式、取证方式、测温点位、书面合同签订等问题的宣传教育。

二是加快构建诚信体系建设。调研中发现部分用户存在故意拖欠供热费用、申请停止供热后私自打开供热阀门、私改供热暖气设备、“攀比投诉”等现象严重，而目前诚信处罚成本较低，亟待加快构建全社会诚信体系，以及以建立和完善信用信息共享机制为核心、以信用服务市场的培育和形成为动力、以政府强有力的监管体系为保障的诚信社会治理机制，将类似无故拖欠供热费等不诚信行为与其否定性社会评价及其可获取资金、物资、服务方面的社会供给相联系。

三是建立供热基准价动态调整机制。供热企业与一般企业不同，其本身还负担较重的社会性、公益性义务以及强制缔约义务。建议适当参照成品油定价机制，规定间隔一定供热季后根据煤气价格的变化情况适当调整供热费用的基准价。对于提高的供热费用，有条件的地方可通过增加政府补贴的方式直接拨付给供热企业，减少群众实际负担。

四是针对不同地区供热问题分类施策。针对不同地区的供热形态采取不同的治理方式，比如，在东北部及西北部集中供热的治理中，要充分考虑其相较于独立供热所存在的垄断性、格式条款性、强制缔约性、连续性的特点。对于超过供热季的延长供热费用，加大财政直接补贴力度，同时，完善对弱势群体的扶持力度。比如，哈尔滨市供热部门专门制定针对“六类人员”的供热特殊补助政策。经充分论证后，建议大幅下调供热范本合同的违约金标准。

五是健全采暖计费面积及退费机制。调研发现，目前多数地区较为接受的计费面积为建筑面积，且该面积在房屋产权登记证书上均有记载，更方便供热合同的履行。同时，对于特殊情况的福利面积，各地可根据本地区情况进行“一事一议”的专门研究。我国北部和西部省份多为福利供热，老旧小区多采用单管顺流式供热系统，对于部分住户尤其是低楼层住户实际供热效果达不到规定标准的，建议政府部门指导供热企业按照实际供热温度和不达标天数进行退费。比如，《西安市集中供热条例》规定，根据供热用热双方确认的不达标天数，供热温度高于或者等于 16℃、低于 18℃的，退还供热费用的 20%；供热温度高于或者等于 14℃、低于 16℃的，退还供热费用的 50%；供热温度低于 14℃的，全额退还供热费用。逐步淘汰落后的散热设备和零部件，提高供热质量。降低分户计量后的用户供热费用，让用户获得实惠，促进分户计量得到有效的推广。普及独立的自主户型采暖，如燃气壁挂炉分户采暖，以适应不同人群需求、方便供热收费、促进国家节能政策落地、缓解北部和西部城市冬季能源紧张。加大对经济复苏较为困难的生产经营用热企业的扶持力度，对于部分确实存在暂时性经营困难、非恶意拖欠费用的用热企业，可以酌情适用宽限政策，支持企业复工复产。例如，张家口市对暂时出现生产经营困难的小微企业和个体工商户用水、用气实施“欠费不停供”政策，最长可设立六个月的费用缓缴期，且免收欠费滞纳金。

六是规范投诉平台及实时室温监测。目前，各地通过政府热线、市长热线等方式受理供热期间的投诉，建议投诉平台对供热纠纷采取分类化的处理方式，对于明显不合理的诉求建立即接即办机制，对同一小区、同一管道输送方式、同一建筑规划的用户群体投诉，一经实地踏勘测温室温达标的，可由平台批量式答复，减少重复派单。比如，哈尔滨市供热协会反映，2022 年该市 12345 热线受理的 11 万宗称室温不达标的投诉中，经供热企业现场测量后将近 90%的投诉用户的室温达标。此外，室温检测问题，不仅是供热用热双方的争议焦点，也是起诉至法院后取证的难点。建议供热企业以适当方式加强实时室温监测，留取检测结果，随时保存证据。同时，加强对投诉较多的重点区域用户室温的实时监测。比如，山东威海地区计划 2023 年在重点小区加装室温监测设施。另外，建议加强对第三方测温机构的指导，积极发挥其专业测温优势；借鉴其他鉴定机构的运营方式，根据情况适时将运行良好的第三方测温机构纳入各地法院司法鉴定机构名单。

江苏法院建设工程合同纠纷诉源治理情况调研报告

江苏省高级人民法院民事审判第六庭课题组*

江苏是建筑大省、强省，建筑业作为江苏传统支柱产业和优势产业，对全省经济社会发展起到了重要支撑作用。2022 年，江苏建筑业总产值占全国比重为 13%，产值规模连续十七年保持全国第一，建筑业增加值连续 16 年占全省国内生产总值的 6%左右。近年来，受宏观经济形势和房地产市场深度调整影响，部分房地产和建筑企业经营陷入困境，建筑领域矛盾纠纷数量呈上升趋势，呈现出涉众性强、覆盖面广、化解难度大的特点，单一的司法救济渠道已不能满足建设工程领域解纷需求。江苏省高级人民法院（以下简称江苏高院）深入贯彻习近平总书记关于“法治建设既要抓末端、治已病，更要抓前端、治未病”① 的重要指示，认真落实最高人民法院党组和院长张军工作要求，积极推进建筑行业矛盾纠纷诉源治理，为省域建筑业高质量发展提供有力司法保障。

---

* 课题组成员：陈飞翔、石肖然、胡皓、柳璐。

① 习近平：《坚定不移走中国特色社会主义法治道路，为全面建设社会主义现代化国家提供有力法治保障》，载《求是》2021 年第 5 期。

一、建设工程合同纠纷诉源治理的现实需要

（一）建设工程合同纠纷诉源治理的必要性

1. 案件数量持续增长对诉源治理提出迫切需求

近五年来，江苏法院新收一审建设工程合同纠纷案件数量总体呈持续上升趋势，2018 年至 2022 年，江苏法院新收一审建设工程合同纠纷案件数年均增长 13.44%（见图 1）。2023 年上半年，全省法院新收一审建设工程合同纠纷案件数量同比增长 28.6%。除 2020 年因新冠疫情影响增长速度有所缓解外，其他年份均呈逐年攀升态势。一方面，案件总量不断激增，说明建设工程领域纠纷解决呈现出鲜明的司法路径依赖；另一方面，随着职能定位改革和管辖案件标准调整，基层法院受理建设工程合同纠纷案件标的额和审理难度均大幅提升，审判资源紧缺现象加剧，建设工程领域人案矛盾尤为突出，只有通过推进诉源治理工作，才能满足建设工程领域矛盾纠纷有效化解的紧迫需求。

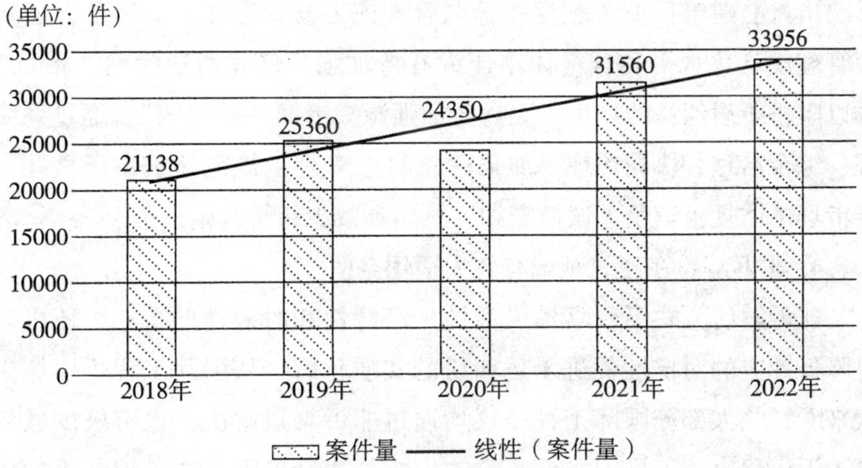

图 1　2018 年至 2022 年新收一审建设工程合同纠纷案件情况

2. 案件审理周期长影响诉讼解纷效能

建设工程合同纠纷因标的额较大、牵涉利益主体和环节较多、事实认定难度大，对法官的专业性要求较高，审理周期远超普通民事案件。2018年至2022年，全省法院一审民事案件平均审理周期为85.75天，而一审建设工程合同纠纷案件平均审理周期为140.67天，超过民事案件平均审理周期64%；法定审限结案率仅为72.7%，远低于一审民事案件平均值。合同链条下游的付款压力、回收现金流的需要以及保全措施带来的经营压力，使当事人有更为紧迫的解纷需求，而建筑行业的微利性特点也决定了其难以承受较长诉讼周期带来的资金压力。此外，法官专业化审判水平与建设工程合同纠纷案件专业性不相适应，一定程度上影响了诉讼解纷效能的实现。

3. 建筑行业乱象亟须系统性源头治理

随着建筑行业的快速发展，建筑领域行政管理规范化建设不能满足实践需求，建筑市场围标串标、“三包一挂”、无证开工等违法违规现象屡禁不止。据统计，建设工程合同纠纷案件中合同无效的比例超过30%，主要系违反资质管理、招投标制度、工程分包管理中的强制性规定所致，反映出目前建筑行业工程招投标监管、施工监管存在薄弱环节，建筑行业管理规范化水平和诚信体系建设有待加强。仅凭司法裁判“治已病”难以阻止矛盾纠纷的产生，更需要加强源头治理“治未病”，通过系统治理、综合治理、协同治理，加强建筑行业管理，规范建筑市场秩序，引导市场主体规范竞争、诚信守约，预防和减少纠纷产生。

4. 非诉解纷在建筑领域有较大适用空间

非诉解纷方式不仅具备灵活性、经济性和时效性的特点，还可以通过降低冲突的对抗性促进矛盾纠纷的实质化解。从国际工程争议解决实践来看，绝大部分国际工程争议均通过非诉渠道解决，仅有极少数纠纷进入诉讼程序。可见，非诉解纷的优势与建设工程合同争议解决的内在需求较为匹配。从立法和司法政策层面来看，建设工程合同法律关系为体现保护建筑工人等弱势群体权益等价值导向，比普通民事法律关系更加关注案件背后的利益衡量，此时诉讼的程序要求可能与个案处理相冲突，而非诉解纷的灵活性则更适应建设工程合同纠纷的这一特点。从另一角度看，虽然建设工程合同纠纷案件比普通民事案件更为复杂，但江苏法院近五年建设工程合同纠纷一审案件的调撤率为52.4%，与普通民事案件52.6%的调撤率相当，说明调解等非诉解纷方式在建设工程领域有较为广阔的适用空间。

（二）建设工程合同纠纷诉源治理的特殊性

调研中发现，部分地区建设工程合同纠纷诉源治理开展难度大、多元解纷成效不明显，主要在于没有抓住建设工程合同纠纷治理与其他民事纠纷治理的差异化要求。要建立与建筑行业现状相适应、与分类治理建设工程合同纠纷特点相匹配的诉源治理模式，需要从以下几个方面切入。

1. 从行业风险点把控纠纷源头

诉源治理的“源”是指矛盾纠纷产生的源头或根源，精准把控纠纷源头，是推进诉源治理工作的前提。普通民事案件的纠纷源头一般存在于基层社区、村镇，但建筑领域作为专业性行业，其纠纷源头与普通民事纠纷不同。主要体现在以下几个方面：一是因建设资金不足或施工争议，引发拖欠工程款纠纷；二是建设工程领域市场无序竞争，挂靠、转包、违法分包、串标等违法违规行为屡禁不止；三是当事人法治意识薄弱，合同签订不规范、合同条款模糊，合同履行随意，证据意识缺乏等；四是工程管理环节不严格，导致当事人在工程进度、施工范围、工程质量等问题上产生争议。据统计，建设工程合同纠纷建筑企业败诉原因中，拖欠工程款占比94.78%（见图2）。可见，建设工程合同纠纷主要有两个源头：一是主体源头，即因市场主体内部管理、风险控制和诚信经营意识不足产生纠纷；二是行为源头，即因合同签订、工程建设和工程管理过程中的失范违规行为产生纠纷。

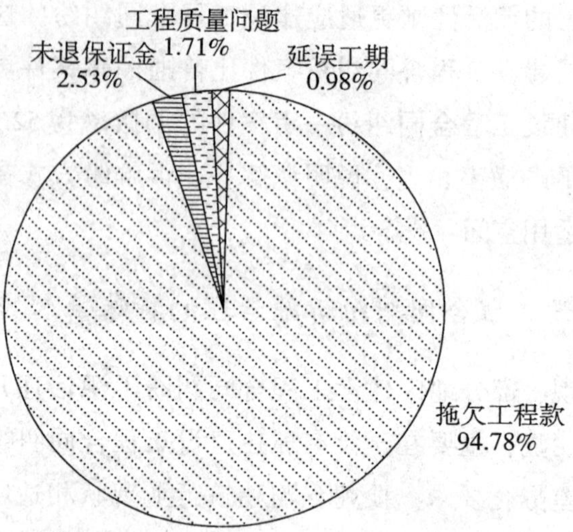

图 2　建设工程合同纠纷建筑企业败诉原因

2. 纠纷解决的专业化程度要求较高

对于普通的民事纠纷来说，具备一定的法律知识、朴素的价值认知和丰富的社会生活经验，就能够在较短时间掌握矛盾纠纷的全貌和争议点。但建设工程合同纠纷涵盖勘察、设计、施工、监理、质量验收、工程交付、质保等诸多过程，涉及工程招投标、主体资质、工程质量、工程款计算等专业领域，内含大量的专业技术规范和行业管理规范，案件专业性较强，对诉源治理人员队伍的专业水平要求较高，一旦专业能力不足，矛盾纠纷的前端化解环节就会流于形式而导致程序空转。

3. 诉源治理的行政监管性特点突出

建设工程具有显著的社会公共性，施工质量合格与否，直接关系人民群众生命、财产安全，因此建设工程从立项、招投标、合同的订立与履行、竣工验收等都受到国家的行政监管，法律法规为此设置了严格的市场准入制度和大量维护建筑市场秩序的强制性规范，行政主管部门对建设工程领域的监管范围也远超其他民事合同。行政监管性是建设工程合同区别于其他民事纠纷的显著特点，在建设工程合同纠纷诉源治理中不可或缺。因此，建设工程合同纠纷诉源治理工作必须形成与行政主管部门的常态化协作机制，推动行政主管部门完善监管规则，加大常态化监管力度，发挥行政机关行业治理主导作用。

二、江苏法院推进建设工程合同纠纷诉源治理的实践探索

面对建设工程合同纠纷治理的难点、堵点，近年来，江苏法院落实能动司法理念，紧紧围绕市场行业特点，分类施策，创新机制，对建设工程领域诉源治理工作进行有益探索，取得积极成效。

（一）聚焦源头防控，以共建共治格局推进“无讼少讼”

1. 协同治理：凝聚府院联动化解合力

建设工程的强行政监管性决定了推进建设工程领域诉源治理，首先要加强与行政主管部门的联动对接，有效发挥主管部门监管主导作用。一是搭建府院联动平台。全省法院持续推动与行政主管部门府院联动工作机制建设，形成预防化解纠纷的最大合力。淮安法院充分发挥府院联动机制作用，推动“淮海青年城”等一批项目复工续建和矛盾化解，打造了府院协同处置“问题楼盘”的成功样本。二是发挥司法建议作用。将司法建议作为加强建设工程合同纠纷诉源治理重要切入点。近三年来，全省法院就建设工程领域问题提出司法建议 163 条，其中 117 条被建议对象采纳，以能动履职推动行政主管部门加强监管力度。三是抓好司法前端研判。深入分析案件产生原因、趋势发展及背后的社会治理问题，预警行业风险，为党委、政府相关决策提供参考。近三年来，全省法院向党委、政府报送建设工程领域专项报告 22 篇。江苏高院向省委、省政府报送《关于房地产领域涉“问题楼盘”纠纷案件有关情况的报告》，预警建筑行业风险和纠纷隐患，受到省政府主要领导批示肯定。南通市中级人民法院对 2018 年至 2021 年全国范围南通特级、一级资质建筑企业涉诉案件进行全面分析，就南通建筑业规范治理、创新升级提出 6 点具体建议，为南通支柱建筑产业高质量发展提供司法服务。

2. 行为治理：规范建筑市场不当行为

一是强化违法线索移送。对案件审理中发现企业存在的违规违法问题，及时向行业主管部门移送违法线索。近三年来，江苏法院共向行政主管部门移送违法线索462条，主要集中在招投标、承发包及施工过程中的违法线索，遏制了部分建筑企业违法违规行为。二是规范重点项目建设行为。2022年，全省10亿元以上在建项目3052个，同比增长15.5%，10亿元以上项目完成投资额对全省投资增长贡献率达125.2%，因此，重大项目是全省投资增长的重要支撑，同时也是建设工程合同纠纷的高发区域。人民法院提前介入重大项目建设风险防控和行为规范，可以对企业行为治理起到以点带面的积极效应。淮安市中级人民法院出台服务保障全市重大项目14条措施，对重大项目建设攻坚需求作出司法回应，规范重大项目投资企业经营行为，取得了良好成效。

3. 主体治理：强化建筑企业合规指引

总结提示建筑企业涉法涉诉风险点，促进企业合规经营和前端治理，是江苏法院在建设工程诉源治理方面作出的有益探索。例如，2022年以来，南通法院累计走访辖区内建筑企业121次，收集各类意见建议16类101条，形成36项建筑企业经营法律风险防范提示手册，向全市500余家建筑企业发送，帮助企业提升内部管理水平和风险防范能力。淮安法院走访重大产业项目企业47次，为40余家企业提供“啄木鸟”体检服务，梳理排查风险点520余个，为重大项目企业合规经营提供有力司法服务。

4. 规则治理：发挥案例司法引领效应

司法裁判对社会行为的规范引领，是诉讼解纷对纠纷预防化解所具有的独特价值。江苏法院公布大量建设工程施工合同纠纷典型案例、发布审判工作报告，加强案例宣传引导，通过规范个体行为实现辐射群体行为的效果，树立建筑行业行为规则和价值导向，引导市场主体规范竞争、合法经营。同时，出台群体性纠纷示范裁判工作指南，并与一站式多元解纷机制相衔接，进一步完善了示范裁判工作机制，实现“办理一案，示范一片”的效果。

（二）聚焦诉前化解，以多元多维合力促进“化讼解纷”

1. 构建诉前分流机制

为最大限度将建设工程领域纠纷化解工作分流到诉前，江苏高院联合江苏省工程造价管理协会出台《关于建立建设工程价款纠纷联动解纷机制的意见》，以江苏法院微解纷为分流平台，将特邀调解组织和调解员纳入平台管理，建立人民法院与行业组织“联动配合、非诉挺前”的解纷模式。从微解纷数据来看，分流效果呈良性运转趋势，2023 年上半年，平台新收和调解成功案件数均超 2022 年全年数据（见图 3）。此外，南通市崇川区人民法院与南通市建筑法学研究会共同出台《关于建立建设工程纠纷联动化解机制的实施细则》，建立“双联双调”机制，设立建设工程专业调解工作室和调解工作站，将矛盾纠纷分流至市建筑法学研究会开展第三方调解。2022 年至 2023 年上半年，南通市建筑法学研究会共计收案 201 件，调撤 102 件，调撤率 50%以上；涉案标的额累计约 1.4 亿元，其中自觉履行上亿元。

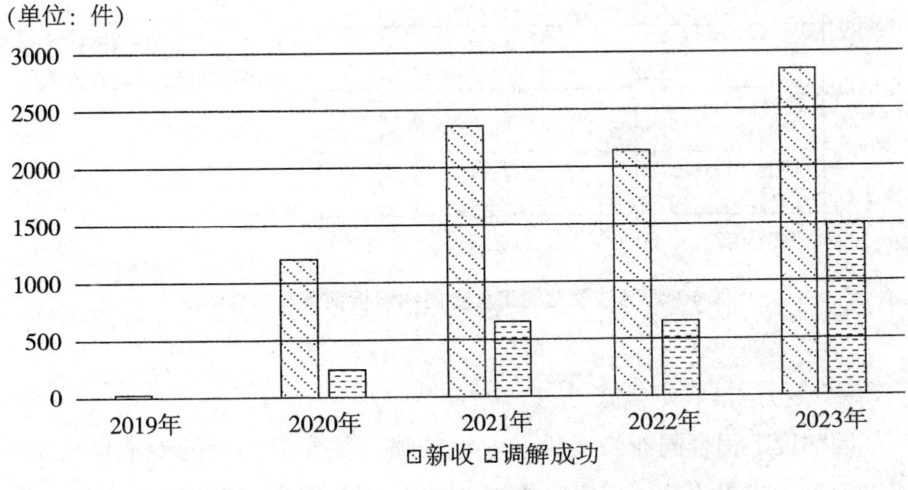

图 3　微解纷平台建设工程合同纠纷新收及调解成功案件数量

2. 提高诉前调解效能

一是提升诉前调解专业化水平。积极引入行政主管部门、行业协会、专家学者、退休法官等专业人士参与建设工程合同纠纷诉前调解工作，建设一支有丰富实践经验的专家调解员队伍，提高诉前调解的权威性和社会认同。二是推进特邀调解的制度化、规范化建设。江苏高院与江苏省工程造价管理协会进一步深化联动化解工作机制，为省工程造价管理协会在特邀调解制度制定、规则完善、流程规范、调解员选拔培训等方面提供支持协助，有效发挥行业调解组织专业化、职业化优势。近五年来，江苏法院新收一审建设工程合同纠纷诉前调解案件数和诉前调解成功案件数呈均持续上升趋势。2023 年上半年，全省新收建设工程合同纠纷诉前调解案件 18881 件，调解成功 6201 件，诉前调解分流率为 69. 21%，诉前调解成功分流率为 22. 73%，均创历史新高（见图 4、图 5）。

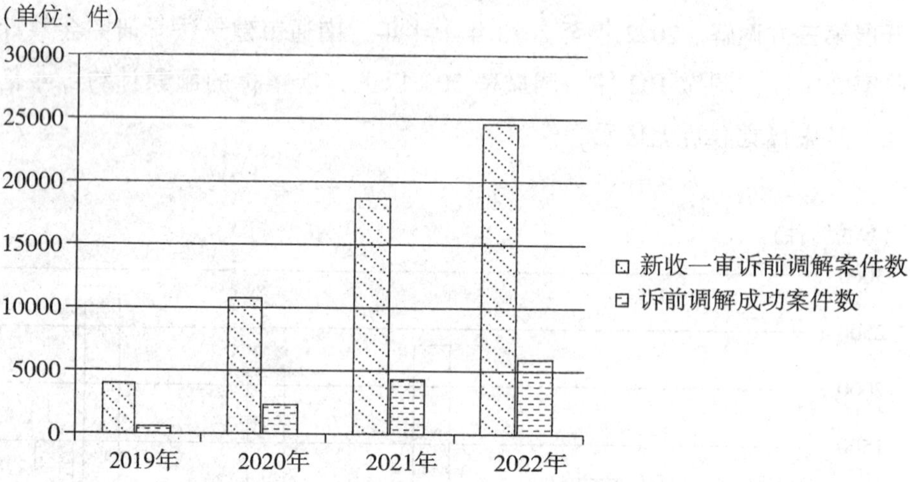

图 4　江苏法院建设工程合同纠纷诉前调解案件情况

3. 推行诉前鉴定模式

因建设工程合同纠纷案件专业性较强，往往需要借助专业鉴定机构对工程量、工程价款、工程质量等进行技术性判断，案件鉴定比例较高。

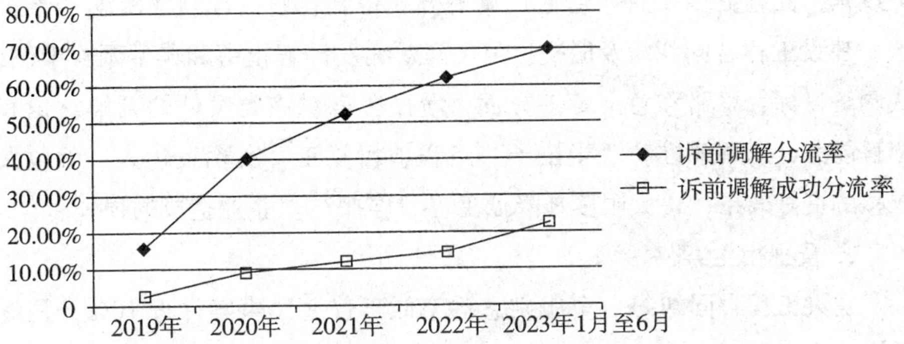

图 5　江苏法院建设工程合同纠纷诉前调解分流情况

在江苏高院随机抽样的 125 件一审建设工程合同纠纷案件中，委托司法鉴定的有 81 件，占比 64.8%。因此，推行建设工程诉前鉴定是防止建设工程诉前调解程序空转的重要环节，不仅可以帮助当事人预判诉讼风险，增加调解成功概率，而且可以缓解建设工程合同纠纷案件审理周期过长的难题。目前，徐州、连云港、镇江等法院均出台建设工程合同纠纷诉前鉴定工作指引，省内各地法院也均开始推行建设工程诉前鉴定模式。

4. 推进实质化诉调对接

《江苏省高级人民法院、江苏省工程造价管理协会关于建立建设工程价款纠纷联动解纷机制的意见》中明确，诉前调解阶段由相关审判业务部门指派建设工程类案审理法官跟踪进行法律指导，经诉前调解未达成协议而转立的诉讼案件，一般由审判业务部门参与诉前调解指导的法官主审。各地法院也建立法官全流程跟踪指导的诉调对接模式，确保诉调对接实质有效运行。对调解成功的案件，当事人可快捷申请司法确认。即使调解不成，通过无争议事实固定、调解过程记载、争议焦点梳理、送达地址确认等，为后续审判工作“提速加码”。

（三）聚焦诉讼终局，以分级分段防线实现“息讼止争”

1. 发挥诉讼调解功能

加大建设工程合同纠纷案件诉中调解力度，将调解理念贯穿于诉讼全过程，促进更多矛盾纠纷通过调解方式得到化解。苏州法院就“半拉子”建设工程合同纠纷及时交接复工问题编发调解指引和典型调解案例，从调解目标、思路和意义等多方面，增强法官对该类案件的调解意识和调解能力，以调解推动“半拉子”工程项目复工，实现发包人、承包人双赢的良好效果，最大限度地降低工程“停摆”对企业造成的损失。

2. 重视衍生案件治理

建设工程合同纠纷一审服判息诉率低于普通民事案件近 10%，是诉讼内“衍生案件”的高发地带，因此，提高服判息诉率是治理“衍生案件”的必要课题。近年来，全省法院基本实现建设工程和房地产案件归口审理，并且多地法院建立建设工程案件咨询专家库，健全专家诉讼参与机制，为法官判断专门性问题提供专业支持与裁判参考，通过专业化建设赋能审判质效提升。建立以双向沟通为抓手的对下指导机制，常态化开展跟班学习、上挂下派，注重审判规则总结提炼，统一全省类案裁判尺度，减少因同案不同判、裁判结果预期不明引发的衍生案件。

3. 加强审判节点管理

建设工程合同纠纷审理周期长，影响当事人权益快速实现，已成为难以解决的顽疾。江苏法院多举措提升案件审判效率，推动诉讼程序良性运转。例如，苏州法院强化建设工程案件节点管理，对立案、鉴定、庭审、合议等环节节点均设置明确限期要求，在建设工程合同纠纷收案数全省前列的情况下，超长期案件占比居全省最低。此外，鉴定程序的不规范也严重制约了建设工程合同纠纷案件的审判质效，针对鉴定启动随意、鉴定进程失管、“久鉴不决”“以鉴代审”等问题，江苏法院出台建设工程委托鉴定工作指南，提高司法鉴定效率和鉴定质量。在部分地区探索适用先行判决制度，提高诉讼程序运行效率。

4. 提升财产保全效能

建设工程类案件申请保全率较高，不当保全不仅对企业正常运营影响较大，而且会激化当事人矛盾，增加纠纷化解难度。江苏法院紧抓建设工程领域保全行为实施规范性，坚决纠正不当保全问题，避免过度保全影响企业正常运营，部分法院进一步探索“涉诉免保”机制。例如，泰州市中级人民法院联合市住建局、市地方金融监管局下发《泰州市建筑业企业“涉诉免保”实施细则（试行）》，并于2023年推出第一批47家建筑企业“涉诉免保”白名单，通过融资机构提供保函的形式代替实体财产保全措施，避免建筑企业因涉诉造成银行转贷困难、招投标受限、工程施工无法顺利进行等问题。

三、建设工程合同纠纷诉源治理的困境和问题

（一）多元协同格局有待深入

1. 联动治理合力需要加强

建设工程合同纠纷诉源治理，必须由司法机关、行政机关、行业协会等多方社会力量共同参与、协同治理。从目前该项工作推进的情况来看，主要仍依靠法院的推进引导和协调，诉源治理的覆盖面不够广泛和深入；司法与行政机关、行业协会之间常态化的协作机制未能理顺，部分联动机制虽然建立，但仍存在“联而不动、动而不畅”的问题，不能完全形成协同发力、同步推进的合力。

2. 违法线索反馈效果不明显

由于诉讼程序存在滞后性，建设工程合同纠纷案件的审理耗时较长，建设工程违法线索移送后行政机关大多认为已超出行政处罚法定期限。例如，近三年江苏法院移送的违法线索中，行政机关的反馈比例仅有26%。从苏州法院与苏州市住建部门沟通的反馈数据来看，超过行政处罚期限的线索占比高达60%以上，导致违法线索反馈效果不明显。

（二）诉前解纷机制仍需完善

1. 专业性解纷力量保障不足

现实中，基层法院建设工程合同纠纷专业性调解人才短缺，或虽然选配专业性调解员，但因保障机制不足，难以调动专业调解员参与调解

的积极性，导致诉调分流程序存在空转现象，成为诉源治理短板。目前，省内仍有部分法院至今未配置专业调解员参与建设工程类案件诉前调解。

2. 诉前鉴定缺乏制度指引

在《最高人民法院关于诉前调解中委托鉴定工作规程（试行）》发布前，因诉前鉴定缺乏法律及制度层面的统一规定，在具体适用时缺少适法性与可操作性。部分当事人对诉前鉴定程序仍旧抱有疑虑，接受度和认可度不高，调研中也发现部分法院虽然建立诉前鉴定机制，但适用的案件不多，诉前鉴定制度仍有待细化。同时，也要警惕因诉调程序衔接不畅导致的诉前鉴定流程失管，以及司法鉴定前置导致的审限体外循环等问题。

3. 诉前保全与诉前调解不相适应

因建设工程类案件申请保全比例较高，即使当事人同意通过诉前分流方式解决纠纷，根据法律规定，保全申请人一般都会在人民法院采取保全措施后三十日内提起诉讼。此时保全案件需进入立案系统，而建设工程合同纠纷诉前阶段就会终结进而转入诉讼程序，导致部分诉前调解案件“半途而废”。例如，南通通州法院统计该院 2023 年诉前调解立案的 131 起案件中，95 件因保全申请需提前转入诉讼程序。

（三）前端治理意识亟须提升

因建设工程合同纠纷相比普通民事案件在前端化解阶段需要花费更多的时间和精力，在基层法院人力、物质资源有限且资源投入的边际效用递减的情况下，一线法官易迫于办案压力对案件的前端化解难以投入足够的精力。目前，法院内部绩效考核指标更侧重于可以量化的结案数量，对于难以量化的诉源治理工作，考核驱动力不足，部分法官未能正确认识案件审理与社会治理的关系，仍存在思想上不够重视、理念上未能转变的情况。

四、建设工程合同纠纷诉源治理的制度体系构建

（一）建设工程合同纠纷诉源治理的理念原则

理念是行动的先导，推进建设工程合同纠纷诉源治理工作，必须树立科学的理念原则。一是坚持政治引领。必须把党的领导贯彻到社会治理全过程和各方面，积极主动融入党委领导的诉源治理工作格局，把党的理论优势、制度优势转化为诉源治理效能。二是坚持法治思维。通过主体治理、行为治理和规则治理，引导行业主体增强规则意识，规范有序经营，有效预防和减少纠纷。发挥人民法院在诉源治理中的参与、推动、规范和保障作用，保证诉源治理工作在法治轨道上运行。三是树立协同思维。要实现纠纷解决由人民法院终局裁判模式向人民法院与其他组织协同治理模式的转变，加强与住建部门、行业协会、调解组织协同合作，通过落实力量联合、信息联通、风险联控、问题联处，推进共建共治共享的诉源治理格局。四是树立治理思维。要从案件审理思维向社会治理思维转变，努力做好两个延伸：将司法裁判定分止争功能向前延伸至社会治理领域，将诉调对接的“调”向前延伸至人民调解、行政调解等非诉调解领域，从源头减少矛盾纠纷。

（二）建设工程合同纠纷诉源治理的制度构建

1. 以专业性为依托，构建多元解纷机制

一是深化多元共治格局。积极争取党委、政府支持，加强与行政机关、行业协会、调解组织等机构协调联动，充分发挥行政机关、行业协会的专业特性和管理优势。强化民事司法与行政执法衔接，在信息共享、违法线索移送、联合整治、行政调解等方面加强沟通联动，推动行政机关加强监管履职，形成矛盾化解合力。二是打造专业性调解队伍。围绕建设工程合同纠纷的专业化需求强化特邀调解队伍建设，加强与特邀调解组织和调解员的实质化常态化对接，完善特邀调解程序，加强特邀调

解队伍培训和管理，完善相关保障机制。

2. 以实质性为导向，构建诉调对接机制

一是完善程序安排。以人民法院调解平台为依托，强化诉与非诉的平台对接、机制对接、人员对接，加强诉前调解规范化建设，明确诉前调解时限，对诉前调解案件逐案登记、全程留痕，防止“强迫调解”“久调不决”，做到能调则调、当判则判。二是加强司法对非诉程序的指导保障。通过法官全流程全周期跟踪指导的方式，把控建设工程合同纠纷案件诉前鉴定、诉前保全进程。充分发挥司法确认程序在保障调解成果方面的优势。三是防范虚假调解。要引导当事人诚信、理性诉讼，加大对虚假诉讼、虚假调解等行为的防控和打击力度。结合建设工程案件特点和基本事实，审查调解协议是否虚增工程量、虚构转嫁债务、伪造建设工程价款优先受偿权行使依据等情况。发现涉嫌虚假调解的，应当终止调解程序。

3. 以终局性为目标，构建衍生案件预防机制

一是筑牢前端防线，防止诉讼案件向后延伸。牢固树立实质性化解纠纷理念，加强各环节释明疏导和化解工作，提升一审、二审服判息诉率，尽力让纠纷化解在初审。二是加强内部匹配化建设，促进审判工作提质增效。加快基层法院建设工程类案件专业化审判模式建设，根据人案饱和度及办案需求及时优化审判资源配置，做到人案适配。根据案件特点设置合理考核标准和考核系数，适当增加建设工程类案件考核权重。探索要素式审判模式，推进建设工程类案件事实要素化、法律适用规范化。三是强化对下监督指导，推进适法统一规范。上诉、申诉案件多发，与对下指导不到位密切相关。要充分发挥审级监督纠错职能，加大个案依法纠错力度，将个案发改和类案指导相结合，做到“审一案、管类案”。强化问题研判和规则引领，推动法律适用统一，提高当事人裁判结果预期，从源头减少不必要的衍生案件。

4. 以能动性为支撑，构建审判职能延伸机制

一是探索开展建筑企业合规工作。强化个案审理、司法大数据等对

建筑企业行业性、系统性风险进行预警提示，增强企业风险意识和底线意识，促进企业合法合规经营。对建设工程领域诉讼蕴含的行业发展问题、社会治理问题进行有针对性的分析研判，形成分析报告，为党委、政府治理决策提供参考。二是完善司法建议运用机制。强化能动司法，对建设工程合同纠纷案件审理中发现的普遍性、倾向性、趋势性问题，向行政主管部门和建筑企业提出司法建议，督促有关部门和建筑企业主动完善规则、加强管理。三是充分发挥个案规范引导作用。进一步加强裁判文书说理，强化司法裁判的规范引领和价值导向作用，及时总结发布典型案例，以司法裁判树立市场主体行为规则，提高社会公众法治意识，助推良法善治。

靶向专治　以打促治
台州法院民间借贷综合治理取得明显成效

浙江省台州市中级人民法院

为进一步规范民间借贷诉讼秩序，维护司法权威，从源头上减少民间借贷纠纷，台州法院于 2018 年 2 月开始先行探索民间借贷综合治理，坚持“协同治理”与“多元化解”两手抓，在全国率先推行职业放贷人名录制度，逐步形成民事制裁靠前、刑事打击断后、行政规制并行的治理模式，进入诉讼程序的民间借贷案件数量显著减少，一审收案数从 2018 年的 27210 件下降到 2022 年的 11939 件，降幅达 56%，自 2018 年以来全市法院诉讼收案实现“五连降”。相关工作经验被《人民法院报》《法治日报》等中央媒体报道和推介，时任浙江省委书记车俊，时任省委副书记、省长袁家军，时任省委常委、政法委书记王昌荣先后对台州探索职业放贷人名录制度工作经验予以批示肯定。

一、强化系统思维，把好基础关

一是完善制度体系。在前期充分调研论证基础上，台州市中级人民法院（以下简称台州中院）出台《关于规范民间借贷案件处理的实施意见（试行）》《关于建立“职业放贷人名录”的实施意见》《关于建立协同规范民间借贷行为机制的实施意见（试行）》等规范性文件 15 个，从立案到执行，从甄别到惩处，从预防到宣传，着力构建全流程防控、全方位制裁、全链条打击的治理民间借贷工作闭环。二是完善保障体系。加强组织领导，台州中院专门成立工作领导小组，各基层法院成立相应组织架构，有效形成了上下“一盘棋”、“一把手”负总责、领导班子带头抓、职能部门具体抓的责任链条和工作格局。加强工作督导，将民间借贷协同治理情况纳入全市法院政治督察和司法巡查检查重点内容，每月对全市虚假诉讼打击落后、不力的法院开展工作提醒，将案件移送数、民事制裁数等指标纳入考核，切实发挥考核的指挥棒作用。三是完善宣传体系。依托共享法庭，线上定期发布虚假诉讼典型案例、法官说法，对争议较大的借贷、析产等纠纷，依托庭务主任熟悉情况的优势，提早介入调查发现苗头性问题。针对职业放贷和虚假诉讼多发、易发领域，联合工商等行业主管部门推进针对性预防教育，增强其防范意识，提高查证能力。发挥诉讼服务中心及人民法庭窗口作用，引导诚信诉讼，循环播放职业放贷、虚假诉讼典型案例，提示不诚信诉讼特征及惩戒措施，增强动态宣传效能。

二、精准分析研判，把好入口关

一是畅通诉调衔接，关口前移。完善民间借贷案件诉前分流机制，对适合调解的，由调解组织先行调解，调解不成的，严格控制一个月的调解期限，对回流案件按照立案登记制立案。对达成调解协议的案件，即时指导当事人申请司法确认，经审查受理并确认后，当场出具并送达司法确认裁定书，有效减轻当事人诉累；对未达成调解协议的案件，在征得当事人同意后，以书面形式将双方无争议事项记录在案并由当事人签字确认，便于简化后续案件审理流程、提高办案效率。二是用好“两张清单”，一体甄别。建立“两张名单”制度，联动两级法院实时更新职业放贷人名录、虚假诉讼失信人名单，将名单信息库嵌入审执管理系统，实现虚假诉讼人员信息自动识别、自动预警，实现一体甄别预警。截至目前，共发布职业放贷人 513 人、通报虚假诉讼失信人 367 人。三是借力数智赋能，智能预警。开发“虚假诉讼协同智治”应用，聚焦民间借贷、买卖合同等虚假诉讼高发领域，针对同类案由共性，归纳细化风险预警标签，对当事人反映线索进行自动匹配、全程跟踪，实现线索流转处置全程留痕，有效化解虚假诉讼案件发现难、甄别难等问题。应用上线以来，通过平台精准锁定虚假诉讼案件43件，认定虚假诉讼失信人41人，罚款8.8万元。

三、树立从严导向，把好流程关

一是严格审查标准。在审执阶段要求职业放贷人承担更多的举证责任。从严审查职业放贷人对夫妻共同债务的诉讼主张，对于职业放贷人名录在册人员发放的小额借款，如月利率在1.5%以上或借款人存在较短期间多次进行小额借款累计金额较大等情形，则一般不认定夫妻共同债务。从严审查职业放贷人的利息主张，严格按其实际发放的本金计算利息，且利息、违约金、实现债权的费用等总额不得超过民间借贷司法解释规定的司法保护上限。二是加强排摸甄别。出台《关于强化在审判执行过程中对虚假诉讼、“套路贷”案件排摸、甄别、移送、制裁的若干意见（试行）》《虚假诉讼线索内部流转办法》，成立职业放贷人、虚假诉讼失信人、“套路贷”案件会商认定小组，增强涉嫌犯罪案件认定准确性，一经查实，坚决采取民事制裁措施，构成犯罪的，一律向公安机关移送。建立正向激励机制，出台《打击虚假诉讼正向激励办法（试行）》，对在案件办理中主动发现虚假诉讼行为的案件承办人予以激励。三是强化闭环管控。要求全市涉虚假诉讼移送公安侦查的案件必须由所在法院刑事审判部门审核并出具书面意见后再移送，提高移送精准度，审判管理部门跟踪案件侦办进展，避免“一移了之”，构建刑事打击闭环管控。会商业务条线把握好民事制裁的适用标准和尺度，避免畸重畸轻。对小额罚款、训诫等轻处罚的案件开展常态化案件检查，倒查法官是否疏于发现、怠于处罚。

四、坚持“以打开路”，把好惩治关

一是坚持民事制裁靠前。制定虚假诉讼民事制裁措施的适用细则，明确对恶意制造、参与虚假诉讼的，要坚持从严从紧，依法依规加大罚款、拘留等民事强制措施的适用力度；涉嫌犯罪的，要坚持先民后刑，在涉虚假诉讼线索移送公安前，先进行民事制裁。克服传统司法理念的束缚，总结形成主动核查、到庭核查、关联核查、全程核查、威慑核查、专班核查、合力核查等“核查七法”，涵盖立案、审判、执行、再审等各个阶段，为后期精准打击提供了坚强保障。二是坚持刑事打击断后。继2018年会同市检察院、公安局出台《关于建立非法民间借贷行为涉嫌犯罪线索移送机制的若干规定（试行）》后，又先后出台《民事虚假诉讼涉嫌犯罪移送标准》等规范性文件，建立健全非法民间借贷案件衔接移送机制，细化虚假诉讼、“套路贷”犯罪认定标准，完善公、检、法三家各自的职责分工和程序流程，做到准确高效打击非法民间借贷行为。2019年以来，共刑事打击虚假诉讼案件327件，打击数居全省前列。玉环市人民法院一个案件入选全省刑事打击虚假诉讼十大典型案例，温岭市人民法院在全省法院院长论坛上就打击虚假诉讼工作作经验介绍。三是坚持行政规制并行。在全省率先出台《关于全市法院协助税务机构对职业放贷人征收税费的办法（试行）》，并于2023年6月签订《关于建立协作配合机制的意见》，进一步完善职业放贷人税费征缴协作。会同市公安、检察、人力资源和社会保障、税务等十个相关部门出台《关于从严规制职业放贷人、虚假诉讼失信人实施意见》，推动人力资源和社会保障部门在社保资金安排、人员招聘、评优评先过程中建立审慎性参考制度，推动银监部门建立禁止授信、开放账户查询、风险隔离等联动机制，推动仲裁部门加大民间借贷仲裁案件审查和规制力度，推动公共资源交易管理部门建立限制交易和市场准入联动机制，不断强化打击合力。

【劳动争议专题】

打造权益保护的展示窗口、规则探索的实践基地、专业化审判的试点平台

——苏州劳动法庭成立两年来的工作情况报告

苏州劳动法庭

2021 年 7 月 16 日，最高人民法院批复设立的全国首家专业化劳动法庭——苏州劳动法庭正式成立。两年来，法庭坚持以习近平新时代中国特色社会主义思想为指导，深入贯彻习近平法治思想，紧紧围绕“公正与效率”主题，充分发挥劳动审判职能，积极探索劳动人事争议审理机制改革，努力为实施就业优先战略、支持和规范发展新就业形态、优化劳动用工环境、推动高质量发展、促进共同富裕提供坚实司法保障。截至 2023 年 6 月底，苏州两级法院共新收各类劳动人事争议案件 19383 件，审结 19002 件，其中，法庭共新收案件 4470 件，审结 4543 件。3 个案例入选《最高人民法院公报》案例等全国性典型案例、8 个案例入选全省性典型案例。相关工作多次获最高人民法院、苏州市委肯定。

一、以保障民生为中心，积极服务就业优先战略

（一）切实加强劳动者权益保护

1. 破解损害劳动者权益的现实问题

法庭始终把实现好、维护好、发展好最广大人民群众根本利益作为出发点和落脚点，加大对拒不支付劳动报酬、不落实劳动者各项保险费用等违法用工行为的打击力度。其中，苏州两级法院自劳动法庭成立以来审结工伤保险待遇纠纷 889 件，涉及标的 1.02 亿元，劳动者职业伤害保障得到有效维护。针对损害劳动者权益的突出问题发布典型案例 38 个，积极引导用人单位合规用工与劳动者理性维权。联合市人社局、市司法局拓展支持各类调解组织、法律援助机构工作等，依法为劳动者提供更加便捷、优质、高效的纠纷调解、法律咨询、法律援助等服务。

2. 聚焦特殊群体劳动权益保障

落实《女职工劳动保护特别规定》，排除针对女职工尤其是“三期”女职工的“隐性歧视”与权益侵害，充分维护女职工生存权、劳动权以及平等就业权。妥善审理涉就业见习用工案件，依法认定高校毕业生毕业前以就业为目的为用人单位提供有报酬的劳动属于劳动关系，维护高校毕业生合法就业权益。合理认定超龄劳动者劳动关系，给予未享受养老保险待遇的超龄劳动者劳动报酬、工伤保险待遇等劳动法的倾斜保护。2022 年，全市法院审结涉超龄劳动者案件 261 件。

3. 健全治理欠薪工作长效机制

全面落实《保障农民工工资支付条例》，构建欠薪案件立审执衔接紧密、高效配合的快立快审快执“绿色通道”，确保来苏务工农民工的合法劳动权益得到及时、充分的保障。在近年根治欠薪行动开展期间，全市法院审结欠薪案件 5064 件，标的额达 2.72 亿元，1 个案例入选最高人民法院发布的涉农民工工资执行典型案例，2 个案例入选江苏省高级人民法院发布的根治欠薪十大典型案例。依托与公安、检察机关等共建的联合

打击拒执犯罪工作机制，对于涉嫌构成拒执罪的欠薪案件被执行人，及时向公安机关移送犯罪线索，多名被执行人慑于压力自动履行债务。为发挥典型案例规范指引作用，助力营造根治欠薪良好社会氛围，先后发布拒不支付劳动报酬罪典型案例、根治欠薪十大案例，被江苏省广播电视总台、《新华日报》、网易新闻等媒体广泛报道。

（二）支持和规范新就业形态发展

1. 不断加强新就业形态劳动者权益保障

联合市交通运输局、市邮政管理局等部门共同制定出台《关于做好快递员群体合法权益保障工作的实施意见》，保障快递员群体合法权益。在全国率先发布8个涉网络主播、网约车司机、快递员等新就业形态劳动者维权的典型案例，在新就业形态劳动用工关系规范发展上及时作出司法裁判回应，切实发挥司法服务保障作用。在一起劳动关系确认案中，依法对将外卖骑手注册为个体工商户以规避企业用工主体责任的行为说“不”。该案入选2021年度中国社会法十大影响力事例，在2022年全国两会期间成为灵活就业领域劳动者权益保障热议话题，受到代表委员的充分肯定。

2. 依法助力新就业形态规范发展

充分发挥司法建议在规范新就业形态中的司法导向作用，针对用人单位将劳动者注册为个体工商户以规避用工责任、快递末端网点备案企业将网点业务转包或违法分包等，向相关行政部门发送司法建议，并获积极反馈。其中，《关于加强快递末端网点备案审查及监督检查的司法建议书》获评全省优秀司法建议。联合市人社局、市司法局等部门签署《加强新就业形态劳动者权益保护合作框架协议》，从依法支持规范用工、健全权益保障制度、强化协商和解机制、健全联动工作体系、提升权益保障能力等五大方面16项内容开展合作，联合建立新就业形态用工综合治理体系。

3. 深入开展新就业形态裁判规则研究

先后联合中国人民大学法学院、南京师范大学法学院主办“新就业形态劳动用工法律关系与司法实务研讨会”“新形势下互联网平台用工关系法律性质问题专题学术研讨会”等学术会议，就新就业形态劳动用工法律关系界定及侵权责任认定等突出难题研究把脉。积极参与学术研讨，应人力资源和社会保障部国际合作司邀请参与劳动争议处理制度国际研讨，参加全国两会在线论坛“如何给灵活就业者提供制度支持”、中国政法大学主办的“数字时代新业态用工法律问题”研讨、苏州市 MCN 产业联盟组织的“新经济业态下 MCN 机构与网络红人法律关系”研讨等，从司法审判角度为保障新就业形态劳动者合法权益与推动平台经济持续健康发展建言献策。组织开展审判实务调研，形成的《关于新就业形态劳动用工法律关系界定的调研报告》获最高人民法院肯定。

（三）服务保障稳定就业大局

1. 落实落细就业优先政策

发布服务保障稳就业 12 项举措，通过支持阶段性缓缴社会保险费政策落实、支持政府吸纳农村劳动力转移就业、健全劳动人事争议风险监测预警、加强稳就业服务保障工作协同联动等方式，服务就业优先战略实施和高水平人才集聚，依法服务保障苏州市数字经济时代产业创新集群融合发展，全力支持电子信息、装备制造、生物医药、先进材料四大主导产业等领域各类市场主体稳企稳岗。

2. 消除影响平等就业的不合理限制和就业歧视

妥善审理平等就业权纠纷案件，依法纠正用人单位因性别歧视、地域歧视等不予招录、拒绝签订劳动合同的行为，破除各种不合理限制，推动高校毕业生平等就业、多渠道灵活就业创业。在一起女职工在试用期因怀孕被解雇案件中，支持女职工继续履行劳动合同的诉讼请求，依法维护其生存权、就业权，被《现代快报》等媒体广泛报道。

3. 完善劳动人事争议多元化解机制

联合市人社局、市总工会制定《关于健全苏州劳动人事争议“调裁审执”一站式多元解纷工作机制的实施意见》，为劳动人事争议当事人提供纠纷多元化解决的一站式服务。在各基层法院设立劳动人事争议专业调解工作室，由劳动人事争议专业特邀调解员或入驻的人民调解员在劳动人事争议专审法官的指导下开展案件诉前调解工作，目前全市已形成99人规模的劳动人事争议专业特邀调解员队伍。苏州市吴中区人民法院成立的“三位一体”劳动人事争议专业调解工作室2022年成功调解案件625件，该院当年新收劳动人事争议案件数量同比下降11.6%。太仓市人民法院聘请该市劳动人事争议仲裁院退休院长常驻调解室，近年来调解成功各类纠纷779件。联合市人社局推进专业性调解组织建设，人民法院通过组织培训等方式，加强对调解组织的专业支持，并探索建立“专审法官+调解组织”结对工作模式，共同培育壮大社会解纷力量。

二、以履职尽责为抓手，全力提升服务保障水平

（一）更加强化依法保护司法理念

1. 依法保护劳企双方利益

坚持依法保障劳动者合法权益与维护企业正当发展利益相结合。一方面，着力保护劳动者权益，依法支持劳动者关于劳动报酬、解雇保护、社保待遇等方面的合理诉求，让劳动者充分享有奋斗回报、享受发展成果；另一方面，依法保护企业用工自主权，支持企业正当管理及对生产经营秩序与正当发展利益的维护。在佳帆纺织有限公司诉周某坤工伤保险待遇纠纷案中，依法支持因第三人侵权造成人身损害并构成工伤的劳动者，在获取侵权人误工赔偿的同时，享受停工留薪期间的工资福利待遇；在戴某军诉台玻长江玻璃有限公司追索劳动报酬纠纷案中，依法支持用人单位对考核排名靠后的员工进行调岗调薪，保障企业用工自主权。两起案件均作为典型案例被《最高人民法院公报》刊发。

2. 大力促进企业规范化管理

深入推进“产业链+法律服务”专项行动，开展“法企同行”系列法律服务活动。与市人社局、市总工会联合出台《关于常态化开展企业劳动用工合规指引工作实施方案》，在劳动人事审判领域率先开展助企合规工作，截至2023年6月底，惠及企业5802家。其中，两级法院“点对点”走访指引企业637家，采用“一企一策”指导企业排查劳动用工风险点，给予具体完善意见建议。分批分片组织召开调研座谈会，听取企业家、工会职工、行政机关、专家学者及党群组织代表的困难和建议，帮助企业纠正违规操作、改进管理成效、消除潜在隐患。

3. 助力用人单位与职工协商和解

联合市人社局、市总工会推动用人单位建立劳动人事争议内部协商机制，协助开展内部协商，培育用人单位和劳动者的争议协商意识。推动用人单位健全沟通对话机制，畅通劳动者诉求表达渠道。探索在劳动争议多发企业建立企业劳动争议调解委员会，构建企业内部协商和解机制。

（二）服务人才引领发展战略

1. 促进人才合理流动

妥善处理竞业限制纠纷案件，依法维护劳动者正当就业、创业的合法权益，着力为“苏州制造”“江南文化”创新发展营造优异营商环境与稳定用工环境。法庭成立以来审结竞业限制纠纷案件64件，三次组织召开竞业限制法律适用问题专题研讨会并发布竞业限制十大典型案例、调研报告，在苏州市吴中区人民法院设立高科技领域竞业限制法律问题调研点，有针对性地加强竞业限制基本理论、争议问题及司法应对等方面的研究，有效平衡商业秘密保护与人才自由流动之间的关系。

2. 保障人才高效聚集

依法审理企业与高级管理人员、高级技术人员、青年科技人才等高层次人才之间涉激励性劳动报酬、特殊劳动待遇等纠纷，将因违法解除劳动合同导致的股权激励损失纳入劳动法倾斜保护范围，切实发挥司法裁判规范引领作用，引导用人单位诚信经营、尊重人才、善待人才，保障“人到苏州必有为”工作品牌全面打响，为推动高层次人才集聚苏州提供有力司法保障。

3. 服务国际人才交流

指导苏州工业园区人民法院在全面梳理近年来涉外劳动人事争议案件常见争议焦点的基础上，面向外资企业、外籍人才以及涉外用工企业制发中英双语《涉外劳动用工须知手册》，集中满足涉外企业与海内外人才在苏就业方式、就业许可、社保缴纳、劳动合同签订及变更等方面的法律需求。目前，已为当地1.8万余名外籍人士、120余家世界500强企业及其他5200余家企业提供涉外劳动用工法律服务。

（三）营造诚信有序的用工环境

1. 建立虚假诉讼识别防范机制

在系统排查近年来23276件已结案件基础上，制定《劳动人事争议案件虚假诉讼识别与防范办法（试行）》，发布《苏州劳动法庭关于对劳动争议案件虚假诉讼排查的报告》及典型案例，切实增强两级法院对相关案件的敏感性与应对能力，努力构建诚信规范的用工环境和诉讼秩序。在杜某某诉某五金公司追索劳动报酬纠纷案中，准确识别用人单位经营状况异常、劳企双方“手拉手”诉讼等现象，依法判决驳回杜某某追索225.5万元劳动报酬的诉讼请求，维护困难企业及案外债权人合法权益，中国就业网、中工网等均作报道。

2. 破解破产领域涉劳虚假诉讼难题

指导苏州市吴江区人民法院创建“‘破’而有序‘劳’有所依”劳动人事审判示范项目，制定全国首份《破产企业劳动争议处置衔接会商纪要》及配套工作意见，强化破产企业劳动人事争议处置衔接，畅通破产企业职工维权路径，甄别破产企业职工虚假诉讼，保护破产企业劳动者和债权人合法权益。至2023年6月底，该院累计71次向区检察院、区人社局通报389家破产企业涉案信息；区人社局引导21家破产企业的74位劳动者直接向破产管理人申报债权；区检察院在两批次案件中落实诉中介入监督责任，通过三方努力，涉破产企业劳动人事争议案件得以精细审理、准确裁判，实现虚假诉讼“零发生”与相关主体皆满意的审判效果。

3. 协同净化网络招聘环境

针对利用58同城、抖音等网络招聘平台、短视频平台发布虚假招聘信息、就业歧视信息等新型损害劳动者合法权益及城市形象的行为，与市人社局劳动保障监察支队、劳动关系处等进行专项会商，商讨应对工作方法，凝聚依法打击合力，规范招聘市场秩序，将和谐劳动关系延伸到“神经末梢”。

三、以深化改革为动力，持续完善专业审判机制

（一）探索优化案件审理机制

1. 建立劳动人事争议专业化审判机制

立足苏州法院实际，将各基层法院劳动人事争议案件归口由一个审判业务部门审理，并推动有条件的基层法院设立劳动审判庭或者由人民法庭集中审理劳动人事争议案件；根据近几年受案情况，在10家基层法院分别遴选2至4名专职审判人员办理一审案件，形成全市法院40人规模的专审队伍，实现审判机构专门化、审判人员专职化、审判工作专业化。

2. 全国首创新就业形态用工案件归口审理机制

苏州劳动法庭成立伊始即在全国率先制定涉新就业形态从业人员民商事案件归口审理规则，规定此类新型案件由苏州劳动法庭及基层法院劳动审判归口部门审理，为探索平台经济新就业形态下劳动用工规则作出体制机制层面改革。2023年5月1日起，进一步将全市基层法院审理的互联网平台经济模式下的新就业形态劳动争议一审案件归口由苏州互

联网法庭审理，为平台企业规范健康发展、新就业形态从业者权益保障提供更加有力的司法服务与保障。

3. 探索刑事民事行政“三审合一”机制

苏州劳动法庭对涉劳动人事争议案件探索实行“三审合一”机制，集中审理劳动人事争议民事案件、拒不支付劳动报酬罪等劳动刑事案件、工伤认定等劳动行政案件。根据全市行政案件集中管辖情况，指导常熟市人民法院创建“三审合一”护航和谐劳动关系示范项目，协调当地人社、公安、检察等部门完善劳动保障监察行政执法与刑事司法衔接机制，统一拒不支付劳动报酬罪追诉标准与程序，全面保护劳动权益，依法规范劳动秩序。

（二）推动形成权益保护合力

1. 建立立审执协调配合机制

制定出台《关于建立劳动争议案件立案、审判、执行工作协调配合机制的实施意见（试行）》，在全市法院开辟劳动争议案件快立、快审、快执“绿色通道”，更好强化诉源治理，提高审判效率，方便当事人诉讼。苏州市吴江区人民法院积极发挥先予执行制度优势，借助立审执协调配合机制，使得正在重症监护病房抢救的工伤职工第一时间获得医疗费，从法院立案起算仅用了 13 天就实现了“救命钱”司法兑现。

2. 优化“裁审衔接”工作机制

与市人社局联合出台《关于强化劳动人事争议仲裁与诉讼衔接机制建设的实施意见》，进一步规范劳动仲裁与诉讼的衔接程序、完善衔接工作机制、统一裁审尺度。两年来，苏州劳动法庭与市劳动仲裁委联合召开裁审衔接工作会议 17 次，邀请全市仲裁员参加“苏劳课堂”业务培训 10 次。张家港市人民法院与当地人社局创建全省首家“调裁审执”劳动保障维权一体化中心，建立整合劳动监察投诉举报、联合调解、仲裁立案、诉讼立案、执行立案等功能的综合服务平台。该中心 2022 年为 1916 名劳动者追回拖欠、克扣的劳动报酬、经济补偿、赔偿金等共计 6459. 58

万元。

3. 深化“六方联动”解纷机制

深化与市委政法委、市人社局、市总工会、市司法局、市劳动仲裁委共同构建的劳动人事争议“六方联动”化解机制，不断提升平台矛盾预警、纠纷预防、案件调解、信息共享与业务会商实效。同时，将联动经验向基层进行延伸拓展，构建协同联动、分层递进式的纠纷预防化解体系，促进大量纠纷源头化解、止于诉前，有效降低劳企双方讼累与关系修复成本，取得积极成效。张家港市人民法院依托人民法庭提前介入，在春节前妥善化解涉当地某纺织公司 258 名劳动者的群体性纠纷案件，为劳动者追回工资 1108 万元。

（三）着力推进智慧法庭建设

1. 构建数字化劳动审判模式

依托“智慧审判苏州模式”，发挥科技资源乘数效应，构建以法官为中心、案卷卷宗无纸化、司法辅助集约化、流程监管可视化的审判模式。以仲裁、诉讼案件为连接点，搭建裁、立、审、执可视化监管平台，实现劳动人事争议全流程、可视化监管。苏州市相城区人民法院创建“智慧审 融相城”劳动人事审判示范项目，着手打造劳动人事争议案件在线办理全场景、全覆盖、全互联，探索传统劳动人事争议案件全链条电子化处理模式。至 2023 年 6 月底，该院劳动人事争议案件诉讼材料电子送达适用率已达 95%，全程在线办结的劳动人事争议案件数占到该院劳动人事争议案件同期受理数的 47%，疫情期间相关审判工作未受影响，劳企合法权益得到及时有效保障。

2. 打造裁审衔接办案系统

与市人社局共同建设以信息互通和数据共享为特点的裁审系统，实现仲裁阶段电子数据、法院判决书等数据资源双向互通，对外提供裁决书送达、诉讼立案、申请保全、申请执行等服务，提升裁审衔接工作的信息化、智能化水平。苏州市虎丘区人民法院研发“问诊清单+异步质证”劳动人事争议智审平台，并将平台功能成功延伸至当地仲裁机构，促进纠纷化解提质增效。

3. 建设一站式在线维权平台

与市人社局、市总工会联合打造苏州市劳动人事争议调裁审执一体化在线服务中心，整合工会维权、劳动监察举报投诉、争议调解、仲裁立案、诉讼立案、财产保全、生效文书执行立案等功能，为劳动者提供便利、快捷、高效的一体化平台服务。

四、以先行先试为使命，不断总结审判工作经验

（一）开展劳动人事审判示范项目创建

两级法院集体研究出台的《苏州劳动法庭建设三年规划（2021—2023 年）》，作为全国法院系统建设专业化劳动法庭的首个规范文件被最高人民法院民事审判第一庭编《民事审判指导与参考》收录。启动劳动法庭项目化建设暨全市法院劳动人事审判示范项目创建，将服务大局要求、基层首创精神与高校理论研究有机结合，全面推动劳动人事审判体制机制改革与品牌特色构建，现已培育形成 10 个示范项目并持续深化。

（二）组建劳动法庭智库及审判专业研究会

成立法庭专家智库，并在全国范围内聘请 15 名权威专家学者与知名实务人士担任智库首批特聘专家，为法庭专业化建设发展、把握国内外劳动和社会保障法理论研究前沿、提炼新就业形态用工等新型案件规则等提供智力支持。在此基础上，组建苏州法院劳动人事审判专业研究会，进一步汇集既懂审判又会调研的专业骨干力量，加强对劳动人事审判经验的总结，为全国劳动人事审判工作发展贡献苏州法院智慧。组织专业研究会骨干力量参与《最高人民法院关于审理涉及新就业形态民事纠纷案件适用法律若干问题的规定》《最高人民法院关于审理劳动争议案件适

用法律问题的解释（二）》起草研究论证工作，为完善裁判规则提供高质量的意见建议。

（三）构筑苏州劳动人事审判研究阵地

主动加强同国内著名高校、研究机构签约共建，分别与中国社会科学院法学研究所、中国人民大学劳动法和社会保障法研究所、南京师范大学法学院等签约共建法治研究、教学研究实践基地，接收科研基地实践人员挂职锻炼，构筑苏州劳动人事审判理论实务研究新阵地，努力实现劳动审判工作创新性、引领性发展。

五、以政治建设为统领，锻造忠诚干净担当队伍

（一）锤炼过硬政治素质

以习近平新时代中国特色社会主义思想为指导，深入学习贯彻党的二十大精神以及习近平总书记关于保障劳动者权益系列重要讲话精神，扎实开展党史学习教育、“两个确立”主题教育和“我为群众办实事”活动，不断巩固政法队伍教育整顿成果。坚持抓党建带队建促审判，结合审判工作实际和延伸审判职能工作需要，创新拓展党建工作形式，会同市总工会、市人社局党组织设立劳企“双保护”党建联盟，并先后在昆山市、虎丘区、相城区设立企业用工合规指引工作站，集聚助劳维权、助企纾困工作合力。苏州市吴江区人民法院携手区人社局、区工商联、盛泽镇总商会党组织共同签署党建结对共建协议，推进企业合规用工指引工作走深走实。太仓市人民法院依托“熊法官讲‘和’”党员微信专栏对涉疫情用工问题进行解答，鼓励劳企双方共克时艰，源头化解劳动人事争议，取得良好成效。苏州法院以党建引领助力稳企复产工作被《人民日报》报道。

（二）加强司法能力建设

重点打造“苏劳课堂”这一崭新研学、实践交流平台，对标先进地

区并结合工作需求，定期邀请知名专家教授、资深实务人士开展辅导培训与经验交流，不断提升苏州劳动法庭专业化建设水平。为解好新业态新经济新模式对传统劳动法律关系与社会保障政策法律提出的新课题，法庭瞄准“平台经济新就业形态”“企业高端人才”设置 2 个专门合议庭，围绕主题开展类案处理专业化调研与精细化裁判。加强上下级法院的业务交流，以专业研究会为依托，定期就审判实践中发生的新类型和疑难复杂问题进行研讨，促进苏州地区劳动审判裁判规则和标准的统一。2023 年以来，专业研究会梳理总结了审判实践中的 47 个疑难复杂问题并组织开展了专项研讨。

（三）筑牢廉洁司法底线

始终坚持严的基调，强化正风肃纪，确保劳动审判队伍在廉政勤政方面，绝对忠诚、绝对纯洁、绝对可靠。严格落实防止干预司法“三个规定”，将“三个规定”及相关内容纳入党支部学习、支部书记与其他党员谈心谈话范围，综合运用专题辅导、支部书记上党课、案例警示等方法，组织对“三个规定”开展学习教育。积极开展“三个以案”警示教育和风险点排查整治，梳理完善部门廉政风险点和防控措施，实现风险排查人员、岗位全覆盖。组织参与“知敬畏守底线做表率”集中警示教育、赴苏州监狱开展警示教育，帮助干警筑牢防腐拒变思想防线。

下一步，苏州劳动法庭将以习近平新时代中国特色社会主义思想为指导，全面贯彻党中央、国务院关于落实就业优先政策、构建和谐劳动关系等决策部署，紧扣中心大局，依法履职尽责，以高质量劳动人事审判服务保障高质量发展，为中国式现代化苏州新实践提供有力司法保障。

【老年人权益保护专题】

北京市朝阳区人民法院涉养老机构民事诉讼案件审判调研报告

蒙　镭* 江慧真**

人口老龄化是当前国家社会发展的重要趋势，也是推进中国式现代化必须面临和解决的重大课题。党的十八大以来，党中央高度重视人口老龄化对我国经济社会发展带来的挑战，习近平总书记作出一系列重要指示，对国家老龄事业发展、老年人权益保护、养老体系发展作出明确要求。人口老龄化的应对是一项需要全社会共同参与的全局性工作，人民法院亦应有司法担当。

为充分发挥司法职能，助力老龄事业高质量发展，北京市朝阳区人民法院（以下简称朝阳法院）亚运村人民法庭对该院近五年涉养老机构民事诉讼的情况进行了系统的调研和分析，对案件基本情况和特点、诉讼中反映的问题进行总结梳理，并提出对策建议，以期对养老服务行业的规范发展有所裨益。

---

* 北京市朝阳区人民法院亚运村人民法庭副庭长。

** 北京市朝阳区人民法院亚运村人民法庭法官助理。

一、2018 年至 2023 年北京市朝阳区涉养老机构民事诉讼的总体情况

（一）案件数量逐年增长

2018 年 1 月至 2023 年 6 月，朝阳法院受理涉朝阳区养老机构案件共 232 件，其中，2018 年为 9 件，2019 年为 11 件，2020 年为 17 件，2021 年为 47 件，2022 年增长至 74 件，2023 年上半年为 74 件。案件量自 2021 年开始呈大幅度增长态势（见图 1）。

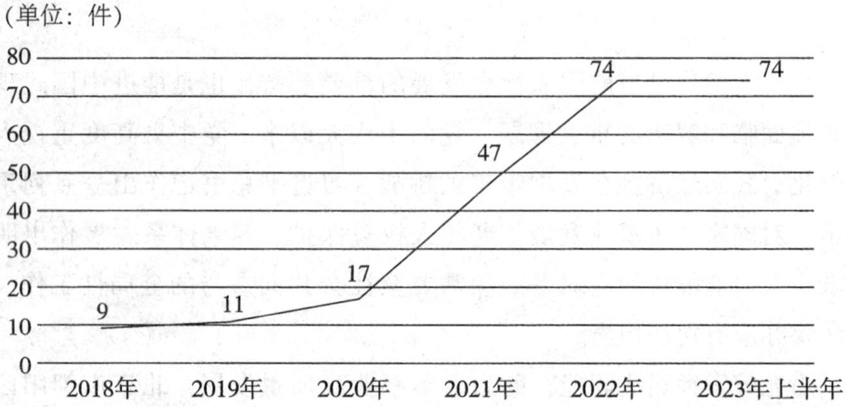

图 1　2018 年 1 月至 2023 年 6 月朝阳区养老机构涉诉数量

（二）多家养老机构涉诉

现阶段朝阳区在民政部门登记备案的从事养老服务的养老机构共有 80 家，仅有 4 家养老机构性质为公办公营，其他养老机构性质为公办民营、公建民营或民办民营。这 80 家养老机构中，近五年涉诉的养老机构共 29 家，占比为 36.25%；其中，4 家公办公营的养老机构在近五年均未涉诉，17 家公办民营或公建民营的养老机构涉诉比例为 23.53%，59 家民办民营的养老机构涉诉比例为 42.37%。

（三）案件类型较为集中

经统计，涉养老机构案件有两种类型：一类为因服务费引发的纠纷（以下简称服务费案件）（共 140 件），另一类为因老年人在养老机构期间遭受人身伤害引发的纠纷（以下简称人身伤害案件）（共 92 件）（见图 2）。

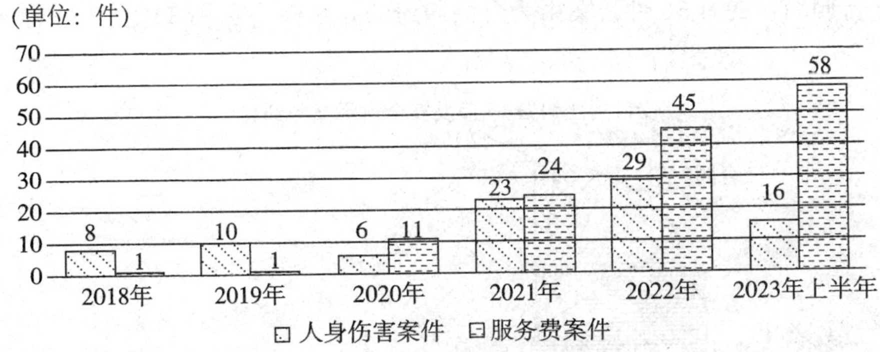

图 2　2018 年 1 月至 2023 年 6 月朝阳区涉养老机构纠纷案件类型

服务费案件是老年人及其近亲属与养老机构因养老服务合同而发生的纠纷，争议均围绕服务费展开，其中老年人及其近亲属要求退还服务费的案件有 112 件，养老机构要求老年人及其近亲属支付拖欠服务费的案件有 28 件。此类案件法律关系和权利义务明确，因此本文不作重点分析。

人身伤害案件是老年人在养老机构内接受养老服务的过程中受伤致残致死而引发的纠纷，此类案件争议较大，矛盾突出，且事关养老机构的运营。在审理此类案件时，因查明事实涉及养老服务合同内容及合同履行情况，养老机构运营方面的制度、管理、风险防控，养老服务行业的监督管理等诸多方面的问题，故此类案件呈现的问题较为突出。考虑到上述情况，本文着重统计分析涉养老机构的 92 件人身伤害案件。

（四）人身伤害案件的程序情况

从案由方面看，此类案件虽因老年人的人身财产权益受损而引发，但是因原告诉讼请求及主张的不同，案由有侵权类案由和合同类案由的差异。[①] 92 件案件中，涉侵权类案由案件有 48 件，其中，案由为生命权、健康权、身体权纠纷的有 41 件，案由为侵权责任纠纷的有 5 件，案由为违反安全保障义务纠纷的有 2 件；涉合同类案由案件有 44 件，案由为服务合同纠纷的有 36 件，案由为合同纠纷的有 8 件（见图 3）。

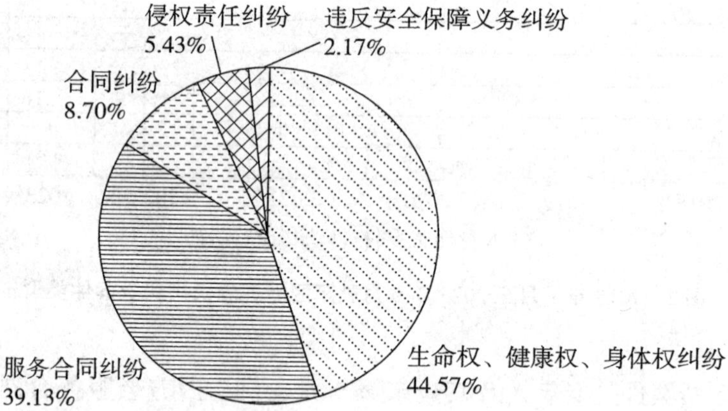

图 3　2018 年 1 月至 2023 年 6 月朝阳区涉养老机构纠纷案由

从适用程序上看，在上述 92 件案件中，有 53 件适用简易程序，占比 57. 61%；39 件适用普通程序，占比 42. 39%。

从结案方式上看，除在审的 29 件案件外，目前已经审结的 63 件案件中，以判决、调解、撤诉（含准予撤诉、按撤诉处理）方式结案的数量分别为 39 件、11 件、13 件，调解结案比例为 17. 46%，撤诉比例

① 案由不同，则案件的要件事实、当事人的举证责任等方面会有所不同，法院的审理路径也会不同。在合同纠纷中争议的诉讼标的是老年人受损害是否系因养老机构履约存在问题，在侵权纠纷中争议的诉讼标的是老年人受损害是否系因养老机构违反安全保障义务所致。

为20.63%。

从一审服判息诉情况看，在上述审结的63件案件中，有30件当事人提出上诉（其中，双方上诉案件13件，老年人一方上诉9件，养老机构一方上诉8件），仅9件以判决方式结案的案件双方当事人未提出上诉，上诉比例达到审结案件总数的47.62%，双方上诉比例达到审结案件总数的20.63%。

（五）人身伤害案件的实体情况

通过对判决、调解结案的50件涉养老机构人身伤害案件的情况进行分析，此类案件在起诉主体、老年人致伤原因（侵害行为）、过错认定及因果关系、裁判结果（损害后果的认定）五个方面呈现以下特点。

一是从起诉主体看，多数案件诉讼发生时老年人已去世，由其近亲属作为权利义务继受人以原告身份起诉的情况较为普遍。上述50件案件中，有31件案件在当事人起诉时老年人已去世，由作为其权利义务继受人的近亲属作为共同原告起诉；在10件案件中，老年人在诉讼中去世，由法院追加其权利义务继受人作为共同原告参加诉讼；仅9件案件由老年人作为原告提起和参与诉讼。由此可以看出，涉诉老年人在养老机构致伤多较为严重，甚至致死，进而由其家属作为权利义务继受人起诉养老机构主张损害赔偿。这不仅使得案件矛盾升级，也增加了法院查明事实的难度。

二是从老年人致伤原因看，原告主张的侵害行为与养老机构及其养老服务提供行为高度相关。上述50件案件中，29件案件的老年人在养老机构管理的场所内摔伤，原告主张老年人在养老机构内摔倒受伤或因摔伤直接导致其去世，占比达58%；20件案件的原告主张养老机构未尽到诸如照料、看护、送医、陪伴等照顾义务，致使老年人受伤或去世；1件案件的老年人自行离开养老机构并在外发生车祸身亡，原告主张养老机构未尽看护、管理义务。可见，一旦老年人在养老机构内受伤，原告一般均认为系因养老机构的不当行为所致。

三是从因果关系认定的情况看，老年人致伤或去世的损害后果与养老机构提供服务行为之间的因果关系认定往往成为争议焦点。

上述 50 件案件中，有 29 件案件经当事人申请，对老年人的损害后果与养老机构的服务行为或致使老年人受到伤害的行为之间是否存在因果关系以及因果关系参与度情况进行司法鉴定；有 21 件未涉及鉴定，由法院根据查明的事实直接确定是否存在因果关系和因果关系参与度。

在启动司法鉴定程序明确因果关系及其原因力大小的情况下，一般需要诊断证明、病历记录、医学影像学片、死亡证明等诸多鉴定材料，当事人收集起来较为困难，部分需要通过法院开具调查令进行调取；部分涉及死因鉴定的案件还需要提供尸检报告，甚至通过法院协调当事人同意进行尸检；在协调鉴定的过程中，组织各方当事人提供、补充鉴定材料，对鉴定材料进行质证的过程往往耗时较长；在涉及死因鉴定的情况下，鉴定机构依规一般需要组织鉴定事项的听证，致使诉讼进程较为缓慢。部分案件因无法通过鉴定明确因果关系及其原因力大小，法院只能根据证据情况及法律规定直接进行判定，致使当事人对判决结果不服。

四是从过错认定的情况看，过错认定的结论与当事人的预期存在偏差。上述 50 件人身伤害案件中，通过判决结案的 39 件。其中，部分老年人及其近亲属认为，只要老年人在养老机构接受养老服务的过程中致伤或致死，过错和责任即全部在养老机构一方。但从裁判结果体现出的过错认定情况看，上述 39 件案件中，有 23 件认定养老机构存在过错，有 16 件认定养老机构无过错。

在认定养老机构存在过错的 23 件案件中，无认定养老机构承担全责的情形；有 1 件案件认定养老机构承担 70%责任；有 5 件认定养老机构承担 50%责任；有 7 件认定养老机构承担 25%至 40%责任；其他 10 件虽认定养老机构在履行照顾义务的过程中存在瑕疵，但认为与老年人的损害结果之间没有因果关系。

在 16 件未认定养老机构存在过错的案件中，有 10 件法院认为原告未能举证证明养老机构存在过错；有 6 件认为养老机构已经尽到了安全保障义务因而不存在过错（见表 1）。

表 1 涉案养老机构过错及责任比例认定情况

<table>
<tr><td colspan="3">养老机构无过错</td><td>6 件</td></tr>
<tr><td colspan="3">老年人及其家属举证不能</td><td>10 件</td></tr>
<tr><td rowspan="3">养老机构存在过错</td><td rowspan="3">23 件</td><td>养老机构瑕疵行为与伤亡结果无因果关系</td><td>10 件</td></tr>
<tr><td>责任比例小于 50%</td><td>7 件</td></tr>
<tr><td>责任比例大于 50%（含）</td><td>6 件</td></tr>
</table>

法院在认定养老机构是否存在过错和确定过错大小时，无论是通过鉴定还是径行裁判，一般经过两个步骤。首先，依据民法典侵权责任编一般规定和经营者安全保障义务的相关规定，根据查明的事实判断养老机构是否存在违反安全保障义务的过错。如认定养老机构无过错，则判决驳回原告的诉讼请求。其次，如认定养老机构存在未尽到安全保障义务的过错，再根据老年人的身心状态、老年人及其近亲属是否尽到注意义务、老年人致伤致死过程等因素，确定养老机构的责任比例。简而言之，法院在认定养老机构的责任时严格适用民法典侵权责任编的规则，使得最终的过错认定结果与当事人尤其是原告的预期存在偏差，导致上诉率较高。

五是从裁判结果看，在养老机构需担责的案件中，损害赔偿金额一般较高。上述通过判决结案的 39 件案件中，有 23 件认定养老机构存在过错，应当承担一定责任，因此判决养老机构对老年人或其家属进行赔偿。在涉案老年人均已去世的案件中，赔偿金额均包括死亡赔偿金、丧葬费等费用。即便在认定养老机构没有过错的 16 件案件中，驳回原告全部诉讼请求的案件也仅有 12 件。在其他 4 件中，有 3 件法院在综合考虑养老机构提供服务的情况、老年人及其近亲属情况等因素的基础上，判决养老机构给予老年人近亲属适当赔偿，金额在 5 万元至 8 万元之间。上述判决养老机构对老年人或其家属进行赔偿的案件中，平均赔偿额为

177832.98 元（不含诉讼费、鉴定费）。

二、涉养老机构案件反映出的典型问题及成因

（一）总述

一是随着养老服务产业的迅速发展，涉养老机构案件数量逐年增长。北京市朝阳区自 2021 年开始，涉养老机构案件数量有较明显的增长。一方面，案件数量的增长体现出随着国家和北京市对养老服务产业的大力扶持，朝阳区养老服务产业在近两年快速发展；另一方面，相关诉讼数量增加、老年人与养老机构之间的矛盾凸显，说明养老服务产业在高速发展的同时亟待规范，需要包括司法在内的各种社会力量共同关注，助力发展。

二是随着涉养老机构案件数量的迅速增长，涉养老机构案件的事实越发复杂，矛盾越发尖锐。一方面，伴随着养老机构数量的增长，部分养老机构经营不规范情况逐渐凸显，预先收取高额费用、允诺的养老服务不到位的情况时有发生，极个别养老机构及其运营者甚至涉嫌诈骗等刑事犯罪；另一方面，老年人在养老机构内因伤致残致死的情况引发了老年人及其近亲属与养老机构的激烈冲突。法院在审理涉养老机构人身侵权案件时发现，此类案件有“六高两低”的特点。“六高”即适用普通程序比例高、司法鉴定申请比例高、审理时长高、判决比例高、上诉比例高、赔偿金额高；“两低”即调撤比例低、自动履行率低。这充分反映了此类案件矛盾突出、审理难度大的特点。

三是矛盾纠纷相关方的观念认识亟待转变，监管部门的管理有待加强。第一，老年人及近亲属普遍存在将老年人送至养老机构就应由养老机构完全承担责任的观念，因此，一旦发生诉讼，一般均主张养老机构承担全部责任，而忽略了老年人自身对身心健康的注意义务，也忽视了近亲属对老年人的赡养照料义务。突出表现为老年人及其近亲属不主动与养老机构沟通，较少关心探望，平时缺乏取得、留存相关记录的意识，

致其诉讼能力较弱。第二，养老机构在关注盈利的同时，缺乏风险防控意识，突出表现在经营管理和服务流程粗糙，缺乏从照料老年人的人文关怀和减少风险的视角出发提升服务品质的主观意愿。第三，对养老机构的监管涉及民政、市场监管、卫生健康等诸多部门，虽然当前养老服务产业因获得政策支持正蓬勃发展，但监管尚未形成合力，在制度构建、规则执行等方面均存在一定程度的缺位，如不予以关注和妥善解决，不利于养老产业的健康良性发展。

（二）从养老机构方面看，养老服务规范化程度有待提高

1. 养老服务合同内容不完善、标准不统一

养老服务合同是确定养老机构与接受养老服务的老年人、老年人近亲属之间权利义务的基本依据。在发生诉讼时，无论是老年人以合同纠纷为案由起诉，还是以侵权纠纷为案由起诉，法院均需要以合同约定的权利义务内容作为判断养老机构是否履行合同义务或履行法定的安全保障义务的依据。但是目前养老机构提供的养老服务合同存在以下三个方面的问题。

一是养老服务合同缺少对养老机构具体服务内容的规定。部分养老机构提供的合同文本中缺乏针对老年人个体差异情况的入院评估，缺乏根据老年人差异化情况提供养老服务的约定，一般在合同中笼统约定“按入住老年人身体状况提供相应服务，提供合理配餐和相应照顾服务”，规定内容简单，缺乏具体的、差异化的约定，未针对具体老年人的基础性疾病、行动和意识能力、饮食禁忌等情况就服务内容进行个体细化，缺少对养老机构提供诸如辅助用餐、协助运动、夜间看护、配药等具体服务内容的约定。在诉讼中，双方当事人针对具体服务内容存在争议时，法院难以直接依据合同约定判断养老机构是否尽到义务。

二是养老服务合同中普遍存在免除养老机构义务或责任的格式条款。为规避潜在风险，部分养老机构在提供合同文本时，会在合同中预先制定免除其义务或者责任的条款，例如，约定老年人在养老机构因伤致死

的，养老机构一概不予承担有关医疗费、丧葬费。上述条款属于提供格式条款一方免除其责任、加重对方责任、排除对方主要权利的条款，且缺乏提请对方注意的必要标识，可能依法被认定为无效。如发生诉讼，法院仍会根据实际情况确定养老机构的责任比例。

三是部分养老机构利用养老服务合同中的预付费、优惠折抵等条款谋取利益。部分养老机构以办“养老卡”等预付费的方式预先向老年人收取一定的费用作为入住养老院的门槛或折抵优惠。但因合同条款设置简单、不明确，未针对老年人的特点进行充分的风险提示，老年人交纳此费用后，不但可能无法享受预期服务或优惠，甚至可能因机构自身经营问题，最终无法要回预付款项。例如，朝阳区内的北京某养老投资产业有限公司自2019年至今共涉案77起，全部与该养老机构预付费模式相关，该养老机构以办理“养老卡”的方式向老年人收取高额预付费，为其预留床位并提供折抵优惠，但该合同约定“如甲方毁约退卡，应当向对方支付合同剩余金额35%的违约金，或者乙方在条件允许的情况下可以帮助转让，六个月内未能转让的，乙方可七五折收购”，致使众多老年人及其近亲属诉至法院要求解除合同并主张该养老机构退还合同的预付款项。同时，北京某养老服务有限公司也因同样的经营模式被老年人及其近亲属提起诉讼，其自2021年起至今共涉案38件。

2. 养老机构管理不细致，制度不完善

一是未充分落实法律法规对养老机构运营管理的要求。《养老机构管理办法》规定，养老机构应当建立入院评估制度，对老年人的身心状况进行评估，并根据评估结果确定照料护理等级。老年人健康状况的评估是老年人进入养老机构时最为基础性的工作，养老机构在后续提供服务过程中提供何种标准和程度的养老服务，如何护理，护理服务的内容，以及一旦发生诉讼以何基准点确定老年人的致伤致害程度，均需要参照此评估情况确定。但是养老机构入院评估制度的落实不充分，不同养老机构提供的照料护理等级标准不统一。目前部分养老机构要求老年人入院前自行到三甲医院进行体检，并根据体检报告、老年人及其近亲属的自述，按照“自理、半自理、全护理”的标准提供相应的照顾、护理服务。但是体检报告质量参差不齐，护理标准也缺少权威的解释，造成一旦发生诉讼无客观标准可依的局面。

二是养老机构的服务流程和内容难以探知。养老机构是否尽到法定的安全保障义务一般是人身伤害案件的争议焦点。法院在考察此问题时，一般会从合同权利义务的内容出发，根据养老机构提供服务的工作流程、内容来确定养老机构是否依约履行看护、照顾等义务。作为专门为老年人提供看护、托管服务的组织，记录服务过程的证据一般保留在养老机构。在诉讼中分配举证责任时，法院一般要求主张侵权的一方，即老年人及其近亲属就养老机构未尽到相关义务出示证据，同时要求养老机构就其已履行相关义务出示证据。但在实践中，老年人及其近亲属缺乏有效渠道了解服务的实际情况，难以实际取得养老机构提供照顾、看护服务的相关证据材料。而部分养老机构存在监控录像未能做到全覆盖或未及时留存、护理人员事后补签查房记录、取药用药未形成完备交接制度、缺乏一对一护理的交接班记录等问题。因此，此类案件中无法还原客观事实，而只能通过举证责任分配和由当事人承担举证不能的诉讼后果的方式进行裁判的情况较为突出。

三是遇老年人突发疾病或受伤，养老机构缺乏应急处理手段，容易出现施救不当或延迟致使损害扩大的情况。涉养老机构责任纠纷案件多因被看护老年人受到人身损害而引发。因老年人身体基础较差，如果延误救治或施救方式不当，最终造成的损害后果往往更为严重。从统计的案件看，被看护老年人摔伤为导致老年人人身损害的最主要原因，总占比高达被看护老年人人身伤害案件的一半以上，且其中将近一半最终引发被看护老年人死亡的后果。实践中，部分养老机构与医疗卫生机构的衔接机制不畅，未能及时发现老年人出现异常情况并送医救治的情况较为突出。

需要指出的是，养老服务因其营利性与公益性兼具的属性，养老机构在实际运行时往往面临人员短缺、员工素质不齐、运营压力较大的困难，这也是目前养老机构在运营方面存在上述问题的重要原因。部分养老机构反映，作为具有一定公益性的机构，在目前的收费标准下，其仅能维持最基本的运营，同时面临成本上升、员工短缺、护理工作艰辛等情况，上述问题也亟待重视和解决。

（三）从老年人及其近亲属方面看，其观念亟待转变

1. 老年人及其近亲属存在未尽合理的注意义务的问题

在老年人入住养老机构后，其本人往往放松对自己的照顾，老年人应当在认识能力范围内，对其身心健康情况有充分的认知，积极与养老机构、近亲属沟通并寻求帮助，且在自己的能力范围内行为、行动。老年人明知自身年龄、疾病等身体状况，且居住在养老机构，在未通知养老机构工作人员且未采用相应辅助器具的情况下，独自进行超出其行动能力的动作而造成损害后果的，应当承担相应责任。

在老年人入住养老机构后，其近亲属也存在疏于对老年人的看望和照料，缺乏与养老机构的沟通与配合的情况。一方面，部分家属未能经常与老年人沟通、探视，未能保持与养老机构的联系，未及时了解老年人的身体、精神状态并获取相关记录；另一方面，当出现紧急情况时，部分家属未能及时同意将老年人送医甚至不同意将老年人送医，使得老年人延误救治甚至最终造成了老年人伤残、死亡的严重后果。若法院认定养老机构已履行了告知、协助、看护的义务，不存在违反安全保障义务的过错，因近亲属原因致使老年人未及时送医，则老年人及其近亲属将自行承担相应责任。

2. 老年人及其近亲属的风险意识有待提高

部分老年人及其近亲属普遍存在将老年人送入养老机构后即应由养老机构对老年人的身心健康承担全部责任的观念，因此其普遍缺乏必要的风险意识，未对老年人可能在养老机构遭受的人身伤害及其潜在的严重后果有充分的风险预判。因此，老年人一旦在养老机构内发生人身损害，老年人及其近亲属一方面认为养老机构应当承担全部责任，提起诉

讼后对法院的裁判结果有非理性的期待；另一方面，因老年人及其近亲属缺乏了解看护实际情况的渠道，欠缺要求查看、留存相关记录的意识，且记录服务过程的证据一般留存在服务提供者即养老机构一方，而目前关于老年人及其近亲属是否有权查阅、复制养老机构保存的看护老年人的资料无明确规定，在养老服务合同中也少有此项约定，致使老年人及其近亲属在诉讼中举证能力往往较弱，大多只能提供养老机构服务合同、老年人的就诊与住院记录、死亡证明等证据，而仅凭上述证据尚不足以证明养老机构存在过错行为或其行为与老年人的伤亡结果存在因果关系，也因此在部分案件中，法院基于证据不足驳回了老年人或其近亲属的诉讼请求。

（四）从监管方面看，对养老机构的监督管理有待进一步完善

1. 对养老机构设立的审查和运营的监管有待加强

为了鼓励养老服务行业的发展，2018 年修正的老年人权益保障法将养老机构从设立许可制改为设立备案制，《养老机构管理办法》第二章对养老机构的备案办理予以规定，开办养老机构不再需要申请设立许可。这虽然降低了养老机构的设立成本，鼓励了更多的社会资本进入养老服务产业，但是民办养老机构属于民办非企业组织，其设立运营主要由民政部门审批和管理，由于相关规定中对其设立资质、经营范围、财产处理等未明确界定，管理处于相对模糊的状态，养老机构设立、变更许可及撤销登记易引发行政诉讼。在养老机构设立后，也存在缺乏常态化监管的问题。

2. 养老机构主管单位和行业自治组织对养老机构的指导仍有待加强

目前，养老机构主管单位的监管模式侧重于事后监管，事前、事中监管不足，而行业自治组织虽在发挥沟通协调作用方面成效显著，但在规范行业内养老机构行为方面仍有提升空间。具体而言，下列事项均有待主管单位和行业自治组织发挥作用：养老服务制式合同的制定和推广使用，明确和细化合同文本内容，完善老年人入院评估机制，加强评估

情况与养老服务内容的衔接，规范养老机构对老年人照顾服务材料的保管、留存，探索养老服务风险社会分担机制。上述事项，在明确各方权利义务边界、规范养老机构运营、合理化老年人及其近亲属对养老机构的预期以及控制养老机构风险方面有重要作用，亟待主管单位和行业组织在规范养老机构的运营方面发挥更好的指导作用。

3. 新型养老机构及养老模式缺乏明确的监管规范，养老服务提供模式仍较为单一

随着医养结合政策的不断推进，国家卫生健康委、民政部等部门对医养结合机构审批工作作出规定，但医养结合模式下的养老机构的设立运营仍存在争议。试行医养结合的养老机构与行政机关就医养结合是否属于养老服务的经营范围产生争议，已引发行政诉讼。在工业和信息化部、民政部、国家卫生健康委印发的《智慧健康养老产业发展行动计划（2021—2025 年）》的指导下，智慧养老服务不断得到推广，养老机构作为重要的智慧养老场景之一，其运营智慧化服务等目前缺乏具体的操作规则和指南，所涉及的监管领域众多，监管主体不明确且多个监管主体配合存在困难。

在现有的养老服务产业运行模式下，养老机构是最主要的养老服务提供者，虽然养老驿站等社区养老机构逐渐增多，但规模有限，承载力亦有限，仍存在其他社会养老力量薄弱或缺位的问题；医养结合、智慧养老等新业态、新模式发展不成熟，尚未适应当前养老服务产业迅速发展的态势，使得养老机构在养老服务供给方面承担着较重的责任。在出现老年人人身损害事件时，相关风险和损失只能由养老机构与老年人及其家属消化和分担，这种风险分担结构与养老服务较高的社会公益性之间存在冲突，使得养老机构抗风险能力较弱，不利于养老服务产业的健康发展。

三、对策及建议

（一）进一步提高养老机构提供养老服务的规范化程度

一是要规范与完善养老服务合同内容。民政、市场监督管理等相关部门可联合养老机构行业协会等社会组织对养老服务示范合同进行统一并推广。养老服务合同中规定的标准服务应当既包括相关硬件如住宿、康复、医疗保健等设施设备，也包括相关软件如保持环境卫生、提供营养均衡膳食、提供针对老年人的特殊群体看护服务等。

在养老服务合同中增加各类补充条款。根据老年人的特殊身体情况，将要求养老机构提供的具体服务内容增加至补充条款中，以提供更加个性化的服务。同时，将机构工作人员口头承诺的优惠条件以补充条款的形式书面明确，以便在纠纷发生时有约定可依。

提高养老机构的风险提示义务标准。应当根据老年人的特点，对合同中如双方主要权利义务、收费标准、违约责任及合同解除等重要条款以大字号、加粗等醒目字体载明，并以口头说明、讲解等方式向老年人及其家属进行风险提示，必要时予以录音录像。

二是公开养老机构服务标准和工作流程，完善、落实养老机构的管理制度。严格落实《养老机构管理办法》《养老机构服务质量基本规范》中的各项要求及标准，依据看护对象的不同情况和个性化需求，建立完善的管理制度，提供精细化、差异化服务；完善入院评估制度，做好老年人身心状况评估，并根据评估结果确定照料护理等级；健全完备的健康档案记录制度，真实、详细地记录老年人的实际情况，而非流程性打钩、签字等。行政主管单位、行业自律性组织应加强对养老机构的支持力度，协调医疗卫生机构等，制定具有法律效力的、细化的、可执行的涉及老年人入住时的身心健康状况评估体系及对应的养老服务内容的标准化体系，并将其纳入标准化的养老服务合同内容。

逐步提高从业人员的准入门槛，加强对工作人员的专业化培训与日常考核，提升服务理念与专业水平，重视向被看护老年人及其家属的信息披露和双向良性沟通互动，推动服务标准与工作流程透明化。

建立健全紧急事件应对方案，许多老年人患有多种疾病、身体素质较差，一次意外的摔倒就可能导致骨折甚至更加严重的后果，因此，要在事故发生后第一时间妥善送医救治。

（二）进一步改善老年人及其家属的养老观念，提高其法律风险意识

老年人及其家属在选择养老机构时，可通过企业信用信息登记系统查询养老机构登记情况，通过民政部门网站查询养老机构的备案信息及评级信息；实地考察了解养老机构的地理位置、服务设施、护理人员数量及素质、床位数量等。结合养老机构的相关情况以及老年人的身心状态与需求，理性选择更加适合老年人的养老机构。

在签订养老服务合同时，老年人及其家属应当留意合同中涉及双方主要权利义务等的重要条款。在入住养老机构后，老年人应当根据自己的身体状况进行各项活动，老年人家属应当履行经常与老年人沟通、探视的义务，向老年人提供精神慰藉，主动向养老机构了解老年人的身体与精神状况，向养老机构索取相关的看护照料记录并予以留存；此外，老年人家属应当保持与养老机构的联系或约定紧急情况处置方案，在出现紧急情况时，能够迅速回应，最大限度地避免老年人救治延迟、延误。

（三）进一步完善对养老机构监管，鼓励各类社会力量参与养老服务行业，并对其进行统筹与监督

加强对养老机构的运营监管，各相关部门应加强横向联系，建立常态化监管机制，加大对违法违规行为的查处力度。相关主管部门应建立健全不良信息公示平台，引入“白名单”“黑名单”公示制度，形成双向激励机制与行业示范警示效应；建立健全养老服务标准和评价体系，明确各类养老机构的服务性质、服务范围，制定并完善养老机构的建设、

设施标准及从业人员资质，提升养老机构服务质量水平。

主管单位和行业自律组织应加强行业管理和指导，制定养老服务制式合同，明确和细化合同文本中关于陪护、送医、喂药、辅助运动等服务内容；完善老年人入院评估机制，推动制定养老服务接受者身心健康状况标准和评级制度，探索由第三方卫生健康机构对老年人入院时的身心情况给予评估；将评估情况与养老服务内容衔接，根据评估等级和情况为老年人制定差异化服务方案；规范养老机构照顾护理服务材料的留存，养老机构应对老年人的照顾服务实行“一人一档”，对老年人提供服务的全流程材料进行整理和记录；探索养老服务风险社会分担机制，设计特种商业保险对养老机构经营风险进行防范和“兜底”。

鼓励、促进社区、医疗机构等各类社会力量参与养老服务产业，以建设社区驿站、医养结合等方式促进养老机构与养老服务提供方式多样化、专业化。政府以购买养老服务等政策优惠方式鼓励医养结合、智慧养老等新型养老服务模式。充分发挥养老服务行业协会自治自律和风险预警研判作用，与相关行政、司法机关加强交流与合作，作为行业调解组织对涉养老机构合同类、侵权类案件进行专门调解，推进养老服务示范合同的完善等。

（四）进一步加强司法助力，为养老服务产业的健康发展提供有力司法保障

与社会纯商业化运作的盈利模式不同，养老机构普遍带有一定的公益性质。法院在审理涉养老机构案件时，应当在严格依法审理的基础上适当兼顾各方的合理利益，避免过当加重养老机构责任；推动养老服务纠纷诉前调解工作，发挥养老行业协会的行业调解优势，对涉养老机构纠纷进行专门调解，在快速定分止争的同时，帮助相关行业提高自治能力，规范经营方式，从源头预防纠纷的产生；将精细化的诉讼服务贯穿审判工作各个环节；同时，加强对老年人的普法宣传引导，切实保障老年人合法权益。

【人民法庭工作专栏】

浙江义乌法院佛堂人民法庭
妥善预防化解涉村纠纷助推乡村善治

陈成建* 刘丹妮** 羊登梅***

浙江省义乌市人民法院佛堂人民法庭（以下简称佛堂法庭）地处中国历史文化名镇佛堂镇，法庭辖区范围包括佛堂镇、赤岸镇，辖区面积占义乌总面积的26%左右，辖区人口30余万人。妥善处理涉村纠纷，推动乡村善治，既是促进基层社会治理体系和治理能力现代化的重要内容，更是助力乡村振兴、实现高质量发展建设共同富裕示范区的重要环节。近年来，佛堂法庭高度重视涉村矛盾纠纷化解，紧密联系所辖镇街、村社，找到妥善处理涉村案件“最优解”。2020年以来，法庭受理的涉村案件数量呈逐年下降趋势，2023年1月至8月，各类涉村纠纷诉前化解率同比上升40%。

一、合纵连横，扩大纠纷治理“朋友圈”

一是全力争取党委、政府支持。联合辖区镇政府建立诉源治理“1+N”工作机制，即《诉源治理工作规范》一个总机制和《群体性矛盾纠纷化解预案》《涉村拖欠款项纠纷化解方案》《涉侵害集体经济组织成员

---

* 浙江省义乌市人民法院党组成员，副院长。
** 浙江省义乌市人民法院法官助理。
*** 浙江省义乌市人民法院法官助理。

权益纠纷化解方案》《婚姻家庭类纠纷化解方案》等若干子规范，由镇级层面下文执行，提高制度执行效力。积极推动将矛盾纠纷化解工作纳入平安村居创建考核，对涉村（社区）矛盾纠纷处理不力，造成集体财产损失或不良影响的，每起扣2分，分值排各项考核指标第二。二是充分激活村社干部潜能。紧紧抓住基层治理中坚力量即“一肩挑”的村书记，通过走村入户、集中座谈、个别约谈等形式，向村书记宣讲当前的解纷理念、诉源治理要求等，逐步改变村干部旧思想、旧观念。2022年以来，佛堂法庭先后走访佛堂镇云山村、方前村、起鸣村和赤岸镇乔亭村、朱店村、尚阳村等村社数十次，集中座谈4次，个别约谈20余人次。抢抓村级组织换届试点工作契机，由法庭庭长向辖区各村、社区新一届村两委班子成员讲授近年来涉村（居）矛盾纠纷基本情况及妥善化解方法，推动形成“矛盾不出村”的良好局面。三是广泛吸纳社会解纷力量。不断扩大调解员队伍，2023年以来，佛堂法庭及辖区镇社会治理中心新增调解员4人，纠纷诉前化解率达59.6%，同比增加9个百分点。推动辖区镇政府设立代表委员联络站2处、成立“乡贤调解团”，引导村社自治组织、德高望重乡贤老人、人大代表、政协委员等参与矛盾纠纷化解工作。2022年以来，邀请社会各界人士参与调解15人次，化解矛盾纠纷35件。

二、防微杜渐，消弭乡村治理“风险点”

一是善用示范裁判，助力规则之治。针对涉村纠纷中常见的“外嫁女”权益纠纷、土地承包经营权纠纷、租赁合同纠纷等因村规民约与法律法规存在冲突等导致的批量矛盾纠纷，选择1至2个典型案例作为示范裁判，并通过现场座谈、判后答疑、以案说法等形式，树立正确的规则导向。在处理佛堂镇赵朱村、方前村等侵害集体经济组织成员权益纠纷中，法庭通过一起示范裁判有效化解53件系列案，从而实现2022年以来涉“外嫁女”案件基本清零。二是集中类案治理，助力清廉之治。针对近年来村（居）拖欠工程款纠纷多发问题，联合镇党委、政府积极开展“新官理旧账”活动。由镇纪委牵头，以“村务清廉钉办”为载体，全面摸排辖区村社未支付工程款项情形，要求辖区所有村社限期上报，并组织相关工委、职能科室联合会商，"一案一策"制定解决方案。对因审计、流程卡顿等原因未支付工程款的，开辟绿色通道，统一由镇里委托审计后支付，对可能涉及干部违规违纪的，第一时间启动"一案双查"。2022 年以来，有效解决 9 件历史遗留案件，实质化解信访上访矛盾 3 起。三是倡导和合司法，助力道德之治。针对常见的邻里纠纷、家事纠纷等，注重将法治与德治相结合，通过积极走访当事人及周围村民、加强与村干部沟通联络、邀请了解农村习俗的调解员参与等方式，在化解矛盾纠纷的同时，弘扬社会主义核心价值观，实现法治和德治的有机统一。2021 年以来，佛堂法庭妥善化解"疫情期间义务帮工受害责任纠纷案""涉常屋'牛角'家族纠纷案""涉基本农田案""遗体存放八年未火化案"等案件，并通过巡回审判、案例宣讲等形式讲述"小案件·大道理"。

三、主动作为，争当社会治理"主人翁"

一是积极建言献策。围绕辖区内涉村（居）矛盾纠纷化解，充分发挥人民调解在推动诉源治理、化解社会矛盾方面的基础性作用，形成《关于涉村（居）矛盾纠纷化解的十条建议》，被佛堂镇党委全文采纳，形成正式文件下发到辖区各村社，武义、永康等周边县市（区）多次就该文件到辖区镇政府交流学习。针对涉村纠纷审理情况、存在问题，累计向所辖镇街制发《人民法庭工作简报（季报）》13 期，获得辖区党委、政府高度认可。针对审判过程中发现的社会治理问题，向佛堂镇政府、市场监管局、商务局等部门发送司法建议 5 份。二是大兴调查研究。以近三年全市涉村（居）民商事纠纷案件为样本，在梳理矛盾纠纷特征的基础上，详细分析涉村（居）纠纷产生的深层次原因及存在的问题、困难，提出 5 条涉村（居）矛盾纠纷化解的工作建议，形成《关于涉村（居）案件情况的调研报告》，获义乌市委领导批示肯定，并在浙江省法学会山区经济法治研究会年会论文评比中荣获一等奖。三是靠前服务指导。印发“矛盾不出村”村级操作手册，对纠纷进行分级，明确纠纷化解职责归属；完善各村调解队伍的建设，明确村矛调工作站工作流程，结合实际制定工作绩效考核办法，提升调解员积极性。充分利用调解机会，及时回应村民司法需求，对村社及村民在工作、生活中遇到的司法问题进行答疑解惑。2021 年以来，通过共享法庭、法庭开放日等活动为村（居）及辖区民众提供司法服务 300 余人次。

【理论前沿】

高空抛坠物致害情形下物业服务企业的责任承担

潘 杰* 姚宝华**

一、问题的提出

建筑物高空抛坠物致人损害，是罗马法早就规定的古老侵权行为类型①，后世也普遍认为，应当由建筑物的所有人、使用人或者管理人承担侵权责任。② 但是，现代社会高楼林立，建筑物区分所有权出现后，在高空抛坠物致害无法查明具体侵权人情形下，受害人的保护问题依据上述传统侵权行为理论无法解决。近年来，我国高空抛坠物致害事件时有发生，各地法院裁判不一。高空抛坠物行为对人们头顶安全构成重大威胁，被称为“悬在城市上空的痛”。③ 侵权责任法第八十七条首次对此作出规定，受“重庆烟灰缸案”等一些建筑物抛坠物致害案件的影响，该条文起草时，未直接规定侵权人的侵权责任，没有考虑物业服务企业的安全

* 最高人民法院民事审判第一庭法官。

** 最高人民法院执行局综合办公室主任。

① 在罗马法规定的四种准私犯中就有两种是与建筑物致人损害有关的规定，在查士丁尼《法学总论》中有规定：“某人占用一楼房，不论是自有的、租用的或借住的，而有人从楼房投掷或倾注某物，致使他人造成损害时，前者被认为根据准侵权行为负责。”参见杨立新：《对建筑物抛掷物致人损害责任的几点思考》，载《判解研究》2004 年第 2 期（总第 16 辑），人民法院出版社 2004 年版。

② 参见杨立新：《侵权责任法》，法律出版社 2020 年版，第 645~648 页。

③ 参见王利明主编：《中国民法典评注 · 侵权责任编》，人民法院出版社 2021 年版，第 410 页。

保障义务，也没有明确相关机关的调查职责，对“可能加害的建筑物使用人给予补偿”强调过多，在社会上形成了一些负面效应，导致个别机关未依法履行调查职责；可能加害的建筑物使用人不服裁判，加大了判决的执行难度；同时，由于物业服务企业责任缺失，其治理防范高空抛物的积极性未能充分调动。①

针对上述问题，民法典第一千二百五十四条在总结侵权责任法实践经验的基础上，主要作了以下修改：一是明确禁止从建筑物中抛掷物品，以规范此类行为；二是强调抛掷物品致人损害的，行为人承担侵权责任；三是明确可能加害的建筑物使用人承担补偿责任后有权向侵权人追偿；四是强调违反安全保障义务的物业服务企业应承担侵权责任；五是强调了公安等机关依法及时调查的职责。民法典实施三年来，在具体适用第一千二百五十四条时，也产生了一些争议，亟须司法解释或指导性案例予以明确。其中，最为突出的是作为建筑物管理人的物业服务企业的责任承担问题，主要涉及以下几个方面。

第一，民法典第一千一百九十八条区分了安全保障义务人的直接责任和补充责任两种责任形态，分别规定在该条的第一款和第二款。民法典第一千二百五十四条第二款规定未履行安全保障义务的物业服务企业应当承担侵权责任，其作为特殊规定，应理解为第一千一百九十八条第一款规定的安全保障义务人的直接责任，还是第二款规定的补充责任？

第二，在物业服务企业存在过错，具体侵权人已经确定的情况下，应当如何认定其与具体侵权人之间的责任形态？如果认定物业服务企业承担第一千一百九十八条第一款规定的直接责任，其与第一千二百五十四条第一款规定的具体侵权人的责任之间是何种关系？如果认定物业服务企业承担第一千一百九十八条第二款规定的补充责任，程序上如何体现补充责任人的顺位抗辩，补充责任的裁判主文应如何表述？

第三，具体侵权人无法确定时，民法典第一千二百五十四条第二款

① 参见张新宝：《侵权责任法》，中国人民大学出版社2020年版，第293页。

规定的物业服务企业的侵权责任，与第一款关于“可能加害的建筑物使用人”的补偿责任之间是何种关系，能否分别判定，承担责任有无先后顺序？

第四，“可能加害的建筑物使用人”的补偿范围应如何确定？如果违反安全保障义务的物业服务企业承担了部分责任，对于受害人受偿不能的部分是全部补偿，还是适当补偿？这涉及对民法典第一千二百五十四条建筑物使用人补偿责任的解释问题。

第五，关于物业服务企业承担责任后的追偿问题。根据民法典第一千一百九十八条第一款承担直接责任的物业服务企业没有追偿权，而根据该条第二款，因第三人行为导致物业服务企业承担补充责任的，其有追偿权。如果认可其享有追偿权，还涉及与可能加害的建筑物使用人追偿权的顺位问题。

第六，关于物业服务企业安全保障义务的内容。目前法律上仅有民法典第一千二百五十四条关于“必要的安全保障措施”的表述，由于过于原则和笼统，导致法官对于物业服务企业应尽哪些安全保障义务，应采取安全保障措施的程度，很难把握，因此，应进一步明确该安全保障义务的内容和认定标准。

针对上述问题，本文就物业服务企业的责任性质、安全保障义务内容、承担顺位及追偿权等进行分析论证，以期得出较为适当的结论，对实践有所裨益。

二、物业服务企业违反安全保障义务的侵权责任形态

违反安全保障义务的侵权责任，是一种特殊侵权责任类型，指对他人负有安全保障义务的人未按照约定或法律规定履行义务，直接或间接给他人人身或者财产权益造成损害，应当承担损害赔偿责任。① 安全保障

① 参见杨立新：《侵权责任法》，法律出版社 2020 年版，第 322 页。

义务，简称安保义务，性质上有附随义务说[1]和法定义务说[2]等不同观点，实际上，安保义务不能简单地界定为附随义务或法定义务，其实质上是判断经营者、组织者或者管理者过错的标准而已，具体内容可能源于合同的约定，也可能来自法律的规定。[3] 事实上，有时是竞合的，比如经营者的安保义务既是合同约定的义务，也是法律规定的义务。违反此义务，既可能构成侵权责任，也可能构成违约责任，被侵权人可以择一行使以救济自己的权利损害。[4] 具体到物业服务企业的安保义务，笔者认为，亦是一种竞合的义务，既是法定义务，又是合同义务。民法典第一千二百五十四条第二款规定了物业服务企业等主体的安保义务，这便是法律明确规定的义务，即法定义务。同时，物业服务合同、物业管理公约等都明确了物业服务企业等主体应采取的安全保障措施，这些均是合同义务，物业服务企业违反这些约定，不履行或履行安保义务不到位的，亦应承担相应之责任。

一般认为，违反安保义务的侵权赔偿责任有三种形态：自己责任、替代责任和补充责任。自己责任就是行为人对自己行为导致他人财产损失或人身损害自行承担的侵权责任形态，又称为直接责任。[5] 在民法典第一千一百九十八条规定的违反安保义务侵权责任的四种具体类型中，对于群众性活动的组织者或者公共场所的管理人而言，违反安保义务损害他人人身权益，自己承担责任就是自己责任；在设备设施违反安保义务

---

① 附随义务说认为，安全保障义务是合同法的附随义务。提供住宿、餐饮、娱乐、运输以及组织群众性活动之人往往与受害人订有契约，而契约义务除包括主给付义务、从给付义务外，还包括基于诚信原则而生之照顾、保护、忠实、协助等附随义务，因此安全保障义务仅为附随义务的一种。参见刘言浩：《宾馆对住客的保护义务——王某毅、张某霞诉上海银河宾馆损害赔偿上诉案评析》，载《法学研究》2001 年第 3 期。

② 法定义务说认为，经营者在其服务场所对消费者等的人身、财产安全负有保障义务是一种法定义务，来源于法律的直接规定，如消费者权益保护法第七条、第十八条，铁路法第十条，民用航空法第一百二十四条、第一百二十五条，公路法第四十三条第二款等，当然最为明确的还属侵权责任法第八十七条和民法典第一千一百九十八条的规定。参见张新宝、唐青林：《经营者对服务场所的安全保障义务》，载《法学研究》2003 年第 3 期。

③ 参见程啸：《侵权责任法》，法律出版社 2021 年版，第 521 页。

④ 参见杨立新：《侵权责任法》，法律出版社 2020 年版，第 326 页。

⑤ 参见杨立新：《侵权责任法》，法律出版社 2020 年版，第 333 页。

侵权责任、对儿童违反安保义务和服务管理违反安保义务的侵权责任中，如果单一自然人主体是行为人，就要承担自己责任。[①] 这三种具体类型主要源于民法典第一千一百九十八条第一款的规定。如果群众性活动的组织者或者公共场所的管理者是用人单位，其工作人员未履行安保义务，那么在设备设施违反安保义务的侵权责任、对儿童违反安保义务和服务管理违反安保义务的侵权责任中，这种形态实际上是替代责任，应当根据民法典第一千一百九十一条单位用工责任和第一千一百九十二条个人用工责任的规定确定侵权责任。[②] 根据民法典第一千一百九十八条第二款[③]，在违反安保义务的侵权责任中，未能防范制止侵权行为违反安保义务的一方当事人承担的损害赔偿责任，是补充责任，这里要明确，是由于第三人侵权导致被侵权人损害，但安保义务人对此有过错的，应承担相应的补充赔偿责任。[④]

仅从民法典第一千二百五十四条第二款[⑤]条文本身看，只能确定物业服务企业应承担安保义务，责任承担则指向了民法典第一千一百九十八条，但具体应承担的是该条第一款规定的直接责任还是第二款规定的补充责任，则要结合第一千二百五十四条第一款[⑥]进行判断。从该款可知，

---

① 参见杨立新：《侵权责任法》，法律出版社 2020 年版，第 334 页。

② 参见杨立新：《侵权责任法》，法律出版社 2020 年版，第 335 页。

③ 民法典第一千一百九十八条第二款规定："因第三人的行为造成他人损害的，由第三人承担侵权责任；经营者、管理者或者组织者未尽到安全保障义务的，承担相应的补充责任。经营者、管理者或者组织者承担补充责任后，可以向第三人追偿。"

④ 侵权法上的补充责任，是指两个以上行为人违反法定义务，对同一个被侵权人实施加害行为，或者基于不同的行为致使被侵权人的权利受到同一损害，各个行为人产生同一内容的侵权责任，被侵权人享有的数个请求权有顺序的区别，首先行使顺序在先的请求权，该请求权不能实现或者不能完全实现时，再行使其他请求权的责任形态。参见杨立新：《侵权责任法》，法律出版社 2020 年版，第 335 页。

⑤ 民法典第一千二百五十四条第二款规定："物业服务企业等建筑物管理人应当采取必要的安全保障措施防止前款规定情形的发生；未采取必要的安全保障措施的，应当依法承担未履行安全保障义务的侵权责任。"

⑥ 民法典第一千二百五十四条第一款规定："禁止从建筑物中抛掷物品。从建筑物中抛掷物品或者从建筑物上坠落的物品造成他人损害的，由侵权人依法承担侵权责任；经调查难以确定具体侵权人的，除能够证明自己不是侵权人的外，由可能加害的建筑物使用人给予补偿。可能加害的建筑物使用人补偿后，有权向侵权人追偿。"

第一千二百五十四条规定的情形，从物业服务企业的角度看，高空抛坠物致人损害是由第三人造成的，即存在具体侵权人，只是有时能够确定具体侵权人，有时无法确定，显然此时物业服务企业侵权责任的承担应适用第一千一百九十八条第二款，可以表述为：因第三人即具体侵权人从建筑物中抛坠物品致人损害的，由第三人承担侵权责任；未尽到安保义务的物业服务企业作为建筑物管理者承担相应的补充责任。因此，笔者认为，建筑物抛坠物致害情形下，物业服务企业违反安保义务应承担的是相应的补充赔偿责任。那么在适用第一千二百五十四条时，有无物业服务企业违反安保义务应当承担自己责任的情形，则要进一步分析。第一千二百五十四条实际上规定了两类责任：一是高空抛物致人损害责任，此时明显是有第三人侵权行为存在，物业服务企业承担的是相应的补充赔偿责任；二是坠落物致人损害。其中又可以根据能否查明具体侵权人分为两种情形：如果能够查明是特定房屋上的搁置物、悬挂物造成损害，要依据民法典第一千二百五十三条的规定由该房屋的所有人、使用人或者管理人承担侵权责任；如果不能确定具体侵权人，则应当适用民法典第一千二百五十四条规定，由违反安保义务的物业服务企业承担侵权责任，该侵权责任仍是补充责任。比如，在建筑物公共区域的外墙或者吊灯等其他归业主共有而非业主专有的物品坠落致害情形下，物业服务企业作为管理人应当依据第一千二百五十三条规定承担管理人责任，此时虽然是自己责任、直接责任，但法律依据是民法典第一千二百五十三条，而非第一千二百五十四条。因此，适用第一千二百五十四条认定物业服务企业违反安保义务应当承担的侵权责任，均为未能有效防范制止第三人侵权行为而应承担的责任，此时，根据民法典第一千一百九十八条第二款的规定承担的是补充赔偿责任。需要明确的是，物业服务企业违反安保义务的责任与物业服务企业的管理人责任的归责原则完全不同，根据第一千二百五十三条之规定，物业服务企业的管理人责任适用过错推定原则，而且是一种完全赔偿责任；而依据第一千二百五十四条的规定物业服务企业违反安保义务的责任在性质上属于过错责任，且不是完全赔偿责任，而是相应的补充责任。

三、具体侵权人明确时物业服务企业的责任顺位

如上文所述，如果高空抛坠物致人损害情形下，物业服务企业承担的侵权责任是补充责任，那么在具体侵权人能够确定的情况下，两者承担责任的顺位如何，也是实践中争议较大的一个问题，民法典并未明确规定。

根据通说，侵权补充责任的基本规则如下：第一，由于构成补充责任和直接责任竞合，被侵权人应当首先向具体侵权人请求赔偿，由具体侵权人直接承担侵权责任。如果具体侵权人承担了全部赔偿责任，则意味着终局消灭了补充责任人的赔偿责任，被侵权人不得向补充责任人请求赔偿，具体侵权人也不得向其追偿。[①] 因此，在具体侵权人能够确定时，高空抛坠物致害情况下，受害人应当首先要求具体侵权人承担赔偿，如果全部赔偿责任由具体侵权人履行完毕后，则终局消灭违反安保义务的物业服务企业作为补充责任人的赔偿责任。此时，对于物业服务企业来说，被侵权人对其的赔偿请求，具体侵权人对其的追偿请求，人民法院均不应予以支持。第二，在具体侵权人赔偿不足或者没有赔偿能力的情况下，被侵权人可以请求补充责任人赔偿，但其赔偿范围，以具体侵权人不能赔偿的部分为限，而且是“相应”的部分。所谓相应的补充责任，应当与违反安保义务人的过错程度和行为的原因力“相应”，并且仅此而已，对于超出相应部分的赔偿责任不予承担。[②] 因此，具体侵权人明确时，物业服务企业的责任是补充性的，全部赔偿责任由有能力的具体侵权人承担后，物业服务企业虽然违反了安保义务但无须实际承担赔偿责任，因为已经无补充之必要。这一责任也绝不是连带责任，这里的“补充”有两层含义：一是物业服务企业的补充责任是居于第二位的，是对第一位的具体侵权人的直接赔偿责任的补充；二是在赔偿范围上，补

① 参见杨立新：《侵权责任法》，法律出版社 2020 年版，第 335 页。
② 参见杨立新：《侵权责任法》，法律出版社 2020 年版，第 335 页。

充责任是补充性的，若具体侵权人赔偿不足，在该不足部分中，依照相应责任确定物业服务企业的赔偿责任，相应责任的范围和补充的范围均不能超出该不足部分。

在具体实践中，如果严格遵循补充责任的相关规则，应当是被侵权人首先要起诉具体侵权人，在胜诉并进行执行后，如果全部赔偿责任已经由具体侵权人履行，则其不得再行起诉物业服务企业；如果经过强制执行程序，具体侵权人无财产可供执行或仅部分履行了赔偿责任，此时，被侵权人才可以以物业服务企业为被告要求其承担违反安保义务的侵权责任。但是在司法实践中，如果照此办理，不允许被侵权人同时起诉具体侵权人和物业服务企业，不但不利于案件事实的查明，还会极大增加当事人诉累，因此，应当允许被侵权人将具体侵权人和物业服务企业作为共同被告诉至法院，人民法院在查明事实的基础上，确定具体侵权人的直接赔偿责任和物业服务企业相应的补充责任，并在裁判文书中写明，以人民法院对具体侵权人的财产依法强制执行后仍不能履行的部分为限，未采取必要安全保障措施的物业服务企业等建筑物管理人承担与其过错相应的补充责任。

四、具体侵权人不明时物业服务企业的责任顺位

根据民法典第一千二百五十四条第一款和第二款的规定，在具体侵权人无法确定时，有两个责任主体，一个是违反安保义务的物业服务企业，另一个是可能加害的建筑物使用人，前者承担的是补充责任，后者承担的是补偿责任。关于两者的责任顺位问题，民法典并未明确。

在我国，针对高空抛坠物致人损害，在政府责任、保险机制和社会救助等保障手段还不健全的情况下，由可能加害的建筑物使用人给予补偿不失为一个分担受害人损失的妥当选择。但在具体确定其与物业服务企业责任承担顺位时，应首先明确该补偿责任的性质，以便更好地进行比较分析。依据民法典第一千二百五十四条第一款的规定，经调查难以确定具体侵权人的，由可能加害的建筑物使用人给予补偿。补偿不同于

赔偿之处在于，补偿责任应当是公平补偿，据此，适当分担是可能加害的建筑物使用人在责任承担上的最大特点。

关于第一千二百五十四条规定的补偿责任之承担，学术界和实务界并无异议，但对于其性质的认识并不完全一致。有观点认为，其体现的是公平责任，[①] 有观点认为，该条体现的是双方都没有过错情形下的损失分担，可以称之为公平分担损失规则。[②] 上述两种观点的区别在于，第一种观点将公平责任作为与过错责任、过错推定责任和无过错责任相并列的归责原则，另一种观点则不将其作为一种归责原则，仅是分担损失的规则，或者说是一种侵权责任形态。[③] 从侵权责任法的起草到民法典的编纂过程看，立法者无意将公平责任规定为归责原则，仅是体现了损害后果的具体分担。[④] 实际上，第一千二百五十四条第一款规定的可能加害的建筑物使用人的补偿责任来源于民法典第一千一百八十六条[⑤]的规定，民法典第一千一百八十六条规定与侵权责任法第二十四条[⑥]有一定承继关系，但变化也很大。相同之处在于，二者都是双方没有过错情况下损失分担之规定；不同之处在于，侵权责任法第二十四条可以直接适用，而民法典第一千一百八十六条通过删除"可以根据实际情况"和增加"依照法律的规定"，使新法的条文成为一个指引条文，而不能直接适用于裁判，这是基于纠正"双方分担损失"被滥用的倾向的考虑。[⑦] 民法典第一千一百八十六条能否适用，实际上取决于其他法律的相关规定。这样的

---

① 参见程啸：《侵权责任法》，法律出版社 2021 年版，第 129~134 页；王竹：《侵权公平责任论》，中国人民大学出版社 2012 年版，第 243 页。

② 参见杨立新：《侵权责任法》，法律出版社 2020 年版，第 262 页；王利明主编：《中国民法典评注·侵权责任编》，人民法院出版社 2021 年版，第 414 页；张新宝：《侵权责任法》，中国人民大学出版社 2020 年版，第 124 页。

③ 参见杨立新：《侵权责任法》，法律出版社 2020 年版，第 262 页。

④ 参见张新宝：《侵权责任法》，中国人民大学出版社 2020 年版，第 124 页。

⑤ 民法典第一千一百八十六条规定："受害人和行为人对损害的发生都没有过错的，依照法律的规定由双方分担损失。"

⑥ 侵权责任法第二十四条规定："受害人和行为人对损害的发生都没有过错的，可以根据实际情况，由双方分担损失。"

⑦ 参见张新宝：《侵权责任法》，中国人民大学出版社 2020 年版，第 125 页。

条文也就成为没有独立意义的条文，更不可能成为“公平责任原则”的法律渊源。

由上文论述可知，物业服务企业承担的是相应的补偿责任，而根据第一千二百五十四条表述，由可能加害的建筑物使用人“给予补偿”，并未明确是全部补偿还是适当补偿。物业服务企业的补偿责任，是一种基于过错应当承担的赔偿责任，而可能加害的建筑物使用人是基于无过错分担的受害人损失，因此基于公平考虑，实践中，人民法院应当首先确定物业服务企业违反安保义务应当承担的相应的补充赔偿责任。在此基础上，受害人全部损失减去该相应的补充赔偿数额后剩余的损失，作为可能加害的建筑物使用人可能的责任范围。而如何确定其责任范围，要适用指引条文第一千一百八十六条分析判断。根据第一千一百八十六条的规定，依法律规定由可能加害的建筑物使用人和受害人分担损失，既然是分担损失，就不是由一方负担全部损失，也就是说，可能加害的建筑物使用人的“给予补偿”，不应是全部补偿，而基于损失分担的适当补偿。实践中，补偿责任主要是依据具体情形而进行补偿，其往往缺乏具体确定责任的标准，需要人民法院根据具体案件的情形综合考量，人民法院在确定补偿数额时需要考虑的因素主要包括双方的经济状况、受害人所遭受的损害、责任人的受益状况等。

综上，笔者认为，在具体侵权人不明时，违反安保义务的物业服务企业等建筑物管理人应承担与其过错相应的责任。受害人其余部分的损失，由可能加害的建筑物使用人给予适当补偿。

五、物业服务企业的追偿权

民法典第一千二百五十四条实际上规定了两种类型的追偿权：一类是明确表述的追偿权，即可能加害的建筑物使用人补偿后，对具体侵权人的追偿权；另一类是物业服务企业的追偿权，该追偿权需要综合适用第一千二百五十四条第二款和第一千一百九十八条第二款得出结论。

可能加害的建筑物使用人的追偿权是题中应有之义，如果发现了真正的具体侵权人，具体侵权人要承担赔偿责任。毕竟损害是由具体侵权人所致，只是因无法找到具体行为人，才由可能加害的建筑物使用人承担补偿责任。假如后来发现了具体侵权人，可能加害的建筑物使用人有权向其追偿，这实际上还是由具体侵权人承担责任，符合为自己行为负责的原则。相反，如果不能追偿，反而使具体侵权人逃避了责任。当然，这里要明确，行使追偿权的前提是在案件审理结束且裁判得到执行后查明了具体侵权人，在此之前，可能加害的建筑物使用人实际承担了补偿责任，该补偿是替直接侵权人支出的，该财产损失当然需要通过向侵权人追偿来填平。①

关于物业服务企业的追偿权，民法典第一千二百五十四条第二款仅规定物业服务企业应承担违反安保义务的补充赔偿责任，没有明确规定其对真正侵权人的追偿权，但第一千一百九十八条第二款规定，因第三人的行为致害的，安保义务人承担补充责任后，可以向第三人追偿。上文已有分析，在高空抛坠物致害案件中，因有具体侵权人作为第三人侵权的存在，违反安保义务的物业服务企业承担补充责任后享有追偿权。在我国立法上，第三人造成损害的情形下，安保义务人是否享有追偿权一直存在争议。《最高人民法院关于审理人身损害赔偿案件适用法律若干问题的解释》（法释〔2003〕20 号）第六条第二款第三句曾规定："安全保障义务人承担责任后，可以向第三人追偿。"但是，侵权责任法没有明确规定安保义务人的追偿权，有观点认为，这是立法者采取了回避的态度。② 民法典编纂时，面对争议，立法改变了态度，在第一千一百九十八条第二款明确规定了安保义务人对第三人的追偿权。主要理由是：一是与不真正连带责任的法理相符合，在德国，以阶层区分说为不真正连带责任的认定标准，认为距离损害更近的是第三人，第三人属于终局责任人，安保义务人可以向其追偿；二是有利于正面回应司法争议，使人民

① 参见张新宝、张馨天：《从〈侵权责任法〉第 87 条到〈民法典〉第 1254 条："高空抛（坠）物"致人损害责任规则的进步》，载《比较法研究》2020 年第 6 期。

② 参见程啸：《侵权责任法》，法律出版社 2021 年版，第 521 页。

法院在审理具体案件时有法可依。[①] 这里物业服务企业的追偿权行使又分为两种情形。一种是有明确的具体侵权人时的追偿权。对具体侵权人的财产依法强制执行后仍无法执行到位的部分，物业服务企业等根据生效裁判承担与其过错相应的补充责任并已经履行；其后，发现具体侵权人有其他可供执行的财产，此时物业服务企业等建筑物管理人可以主张追偿权。另一种是没有确定的具体侵权人时物业服务企业的追偿权。此时，与物业服务企业追偿权并存的是可能加害的建筑物使用人的追偿权，两者基于不同的法律依据承担责任并享有追偿权已无异议，但两个追偿权的顺位如何，可能存有疑义。前文已述，在具体侵权人不明时，物业服务企业和可能加害的建筑物使用人在责任认定上是有顺位的，人民法院应先认定物业服务企业的责任，在此基础上，再认定可能加害的建筑物使用人的适当补偿数额，当然，到了执行阶段，因为前者相应的赔偿责任和后者适当的补偿数额已经确定，没有执行顺位问题，可以分别予以执行。当物业服务企业或可能加害的建筑物使用人各自部分或全部履行了裁判确定的义务后，具体侵权人出现并得以确定，经人民法院裁判，两者都享有追偿权，亦是应有之义，但到了执行阶段，如果具体侵权人的财产不足以完全覆盖物业服务企业和可能加害的建筑物使用人追偿权时，应如何处理？笔者认为，物业服务企业承担的是相应的补充赔偿责任，而可能加害的建筑物使用人是根据公平原则分担受害人的损失，在具体侵权人明确后且有能力赔偿情况下，应优先考虑满足可能加害的建筑物使用人的追偿权，其后，再考虑物业服务企业的追偿权问题。当然，这两种追偿权都劣后于受害人的赔偿请求权。

六、物业服务企业安保义务的内容和判断标准

物业服务企业应否承担责任应考察其义务违反与损害发生之间是否

---

① 参见黄薇主编：《中华人民共和国民法典侵权责任编解读》，中国法制出版社 2020 年版，第 142 页。

具备相当因果关系，[①] 这一点学术界和实务界并无疑义，唯物业服务企业安保义务的内容和判断标准因民法典的规定过于笼统，实践中需进一步明确。

根据民法典第一千二百五十四条第二款之规定，制止或防止第三人实施侵权行为是物业服务企业之安保义务的主要内容，其承担行为责任而非结果责任。[②] 关于该安保义务的具体内容，目前法律上仅有民法典第一千二百五十四条关于“必要的安全保障措施”之表述，导致高空抛坠物致害案件中，物业服务企业应尽的安全保障义务有哪些，采取安全保障措施的程度如何，难以把握。何为“必要的安全保障措施”，笔者认为，核心在于“必要”二字，在法律没有明确规定的情况下，“必要”首先来源于物业服务合同的约定，该合同是物业服务企业和业主两个平等民事主体之间基于意思自治的合意行为，基于此，物业服务企业的责任就不会被任意放大。当然，“必要”又必须符合相关法律法规及物业管理规约的规定。《物业管理条例》第三十五条[③]的规定亦进一步证明，主要是基于物业服务合同的约定来确定所谓的“必要的安全保障措施”。物业服务合同在民法典合同编第二十四章有专门规定，其中第九百四十二条第一款和第九百三十七条第一款[④]的规定，可以视为是物业服务企业依据物业服务合同对业主负有的安保义务；第九百四十二条第一款也是第

---

① 参见温晓之：《物业服务人安保责任之解构与反思——以〈民法典〉第1254条第2款为中心》，载《湘江青年法学》2021年第6期。

② 参见温晓之：《物业服务人安保责任之解构与反思——以〈民法典〉第1254条第2款为中心》，载《湘江青年法学》2021年第6期。

③ 《物业管理条例》第三十五条规定：“物业服务企业应当按照物业服务合同的约定，提供相应的服务。物业服务企业未能履行物业服务合同的约定，导致业主人身、财产安全受到损害的，应当依法承担相应的法律责任。”

④ 民法典第九百三十七条第一款规定：“物业服务合同是物业服务人在物业服务区域内，为业主提供建筑物及附属设施的维修养护、环境卫生和相关秩序的管理维护等物业服务，业主支付物业费的合同。”第九百四十二条第一款规定：“物业服务人应当按照约定和物业的使用性质，妥善维修、养护、清洁、绿化和经营管理物业服务区域内的业主共有部分，维护物业服务区域内的基本秩序，采取合理措施保护业主的人身、财产安全。”

一千二百五十四条第二款“必要安全保障措施”的参照。[①]

虽然有民法典第九百四十二条第一款之参照规定，但并不清晰具体，所以在具体审判中，何为“必要的安全保障措施”，通常由人民法院自由裁量，易导致裁判标准的不统一。下一步起草相关司法解释时，可以考虑以排除和列举的形式明确物业服务企业的安保义务，或者由相关部门制定行业标准予以明确，对人民法院的自由裁量进行必要的限制，防止物业服务企业的责任被不当放大。[②] 笔者认为，“必要的安全保障措施”主要可以包括三个方面：一是安全、警示、教育措施。这些措施主要针对抛掷物致害，也针对可能的悬挂物、搁置物坠落致害。二是消除危险措施。这些措施主要针对坠落物致害，也包括特定情形下的抛掷物致害。三是高空坠物来源监控措施。随着监控技术的普遍应用和发展，安装必要的监控设备，对相关视频资料予以记录和保存，以便查清责任人，也已经是物业服务企业的通常义务。确定安保义务人承担违反安保义务责任通常主要考量三个因素，即危险来源、义务人对危险的预测和控制程度以及义务人防控危险的成本与效益关系等。[③] 因此，高空抛坠物致害案件中，人民法院判断物业服务企业是否违反安保义务也需要重点考量以上三个因素。

七、结语

民法典第一千二百五十四条第二款规定的主要目的在于鼓励与引导物业服务企业积极采取安保措施，以利于发现实际侵权人，否则应承担责任。[④] 但是在具体实践中，能否最终实现立法目的，制止和防范高空抛

---

① 王竹：《〈民法典〉高空抛物坠物责任新增规则评述》，载《厦门大学学报（哲学社会科学版）》2021 年第 3 期。

② 参见崔海涛：《专家深度研讨：高空抛坠物纠纷中，物业服务企业如何担责》，载《中国物业管理》2023 年第 4 期。

③ 参见黄薇：《中华人民共和国民法典侵权责任编解读》，中国法制出版社 2020 年版，第 140 页。

④ 参见黄薇：《中华人民共和国民法典侵权责任编解读》，中国法制出版社 2020 年版，第 335 页。

坠物致人损害事件的发生，还需要一段时间来检验。在该款的适用过程中，各地法院希望出台司法解释对相关争议予以明确。2023 年 3 月，最高人民法院就《关于适用〈中华人民共和国民法典〉侵权责任编的解释（一）（征求意见稿）》向社会公开征求意见，其中第二十条就高空抛坠物具体侵权人能够确定时物业服务企业的补充责任、顺位抗辩、法律适用及裁判主文作出规定，第二十一条就高空抛坠物具体侵权人难以确定时物业服务企业与可能加害的建筑物使用人的责任顺位和追偿作出规定，是否可行有待社会和实践检验。关于物业服务企业的追偿权和可能加害的建筑物使用人的追偿权的顺位问题，对于物业服务企业安保义务的内容和判断标准等，也有必要在总结实践经验的基础上进一步作出规范。

对抢夺、藏匿未成年子女的法律规制

王　丹*

未成年人是国家的未来、民族的希望。2020 年修订的未成年人保护法明确规定应当“坚持最有利于未成年人的原则”“给予未成年人特殊、优先保护”。特别是在第二十四条规定，“不得以抢夺、藏匿未成年子女等方式争夺抚养权”。该规定问题意识突出，价值导向鲜明，对于预防和制止此类行为将起到重要规范作用。但该条规定较为原则，没有相应的惩戒措施或法律后果，难以起到震慑作用，加之当事人法律意识淡薄，离异家庭子女抚养探望监督保护机制不健全，抢夺、藏匿未成年子女问题仍无法得到完全解决。据笔者调研了解，近年来，分居或者离婚期间抢夺、藏匿未成年子女现象存在增多趋势，由此引发一系列社会问题，也严重影响未成年子女的健康成长。如何贯彻落实好未成年人保护法的上述原则和具体规定，需要司法实践妥善应对，笔者拟就此问题作一简要分析，以求教于方家。

一、亲子关系基本理论的嬗变

亲子法实际上系近代经济社会发展的产物。在罗马法中，亲子关系项下的父权源于家长权，亲子法早期为“家本位的亲子法”，家族成员均服从家长之支配，而非服从其父之支配。随着家族制度的式微，亲子法

* 最高人民法院民事审判第一庭法官。

演进至“亲本位的亲子法”，此时，家族共同体虽废，父仍保有家父之权力。及至近世，随着欧洲启蒙运动的发展，“子女的人格和权利”得到重视，家父支配权被照料义务所取代，照料义务成为新的父母子女关系的理论基础。父母对子女的决定权有了新的含义：所谓父母对子女的权力实质系为了实现子女独立生活这一目的的工具。该理论的逻辑起点不再是父或父母的权力，而是子女与生俱来享有的基本人权；父母要帮助子女保障和发展他们的人权。德国现代子女法改革即以此为基本出发点。① 各国对亲子关系的认识也开始转变为注重对子女的保护和教养，父或父母的权利只有在履行保护及教养子女义务的情况下才得到认许，亲子法转为“子本位之亲子法”。② 根据现代亲子法的基本理论，“父母权利”并非父母子女关系法的唯一基础；儿童是基本权利和人权之载体，故父母子女关系应首先以儿童权利为基础构建。“父母权利”存在的目的，就是实现对儿童的照料和教育，以及维护其最佳利益。比如，德国 1979 年《关于重新规定父母照顾权的法律》将“父母权力”改为“父母照顾”，着重强调了父母权利的义务本质。史尚宽先生进一步认为：“亲子法既不应为亲本位，亦不应为子女本位，而应以父母子女之共同美满生活及幸福为目的，而构成社会之健全的有机的单位细胞（原则上以父母子女组成之小家庭），以谋社会之进展，即应为社会本位之亲子法。”③ 这种对亲子关系认识的视角将家庭作为社会的有机细胞，着眼于父母子女关系的和谐发展，更为全面和妥适。当然，在如何构建父母子女和谐关系的问题上，应当注重实质正义的实现，而非形式上的平等。考虑到未成年子女因为年龄和智力发育程度不足，在构建父母子女和谐关系中，应当有所侧重，要重点考虑对未成年子女利益的特殊、优先保护，按照我国未成年人保护法的要求，“尊重未成年人的人格尊严”“适应未成年人身心健康发展的规律和特点”“听取未成年人的意见”“保护与教育相结

① 参见［德］迪特尔·施瓦布：《德国家庭法》，王葆莳译，法律出版社 2022 年版，第 332~334 页。

② 参见史尚宽：《亲属法论》，中国政法大学出版社 2000 年版，第 533 页。

③ 史尚宽：《亲属法论》，中国政法大学出版社 2000 年版，第 533 页。

合”等。

在父与母的地位方面，随着男女平等观念的深入，绝大多数国家均认可，在与未成年子女关系方面，父与母的法律地位是平等的。即使父母分居，也应该尽可能维持未成年子女和父母双方的关系。我国民法典第一千零五十八条规定：“夫妻双方平等享有对未成年子女抚养、教育和保护的权利，共同承担对未成年子女抚养、教育和保护的义务。”第一千零八十四条规定：“父母与子女间的关系，不因父母离婚而消除。离婚后，子女无论由父或者母直接抚养，仍是父母双方的子女。”妇女权益保障法第七十条第一款规定：“父母双方对未成年子女享有平等的监护权。”基于上述规定，父母双方享有平等的抚养、教育、保护的权利和义务，双方因为共同责任而被联系在一起，相互协调一致地为子女利益依法履行监护职责，双方都有义务协助对方履行该义务，以共同实现未成年子女利益最大化的目标。父母分居或离婚会严重影响未成年子女，子女赖以成长的生活环境趋于分裂。他们至少要面临失去父母一方的危险，只能通过探望权继续保持联系。父母应该在充分体谅的基础上互相配合，令子女和父母双方继续保持联系，否则就会严重损害子女利益。

二、比较法研究在处理该问题上的借鉴意义

从比较法视野看，对于分居或者离婚期间抢夺、藏匿未成年子女的行为，很多国家均课以较为严格的责任，甚至被认定为犯罪。比如，在挪威，根据挪威《儿童法》第40条和《一般公民刑法典》第216条的规定，如果父母拥有共同监护权，父母一方不能在未经另一方同意的情况下将儿童转移到国外。未经拥有共同监护权的另一方家长同意而转移儿童，将构成刑事犯罪，无论转移的一方家长是非监护人还是监护人。[①] 在美国，根据美国《加利福尼亚州刑法典》第278条规定，任何无监护权的人恶意带走、引诱、保留、扣留或隐藏任何儿童，意图向合法监护人

① 载 https：//www. regjeringen. no/en/sub/child-abduction/about-international-child-abduction/child-abduction-is-a-criminal-offence/id733009/，2023年10月20日访问。

拘留或隐瞒该儿童的行为，均构成犯罪。该行为是针对儿童的父母或法定监护人的犯罪，而不是针对儿童本人的犯罪。这种犯罪行为最常在家庭暴力或父母或两个法定监护人之间产生监护权纠纷的情况下被起诉。当其中一方决定扣留儿童或隐瞒其下落以损害另一方的监护权时，就可能违反该条规定。① 在法国，此种情况被称为“父母绑架或不代理儿童”。父母绑架或不代理儿童均属侵犯父母权利（探视权、父母权威）。这可能涉及在不通知另一方父母的情况下搬家或拒绝将儿童送回惯常居所。父母绑架是指父母一方将未成年子女留在身边，即使他们本应由另一方监护。父母绑架包括以下情况：在获得探望权后拒绝将儿童送回其惯常居所；拥有通常监护权的父母拒绝将儿童留给拥有探视权的父母；拒绝将儿童留给父母，而父母必须在交替居住的框架内安置儿童；未经另一方家长同意（如果他们有探视权）且未提供新的联系方式，即与儿童一起搬家。上述情况下，即使没有就儿童监护权作出司法决定，这些行为也会受到惩罚。而且，即使未成年子女（无论年龄大小）同意与犯罪者一起离开，这些行为也会受到惩罚。此种行为达到一定严重程度，还可能被撤销亲权。根据法国相关法律规定，发生上述情况的，可以联系家庭事务法官，如果已经作出关于儿童监护权的司法决定，家庭事务法官可以为了儿童的利益修改父母另一方的权利；可以请求当地政府反对出境（该程序禁止儿童未经父母双方同意离开法国。这是在担心即将发生绑架的情况下采取的紧急程序。有效期为十五天，且不可续订）；还可以向家庭事务法官请求禁止出境。禁止孩子在未经父母双方同意的情况下离开法国（该禁令将一直有效，直到儿童达到成年年龄为止。这不是紧急程序）。②

我国1991年批准加入联合国《儿童权利公约》。该公约在序言中提到，为了充分而和谐地发展儿童的个性，应当让儿童在家庭环境里，在幸福、亲爱和谅解的气氛中成长。儿童因身心尚未成熟，在其出生以前

---

① 载 https：//www.egattorneys.com/domestic-violence/child-abduction-california-penal-code-278/，2023年10月20日访问。

② 载 https：//www.service-public.fr/particuliers/vosdroits/F1191，2023年10月20日访问。

和以后均需要特殊的保护和照料，包括法律上的适当保护。第 9 条进一步规定："1. 缔约国应确保不违背儿童父母的意愿使儿童与父母分离，除非主管当局按照适用的法律和程序，经法院审查，判定这样的分离符合儿童的最大利益而确有必要。在诸如由于父母的虐待或忽视、或父母分居而必须确定儿童居住地点的特殊情况下，这种裁决可能有必要。……3. 缔约国应尊重与父母一方或双方分离的儿童同父母经常保持个人关系及直接联系的权利，但违反儿童最大利益者除外。"

我国虽然尚未加入《国际儿童诱拐民事方面的公约》（以下简称《诱拐公约》），但是，根据未成年人保护法的规定，抢夺、藏匿未成年子女是违法行为，应当坚决防范和打击。《诱拐公约》确立的主要机制即返还儿童机制对贯彻实施好未成年人保护法的上述规定，具有重要借鉴意义。所谓"返还儿童机制"，即任何情况下都必须恢复诱拐发生前的状态，不让违法一方从中获益。根据《诱拐公约》规定，能被返还的儿童需要满足四个条件：一是该儿童必须不满 16 岁；二是该儿童被非法带走或扣留侵犯了父母中另一方的监护权；三是监护权必须是正常行使状态；四是该儿童必须从其惯常居所被带走。同时，《诱拐公约》还规定了三种返还例外情况：一是相关诉讼程序是自儿童被非法带走或扣留之日起一年期满之后开始，如果能证明该儿童现已转居于新的环境之中；二是在带走或扣留儿童时，应当照顾该儿童的个人、机构或者其他团队实际上并未行使监护权，或对带走或留住已经事先同意或事后默认；三是儿童拒绝返回，且该儿童已经达到适宜考虑其观点的年龄及成熟程度。在抢夺、藏匿未成年子女的情况下，抢夺、藏匿未成年子女一方一般是试图通过单方强制改变儿童的惯常生活环境，改变既存的抚养状态，并试图使此种非法事实状态合法化。而未成年子女的成长和身心发育是不可逆的，尤其是对于低龄儿童来讲，较长时间的分离将严重伤害亲密的亲子关系。简洁快速地"返还儿童"是避免发生此种伤害的最有效方法。因此，应基于该思路处理相关问题，即先不考虑监护权纠纷和离婚纠纷的实体处理问题，先快速有效恢复儿童的惯常生活状态。

三、当前抢夺、藏匿未成年子女的表现及危害

从当前司法实践看，抢夺、藏匿未成年子女主要发生在以下两种情形：一是在分居或离婚诉讼期间，将未成年子女带离现居住地或藏匿。根据离婚纠纷案件大数据分析，婚龄一年至四年为离婚高峰阶段，而这一阶段未成年子女的年龄一般在0至3周岁。父母离婚导致未成年子女抚养方式发生变化，由过去的双方共同抚养变为夫妻一方抚养、另一方给付抚养费并可以进行探望。有些父母不能正确看待此种抚养方式的变化，意图通过抢夺、藏匿方式造成既成事实，以便在离婚纠纷确定直接抚养权中占得先机。也有些是父母双方基于自身恩怨和情感纠葛，通过此种方式泄愤、惩罚对方或者在离婚、分割夫妻共同财产时将未成年子女作为工具和筹码。基于上述种种情形，在分居或离婚诉讼期间，一方自己或伙同其近亲属抢夺、藏匿未成年子女，导致对方无法接触未成年子女，造成未成年子女与藏匿方共同生活时间长久的假象。也因为该种违法行为在一定时间内得不到纠正，子女已成长至2周岁，从而架空民法典第一千零八十四条第三款关于离婚后，不满2周岁的子女，以由母亲直接抚养为原则的规定。二是离婚后阻碍另一方探望未成年子女或将未成年子女带离，导致判决无法执行。根据民法典第一千零八十六条第一款的规定，离婚后，不直接抚养子女的父或者母，有权利探望子女，另一方应当履行协助义务。有些父母不能正确认识到协助对方探望未成年子女是其法定义务，基于其已经获得直接抚养子女的权利，阻挠对方接触孩子，导致探望权执行出现障碍；还有的父母由于离婚诉讼中丧失了直接抚养的权利，转而通过暴力方式抢夺、藏匿未成年子女，导致生效判决无法履行，获得直接抚养权的一方当事人不得不长期忍受亲子分离的痛苦。

未成年子女的健康成长既需要父爱也需要母爱，这是未成年子女作为独立个体享有的基本人格权益。抢夺、藏匿未成年子女虽然形式上是父母双方的对抗，但未成年人保护法之所以对此专门予以规制，实际上

最主要的还是因为该行为侵害了未成年子女的利益。只是未成年人的利益诉求表达很难为社会公众所知悉。有些未成年子女因长期被藏匿和辗转各地，被迫颠沛流离，居无定所，他们无法得到正常的生活和教育，随之而来的心理障碍、缺乏安全感都将影响他们的一生。有的父母抢夺、藏匿未成年子女后无心无力照料，造成未成年人子女健康隐患或者成为留守儿童；有的父母给未成年子女灌输仇视对方的思想，不能正确看待与父母的关系，而另一方因无法见到孩子备受煎熬，也可能作出过激的行为，加剧矛盾纠纷，使得未成年子女的身心健康进一步受到损害。此外，因抢夺、藏匿未成年子女形成既成共同生活事实，也使人民法院在离婚纠纷中确定直接抚养权时审理难度加大。

四、司法审判面临的困境

目前，针对抢夺、藏匿未成年子女问题，实践中虽然在个别案件上有所突破，但尚未形成严密的法律保护机制，主要体现在以下几个方面。

第一，违法行为难以得到及时纠正。父母一方存在抢夺、藏匿行为时，另一方往往第一时间选择的是报警，但是公安机关一般将此作为家庭纠纷对待，而不作进一步处理。当事人依靠自身力量往往很难及时查找到未成年子女的下落，即使知道，也很难通过自力救济方式实现对自身权益的保护。

第二，监护权保护落实不到位。现行法律对抢夺、藏匿子女的侵权责任无明确规定。如前所述，根据民法典和妇女权益保障法的规定，父母是未成年子女的监护人，双方平等享有监护权。抢夺、藏匿未成年子女行为给对方造成了巨大的心理伤害，不仅造成亲子分离的人间悲剧，也严重损害未成年人的身心健康。但对该类违法行为的惩罚力度较弱。例如，法院对藏匿未成年子女的违法行为人采取强制措施时，常因找不到行为人而无法实施，此其一；其二，即使找到行为人，从案件执行的角度来看，抚养权属于人身权利，与财产的执行不同，无法直接强制执行，考虑到如果对父母一方追究刑事责任，反而可能影响未成年子女的相关权益。因此，司法实践中很少有追究刑事责任的实例。

第三，抚养权纠纷难处理。如果当事人双方提出离婚，抢夺、藏匿未成年子女的一方一般会提出直接抚养未成年子女。如前所述，由于没有及时纠正违法行为，导致未成年子女长期与抢夺、藏匿一方共同生活，形成既成事实，而根据《最高人民法院关于适用〈中华人民共和国民法典〉婚姻家庭编的解释（一）》［以下简称《民法典婚姻家庭编司法解释（一）》］第四十六条规定，未成年子女随哪一方生活时间较长、不改变其生活环境是判断是否获得直接抚养权优先考虑的因素。虽然该生活状态系非法行为导致，但是，未成年子女尤其是低龄未成年子女并不理解其中违法和合法的意义。因此，如果父母一方仍然采取此种方式，客观上形成孩子生活环境稳定的事实，在涉及抚养权纠纷时，法院很难对这种行为进行认定，可能会基于不改变未成年子女生活环境以及执行便利的考虑，使得抢夺、藏匿未成年子女的一方更易获得直接抚养权，这反而进一步加剧该种不法现象。

第四，探望权执行难。离婚判决生效后，仍存在拒不履行判决义务的情况。目前，离婚判决强制执行仍面临很多困难。一是案外因素的介入导致矛盾纠纷激烈复杂。抢夺、藏匿未成年子女往往伴随着激烈的婚姻矛盾。离婚双方积怨深、矛盾大，有时还存在报复心理，将拒绝探望当成报复、惩罚对方的武器。如果贸然采取罚款、拘留等强制措施，易进一步激化矛盾，加剧对抗。同时，调研发现，抢夺、藏匿未成年子女多有（外）祖父母或者其他亲属参与其中，甚至出现“流动藏匿”的情形，导致未成年子女“下落不明”，协助执行义务人难以确定。二是权利的长期性导致案件容易反复、变化。一方面，在法院执行时，藏匿方通常会予以配合，但案件执结后，藏匿方又会以各种借口拒绝另一方探望，导致案件重复；另一方面，随着时间推移和父母双方条件的变迁，原判决考虑的因素可能发生根本性变化，导致当时确定的探望权基础发生重大变化而无法执行。三是未成年人利益考量制约执行措施的强制性。探望权案件执行的标的既是行为又是人身权利，最有利于未成年人原则是此类案件执行的重要考量。如果对被执行人采取强制措施或者动用刑事制裁手段，会给未成年子女的健康成长带来不利影响。另外，随着子女的成长，其独立意志逐步形成，若抚养方挑拨未成年子女与探望方的关系，容易使未成年子女因父母离异产生强烈的自卑感，甚至怨恨或抵触父母，拒绝探望。当前，在此类案件中，拒不执行判决、裁定罪的适用一般被限制在对财物和行为的执行上，在法律手段上只能向负有履行义务的一方施加压力，而不能通过强制措施把未成年子女直接交给另一方，常常致使判决难以获得有效执行。同时，也存在另一方基于生效判决享有的探望权因抢夺、藏匿行为而无法实现。这不仅无法保护当事人的合法权益，导致矛盾纠纷久拖不决，也严重损害了司法权威。

五、措施及建议

根据未成年人保护法第六条的规定，国家机关、社会组织、城乡基层群众性自治组织、未成年人的监护人以及其他成年人等，都有保护未成年人的责任。对未成年人的保护是社会性的系统工程，需要各部门合力解决，在制止抢夺、藏匿未成年子女方面，尤其需要公安机关加大执法力度。抢夺、藏匿未成年子女不是简单的家庭纠纷，而是一种严重侵害未成年子女人格权益和父母另一方监护权的违法行为，甚至有可能构成犯罪。当事人向公安机关报警的，公安机关应当第一时间依职权帮助当事人了解未成年子女下落，固定证据，同时向当事人进行普法教育，告知其可能产生的法律后果和承担的法律责任，情节严重的，可以发出告诫书。从司法工作角度，笔者从以下几个方面提出解决问题的思路。

（一）适用人格权行为禁令或人身安全保护令制度，及时快速纠正不法行为

基于对抢夺、藏匿未成年子女情况的分析，笔者认为，解决该问题的核心和前提是做到及时快速制止不法行为，如此，才能做到对儿童伤害最小，并阻止和限制行为人“以时间换空间”。目前的制度工具有人格

权行为禁令制度和人身安全保护令制度。民法典第九百九十七条规定："民事主体有证据证明行为人正在实施或者即将实施侵害其人格权的行为，不及时制止将使其合法权益受到难以弥补的损害的，有权依法向人民法院申请采取责令行为人停止有关行为的措施。"人格权行为禁令是在人格权受到侵害的紧急情况下通过采取事先预防性保护，避免权利主体受到难以弥补的损害，针对违法行为人发出的一种命令。该制度是人格权保护事先预防大于事后赔偿基本理念的具体体现。根据民法典第一千零一条的规定，对自然人因婚姻家庭关系等产生的身份权利的保护，没有法律规定时，可以根据其性质参照适用民法典人格权编人格权保护的有关规定。父母对未成年子女抚养、教育和保护的权利是一种重要的身份权，根据上述规定，对于身份权的保护，在相关法律没有明确规定的情况下，可以参照适用人格权保护的有关规定。故而，笔者认为，从体系解释的角度看，当事人因身份权受到侵害而向法院申请人格权行为禁令的，人民法院应予受理并依法作出裁定。此外，抢夺、藏匿未成年子女也是对未成年子女本人身心健康的重大侵害，考虑到"人身安全保护令是人格权行为禁令针对家庭暴力行为的具体化特殊化适用，是为有效保护受害人的生命权、身体权、健康权等人格权，由法院依法责令行为人停止家庭暴力侵害行为的一种命令制度。虽然从法律施行时间看，规定人身安全保护令的反家庭暴力法先于规定人格权行为禁令的民法典，但从两者内在逻辑关系看，人格权行为禁令与人身安全保护令属于一般与特殊的关系"[①]，因此，也可以考虑将此种行为纳入人身安全保护令制度范畴。《江苏省反家庭暴力条例》即将"禁止抢夺、藏匿未成年子女"作为人身安全保护令措施之一，可兹参考。此外，必须要考虑到该种行为的特殊性，这涉及人身权的强制执行，而且需要将对未成年子女的影响降到最低，因此，在签发人格权行为禁令或者人身安全保护令过程中，应当加大调解力度，鼓励自愿返还。如果义务人不按照法院签发的禁令

---

① 林建军：《人身安全保护令的性质与内容》，载《法律适用》2022 年第 7 期。

要求去履行，可以将其列入失信被执行人名单，同时，参照反家庭暴力法第三十四条规定，由人民法院给予训诫，并可以根据情节轻重处以罚款或拘留，情节严重的，还可以按照拒不执行判决、裁定罪予以处罚。如此，将对抢夺、藏匿未成年子女的行为予以强大的法律威慑，保障未成年人保护法第二十四条规定得以真正贯彻落实。

（二）依法受理监护权纠纷并强化民事责任承担

监护权纠纷是指因行使监护权而发生的民事争议，主要是监护权人认为其依法行使的监护权被他人侵害时所引发的纠纷。“实践中，往往会出现没有监护权的人越过监护权人从事这些行为，可能形成对监护权的侵犯；也有可能出现监护人不履行监护职责，或者侵害了被监护人的合法权益的情形。因此形成纠纷，诉至法院的，均可以确定为监护权纠纷。”[①] 根据民法典第三十四条第二款、第三款的规定，监护人依法履行监护职责产生的权利，受法律保护。同时，监护人不履行监护职责或者侵害被监护人合法权益的，亦应当承担法律责任。如前所述，父母一方抢夺、藏匿未成年子女使另一方无法与未成年子女交往，进而无法对未成年子女进行抚养、教育和保护的行为，不仅侵害了父母一方的监护权，而且，因强制未成年子女不与父母另一方交往，也侵害了被监护人的合法权益。此时，父母另一方以监护权纠纷为由提起诉讼的，人民法院应予受理并依法裁判。关于侵害监护权应当承担的民事责任，根据民法典第一千零一条的规定，在没有其他法律规定的情况下，可以参照适用人格权保护的有关规定。民法典第九百九十五条明确规定，侵害人格权的，应当承担民事责任。因此，当事人以监护权纠纷提起诉讼请求侵权人承担民事责任的，可以参照民法典的上述规定处理。关于具体的责任形式，根据民法典第一百七十九条的规定，在抢夺、藏匿未成年子女的情况下，行为人承担民事责任的方式包括停止侵害、排除妨碍、赔偿损失、赔礼

---

① 杨万明主编、最高人民法院研究室编著：《最高人民法院新民事案件案由规定理解与适用》，人民法院出版社 2021 年版，第 125 页。

道歉等，上述方式可以单独适用，也可以合并适用。同时，笔者认为，根据《最高人民法院关于确定民事侵权精神损害赔偿责任若干问题的解释》第二条的规定，监护权受到侵害的，受害人可以请求精神损害赔偿。虽然该条一般是适用于监护人以外的他人侵害监护权的情形，但在条文表述上并未限制侵权人的范围。因此，作为监护人之一的父或者母因履行监护职责产生的权利受到侵害时，可以将该条作为法律依据，请求精神损害赔偿。

（三）离婚纠纷确定直接抚养权时应当将抢夺、藏匿未成年子女作为对行为人的不利因素予以考量

根据民法典第一千零八十四条的规定，父母与子女间的关系，不因父母离婚而消除。离婚后，子女无论由父或者母直接抚养，仍是父母双方的子女。离婚后，父母对于子女仍有抚养、教育、保护的权利和义务。离婚后，不满 2 周岁的子女，原则上由母亲直接抚养。已满 2 周岁的子女，父母双方对抚养问题协议不成的，人民法院根据双方的具体情况，按照最有利于未成年子女的原则判决。一般所称的抚养权实际上仅指直接抚养权，即与子女一起生活的权利，不直接抚养子女的一方并没有失去监护权。在离婚纠纷确定子女由哪一方直接抚养时，最基本和重要的原则应当是最有利于未成年子女原则。未成年子女根据年龄具体可分为以下三类：（1）不满 2 周岁的未成年子女。该年龄段的未成年子女多数还处在母乳喂养期，基于婴儿生长发育的利益考虑以及母亲与婴儿天然的联系和情感连接，原则上由母亲直接抚养更有利于未成年子女的健康成长。除《民法典婚姻家庭编司法解释（一）》第四十四条规定的情形外，一般应当判决由母亲直接抚养。当然，要明确另一方具体的探望时间、地点、方式等，依法保障其探望权。（2）已满 2 周岁不满 8 周岁的未成年子女。实践中常出现的情况是，抢夺、藏匿行为发生在未成年子女 2 周岁以前，但是在离婚纠纷审理或判决时孩子已经满 2 周岁，此时应当考虑更多的因素，包括《民法典婚姻家庭编司法解释（一）》第四十

六条、第四十七条规定的各种情形。此外，笔者认为，从正面角度，还应当考虑以下因素：一是未成年子女的年龄、性别、人数及健康情况；二是子女的真实意愿以及人格发展的实际需要；三是父母的年龄、职业状况、道德品行、健康情况、经济负担能力及生活状况；四是父母在保护子女事项上意愿是否强烈、态度是否坚决；五是父母与子女间的感情状况、陪伴时间长短、陪伴质量状况等。从负面角度，应当对抢夺、藏匿未成年子女行为予以否定性评价。如果父母双方各方面条件相当，一方存在下列行为的，应当优先考虑由另一方直接抚养：一是未经另一方同意，擅自或以暴力抢夺等方式，致使另一方较长时间脱离对该未成年子女的监护的；二是通过藏匿的方式阻碍另一方行使对未成年子女的监护权的；三是阻碍或者限制另一方探望未成年子女的。需要特别强调的是，笔者认为，为弘扬良好社会风尚和价值导向，在抚养纠纷中，应客观看待通过抢夺、藏匿等违法方式形成长期与未成年子女共同生活的事实，或者通过藏匿、控制、诱导未成年子女表达愿意随其共同生活意愿的行为，法律应在不损害未成年子女利益的情况下，对其予以否定性评价。尽管抢夺、藏匿行为可能是出于一方希望与未成年子女长期共同生活的良好愿望，表现形式是爱，但该种行为本身体现了行为人不能理性地处理问题，而是情绪化、以极端方式处理家庭矛盾，存在一定暴力倾向，同时，也更多地体现了其将未成年子女作为“私有财产”的自私想法，而不是从未成年子女本身情感需求角度考虑。因此，由其直接抚养未成年子女，从长远来看，不一定是最有利于未成年子女的。（3）已满8周岁的未成年子女。根据联合国《儿童权利公约》和我国未成年人保护法的规定，尊重未成年子女真实意愿是贯彻最有利于未成年人原则的重要体现。民法典也明确规定了在父母离婚纠纷中，确定子女由哪一方直接抚养时，应当尊重其真实意愿。关于如何判断未成年子女的意愿是否真实，审判实践中需要注意的是，在听取其意见时，应当充分考虑身心尚不成熟的未成年子女较长时间与抢夺、藏匿一方共同生活使其不易判断如何真正最有利于自身利益，还应当充分考虑未成年人身心处于弱势地位的特点，提供能让其感到放松的适宜环境，采用未成年人能够理解的问询方式，要特别注重保护其隐私和安全。必要时，可以引入心理评估、妇女儿童权益第三方调查等机制，以确保在不受外界干扰和误导的情况下，准确辨别未成年人的真实想法。

有观点认为，只要一方存在抢夺、藏匿未成年子女行为，就应当判决由另一方直接抚养或者变更原来的抚养关系。对此，笔者认为，该种观点实际上是从惩罚行为人、保护另一方权益的角度出发，而不是从未成年子女利益最大化角度出发。如前所述，处理子女抚养关系的基本原则是最有利于未成年子女原则，因此，不能简单地通过此种方式确定直接抚养权而不考虑未成年子女的利益，而应当综合考虑双方各方面条件。要特别注意的是，在离婚纠纷中抢夺、藏匿未成年子女问题不仅涉及情感、心理因素，还掺杂着双方的其他利益考量。不管将直接抚养权判归夫妻中哪一方，都并非解决抢夺、藏匿未成年子女问题一劳永逸的办法。在离婚纠纷中确定子女直接抚养权时，应以未成年人利益最大化为原则，综合考虑各种情形。一方面，不宜绝对因一方抢夺、藏匿未成年子女即否认其直接抚养权；另一方面，因一方抢夺、藏匿行为不利于未成年子女身心健康，应将此行为作为不利于未成年子女利益的重要因素，在同等条件下优先考虑由另一方直接抚养。未成年人保护法第一百一十六条规定："国家鼓励和支持社会组织、社会工作者参与涉及未成年人案件中未成年人的心理干预、法律援助、社会调查、社会观护、教育矫治、社区矫正等工作。"因此，在处理该类纠纷时，应当注重通过家事调查、心理疏导等更多柔性手段，加强事前预防、事中干预、事后惩戒等。简单地一判了之有时可能反而激化矛盾，最终损害未成年子女利益。此外，如果抢夺、藏匿未成年子女行为导致夫妻感情破裂，人民法院在离婚分割夫妻共同财产时，亦应当根据民法典第一千零八十七条规定，按照照顾无过错方权益的原则进行判决。

当然，即便确定由抢夺、藏匿一方直接抚养，也要通过发放家庭教育指导令等方式，让该方认识到父母对未成年子女负有共同的抚养、教育和保护权利和义务，剥夺另一方行使监护权的行为是违法的。根据未成年人保护法第一百一十八条的规定，未成年人的父母或者其他监护人不依法履行监护职责或者侵犯未成年人合法权益的，由其居住地的居民委员会、村民委员会予以劝诫、制止；情节严重的，居民委员会、村民委员会应当及时向公安机关报告。公安机关接到报告或者公安机关、人民检察院、人民法院在办理案件过程中发现未成年人的父母或者其他监护人存在不依法履行监护职责或者侵犯未成年人合法权益情形的，应当予以训诫，并可以责令其接受家庭教育指导。2023 年 5 月，最高人民法院联合全国妇联共同发布的《关于开展家庭教育指导工作的意见》中也规定，未成年人的父母或者其他监护人违反未成年人保护法第二十四条的规定，侵犯未成年人合法权益的，人民法院应当予以训诫，并可以要求其接受家庭教育指导。同时，保护另一方的探望权，如果直接抚养一方拒绝另一方行使探望权，应当依法承担法律责任，人民法院应向其释明协助另一方依法行使探望权是其法定义务，履行该义务的最终目的不仅是实现对方的探望权益，更重要的是保障未成年子女的健康成长。

（四）创新抚养权、探望权执行方式

根据民法典第一千零八十六条第一款规定，离婚后，不直接抚养子女的父或者母，有探望子女的权利，另一方有协助的义务。协助对方行使探望权是直接抚养子女一方的法定义务。未成年人保护法第二十四条第二款也规定，未成年人的父母离婚后，不直接抚养未成年子女的一方应当在不影响未成年人学习、生活的情况下探望未成年子女，直接抚养的一方应当配合，但被人民法院依法中止探望权的除外。如前所述，针对已经生效的离婚判决，实践中主要存在两种情况：一种是离婚后，直接抚养方藏匿子女不允许对方探望，这涉及有关探望权生效判决的执行问题；另一种是离婚后未获得直接抚养权的一方抢夺、藏匿未成年子女，导致获得直接抚养权的一方无法实现生效判决确定的权利。抚养权、探望权纠纷既涉及身份关系，又涉及对行为的执行，一直是人民法院执行

工作的难点。实践中，往往还掺杂诸多情感、心理因素等，情况十分复杂，一旦处理不好，容易激化矛盾，甚至发生极端案事件。根据《民法典婚姻家庭编司法解释（一）》第六十八条的规定，对于拒不履行协助探望义务的有关个人或者组织，人民法院只能依法采取拘留、罚款等强制措施，但是不能对子女的人身、探望行为进行强制执行。该条明确对探望行为不能直接强制执行，但可以通过拘留、罚款等间接强制的方式。现行法律虽然没有直接将抢夺、藏匿未成年子女导致抚养权、探望权判决无法执行的行为规定为拒不执行判决、裁定犯罪的情形，但法律、司法解释的现有规定可以适用于上述拒不履行行为，且适用的行为主体比较广泛。刑法第三百一十三条关于拒不执行判决、裁定罪中“对人民法院的判决、裁定有能力执行而拒不执行”，包括拒不履行判决、裁定中确定的特定行为义务。同时，根据民事诉讼法（2021 年修正）第一百一十四条的规定，诉讼参与人或者其他人拒不履行人民法院已经发生法律效力的判决、裁定的，人民法院可以根据情节轻重予以罚款、拘留；构成犯罪的，依法追究刑事责任。《全国人大常委会关于〈中华人民共和国刑法〉第三百一十三条的解释》明确规定：协助执行义务人接到人民法院协助执行通知书后，拒不协助执行，致使判决、裁定无法执行的，属于拒不执行判决、裁定罪“有能力执行而拒不执行，情节严重”的情形。根据《最高人民法院关于审理拒不执行判决、裁定刑事案件适用法律若干问题的解释》第一条的规定，被执行人、协助执行义务人等负有执行义务的人对人民法院的判决、裁定有能力执行而拒不执行，情节严重的，应当以拒不执行判决、裁定罪处罚。同时，根据《最高人民法院关于适用〈中华人民共和国民事诉讼法〉的解释》第五百零三条的规定，被执行人不履行法律文书指定的行为，且该项行为只能由被执行人完成的，人民法院可以根据情节轻重予以罚款、拘留；构成犯罪的，依法追究刑事责任。因此，从现行法律、司法解释规定的解释看，将极少数被执行人拒不履行抚养权、探望权生效裁判，造成严重后果或者恶劣影响，或者情节十分严重的，依照拒不执行判决、裁定罪定罪处罚，有法律依据。

当然，刑事手段应当慎重适用，不到万不得已，不宜采取刑事手段。对于情节较轻的抢夺、藏匿行为，可以依法给予其他处罚。否则，可能既无助于解决纠纷，又恶化亲子关系，也不一定符合子女意愿。因此，笔者认为，对于此类执行难问题，首先，要注重审执联动，加强释法说理，视情开展家庭教育指导，通过家事调解、心理疏导等柔性手段，尽量化解双方矛盾，促进达成抚养子女的共识。让父母双方意识到离婚后子女仍是父母双方的子女，未成年子女的健康成长，既离不开父爱，也离不开母爱，从源头上解开当事人的心结。其次，要完善探望权执行机制，包括与民政部门或妇联组织合作，推动建立及时介入、抚养探望跟踪、抚养探望监督人等制度机制。据笔者了解，一些地方采取了积极的应对措施，取得了良好成效。比如，广东省佛山市顺德区“多模式+云记录”抚养探视机制，在涉子女抚养探视的离婚案件审结后，离婚双方登录抚养探视手机应用或小程序，就探视对象、时间、接送地点进行沟通，全程留痕，人民法院可据此对不履行或履行不到位的责任一方依法处理。对于少数拒不履行抚养权、探望权生效裁判的被执行人或者协助执行义务人，造成严重后果或者恶劣影响，或者情节十分严重，通过强制执行手段仍无法解决的，一些地方法院也尝试以拒不执行判决、裁定罪解决离婚后抢夺、藏匿未成年子女的问题，将离婚藏匿子女案件移交公安机关依法审查立案，对当事人果断采取刑事拘留措施，使得抚养权、探望权生效判决得以顺利执行。

发挥司法能动作用 积极稳妥推进算法司法规制问题理论综述

危浪平* 张一宸** 王懋祺***

算法是指随着社会发展和科技进步产生的一种自动化决策机制。技术人员通过代码设置、数据运算与机器自动化判断进行决策，极大提升经济效率、发展社会生产力。但因为技术滞后性等客观原因或者算法设计者主观原因，算法往往会作出不合理甚至不合法的决策，从而侵害算法用户合法权益，引发矛盾纠纷，故此产生算法司法规制的客观需要。

围绕算法司法规制，理论界产生如下三个层面的争论：第一个层面是算法规制的必要性与正当性，即是否应该规制算法。在这一层面，理论界已经形成普遍共识，即算法运用在个人信息保护、竞争秩序维护、劳动者权利保障等多个场景下都引发了法律与社会问题，应当予以审慎规制。第二个层面是算法规制的适当方式，即应该如何规制算法。在这一层面，目前理论界共识并不明确，分歧较大。以规制算法的逻辑时间为分类依据，可以将算法规制分为事前规制与事后规制。事前规制致力于查明算法的作用机制，在接入处保证算法在使用之初就合理正当。事前规制提倡算法透明原则以及由算法透明原则衍生的算法解释权、算法

* 最高人民法院民事审判第一庭综合办主任。
** 最高人民法院民事审判第一庭法官助理。
*** 最高人民法院民事审判第一庭法律实习生。

备案等制度，认为算法使用者有义务披露自己使用的算法基本信息。[①] 事后规制则注重分配算法责任，即解决在算法使用出现问题后，责任如何分配的问题。事后规制支持者认为事前算法透明既不可能也不正当，求诸责任追究才是规制算法的正确方案。[②] 第三个层面是算法规制在司法层面应当如何落实，即司法如何回应算法法律风险挑战。理论界在这一层面的研究目前推进得相对缓慢，许多争议也未达成共识，但很多学者就在司法如何规制算法也提出了不少富有启发性的意见，本综述也将对这部分意见进行归纳整理。

一、算法规制的必要性与正当性研究

（一）算法规制的必要性

算法规制的必要性在于，法律越来越难以应对算法应用所导致的问题，进而出现诸多社会问题。这些问题主要由算法“自动化决策”这一特性所导致，并体现为下述几个方面。

第一，算法给予不同用户差别待遇，损害消费者与利益相关者的财产与人身权利。在理论上，算法差别待遇是算法在应用过程中出现的第一个问题，这被学者归纳为“算法歧视”。综观相关研究，“算法歧视”概念纳入了两类构造相同但是性质迥异的歧视。一类是反垄断法语境下的价格歧视。其主要表现为“千人千价”式的大数据杀熟，其本质是经营者滥用市场支配地位，借助人工智能技术实施差别待遇，排除、限制市场竞争。[③] 一类是平等权语境下的身份歧视。这类歧视源于个人内心偏见，呈现为基于性别、残障、种族、传染病病原携带等特定群体身份实

---

① 参见汪庆华：《算法透明的多重维度和算法问责》，载《比较法研究》2020 年第 6 期。

② 参见沈伟伟：《算法透明原则的迷思——算法规制理论的批判》，载《环球法律评论》2019 年第 4 期。

③ 参见廖建凯：《“大数据杀熟”法律规制的困境与出路——从消费者的权利保护到经营者算法权力治理》，载《西南政法大学学报》2020 年第 1 期。

施的区别对待或者造成的区别影响。①

第二，垄断者通过算法合谋，达成垄断协议，损害竞争秩序。无论是明示的还是默示的共谋，通过对收集的海量数据进行算法处理的自动定价，可能会导致价格高于竞争水平、损害竞争秩序。② 算法应用提升了市场透明度与经营者之间互动交流的频率，降低了达成共谋所需要的市场条件，使得经营者更容易在无任何正式协议或者人际互动的情况下实现或者维持共谋。③

第三，算法对网络信息进行不当自动化推荐、排序，诱导用户沉迷，侵害著作权、人格权等权利。网络服务经营者通过人工智能和算法技术掌握用户的使用偏好，并根据该偏好向用户推送内容信息，已经成为一种新的经营模式。该模式存在两个问题：一是互联网诱导行为的普遍发生。算法往往基于用户习惯，对特定用户进行针对性诱导，使得网络用户沉迷在"信息茧房"之中。④ 二是在网络侵权现象愈发严重，网络平台推荐算法机制的运用使得许多本身侵犯著作权的作品被广泛推送，著作权侵害的范围增大、程度加深，使得网络平台更加具有帮助侵权的特点。⑤

第四，算法控制平台用工，损害劳动者权利。新业态背景下，劳动管理算法作为调度决策类算法典型应用场景之一，被广泛应用于外卖快递、网约车等行业，成为劳动"控制"基本方法。但平台对于劳动者的算法控制，很多时候脱离了妥当性轨道，引起合法性质疑。例如，外卖平台设置单日接单数量奖励机制，同时却在临近奖励单数时向劳动者指

---

① 参见李成：《人工智能歧视的法律治理》，载《中国法学》2021年第2期。

② 参见周围：《算法共谋的反垄断法规制》，载《法学》2020年第1期。

③ 参见时建中：《共同市场支配地位制度拓展适用于算法默示共谋研究》，载《中国法学》2020年第2期。

④ 参见段泽孝：《人工智能时代互联网诱导行为的算法规制》，载《江西社会科学》2019年第2期。

⑤ 参见雷逸舟：《不安全的"避风港"：重新思考中国网络视频平台的著作权侵权责任》，载《电子知识产权》2020年第3期。

派无法完成的远距离配送任务等。[①]

第五，生成式算法编造虚假信息，侵害用户合法权益。随着 ChatGPT 等大语言模型广泛运用，生成式人工智能算法引发的法律问题渐渐被人关注。此类法律问题既包括人工智能生成物知识产权归属等传统问题，也包括人工智能生成虚假消息、欺骗使用人等新问题。因为投入的数据存在虚假或运算模型有误，此类生成式人工智能极有可能生成虚假信息，进而可能使用户在虚假信息基础上作出决策，从而产生是否应当承担责任的问题。[②]

（二）算法规制的正当性

规制算法是制约算法权力、维护社会稳定、增进人民福祉的必由之路。在讨论是否应当对算法进行规制时，有两种意见质疑算法规制正当性。[③] 一种意见认为，算法是一种商业秘密，如果公布算法内容，相关知识产权会受到侵犯，进而削弱人们追求科技进步的动力。[④] 另一种意见认为，算法是一种言论，如果对算法进行规制，将会侵犯言论自由，可能违反宪法第三十五条关于言论自由的规定，从而产生合宪性风险。[⑤]

但陈景辉教授认为，以上对于算法规制的两种质疑皆不成立，算法规制存在必然正当性。第一，商业秘密并非天然可以得到保护，只要不保护商业秘密的正当性足以压倒保护商业秘密的正当性，算法就应该加以规制。第二，反驳算法作为言论、不得加以规制的思路，可以通过引入“算法权力”概念加以驳斥。[⑥] 由于算法已经广泛而普遍地影响人们生

---

① 参见冯姣：《ChatGPT 生成内容侵权的法律责任及其优化路径》，载《民主与法制时报》2023 年 3 月 29 日。

② 参见舒洪水、彭鹏：《ChatGPT 场景下虚假信息的法律风险与对策》，载《新疆师范大学学报（哲学社会科学版）》2023 年第 5 期。

③ 参见陈景辉：《算法的法律性质：言论、商业秘密还是正当程序?》，载《比较法研究》2020 年第 2 期。

④ 外国的判例中曾表达了这样的观点，例如美国的 State v. Loomis 案。

⑤ 参见左亦鲁：《算法与言论：美国的理论与实践》，载《环球法律评论》2018 年第 5 期。

⑥ 参见郭哲：《反思算法权力》，载《法学评论》2020 年第 6 期。

活，并且其本身决定了人们选择空间与可能获得的结果，因此算法对人们生活已经有了广泛而普遍的控制能力。在算法时代之前，这种能力只有国家才会拥有。所以，至少有理由认为算法权力是一种“准国家权力性质”的公共力量。① “算法权力”概念提供了算法规制的充分正当性。由于算法设计者可以通过算法干涉用户自由，因此规制算法恰恰是保护人们言论自由的一种表现。

二、算法规制的理念与制度研究

在算法规制理念方面，我国理论界在借鉴欧盟《通用数据保护条例》等立法例基础上，在事前算法透明与事后算法归责两个层面展开讨论，这两个层面分别指向算法事前规制与事后规制。② 有学者提出可以将算法规制分为算法公开、个体数据赋权与算法反歧视，这也可以大致归入事前规制与事后规制框架：算法公开、个体数据赋权主要在事前进行，而算法反歧视则多在事后为之。③ 在算法规制制度层面，我国理论界主要围绕个人信息保护法第二十四条④的规范内容，从算法赋权与算法责任两个层面展开讨论。

---

① 参见陈景辉：《算法的法律性质：言论、商业秘密还是正当程序?》，载《比较法研究》2020 年第 2 期。

② 除了事前规制与事后规制之外，还有学者对算法规制的类型区分提出了相反的观点，即算法规制的路径应当区分为以欧盟模式为代表的数据权利模式和以美国模式为中心的算法责任模式。但从客观上说，这一区分未尽周延：之所以要规定数据权利，其根本目的还是落实算法责任，因为权利对应义务，而责任本身就是义务违反的法律后果。

③ 参见丁晓东：《论算法的法律规制》，载《中国社会科学》2020 年第 12 期。

④ 个人信息保护法第二十四条规定：“个人信息处理者利用个人信息进行自动化决策，应当保证决策的透明度和结果公平、公正，不得对个人在交易价格等交易条件上实行不合理的差别待遇。通过自动化决策方式向个人进行信息推送、商业营销，应当同时提供不针对其个人特征的选项，或者向个人提供便捷的拒绝方式。通过自动化决策方式作出对个人权益有重大影响的决定，个人有权要求个人信息处理者予以说明，并有权拒绝个人信息处理者仅通过自动化决策的方式作出决定。”

（一）算法规制历史沿革

1. 互联网 1.0 时代，以传统规制应对技术化算法

法律规制算法应用事件最早发生在 1987 年。华尔街证券交易商托马斯·彼得菲构造了分层算法来模仿证券交易员操作，分层算法包含了交易员在决策时要考虑的全部因素。由于电脑运行算法、核实价格和执行交易所用的时间远远少于人为操作，因此彼得菲获得了巨额利润。① 这一事件给美国纳斯达克证券交易所出了一个难题，此时的法律并未将算法作为立法时需要考量的对象，而仅是从技术角度谈论算法技术应用行为是否合法。

此时法律调整算法方式往往沿用传统的严格责任制度。以网络服务提供者侵权责任认定规则为例，网络服务提供者用算法来处理、排序用户上传的海量信息，而其中可能包括侵害著作权的文件，网络服务提供者因没有进行人工逐一严格审查而被控侵权。德国法院早期判决也认为，网络服务提供者有义务确保任何侵犯著作权的行为不在其服务器中发生。② 这也可以说明，此时的算法仅有技术意义，而没有法律作用。

2. 互联网 2.0 时代，从技术中立到平台责任扩张

互联网 2.0 时代又可以分为两个阶段，第一个阶段是算法刚刚投入使用阶段；第二个阶段是算法逐渐发展，并形成算法集聚——平台阶段。从第一个阶段到第二个阶段，也是算法能力不断进步、渐渐引起公众重视的过程。

第一个阶段发生的案型，往往是网络服务提供者提供算法供用户或自身使用，造成第三方损害结果，主要体现在著作权侵权案例中。此时司法对算法的态度是"技术中立"，即重视技术的创新与发展，只有在网络服务提供者（算法设计者、使用者）存在故意时才需要承担侵权责任。

---

① 参见［美］克里斯托弗·斯坦纳：《算法帝国》，李筱莹译，人民邮电出版社 2014 年版，第 22 页。

② 参见王迁：《论"信息定位服务"提供者"间接侵权"行为的认定》，载《知识产权》2006 年第 16 期。

从时间节点上，法院只考察算法设计是否造成损害结果；从因果关系上，只考察算法设计是否造成损害结果，而不将算法应用造成损害结果作为判断要件。①

第二个阶段即平台时代，大型网络服务提供者演化为网络平台，逐渐崛起。② 该阶段，法律调整对象除了涉及算法，也扩张至平台对算法的部署和应用。这一转向使得平台算法责任从设计开发时延伸至算法应用产生损害结果时；从因果关系上，不再局限于算法设计与损害结果的因果关系，而是扩展至算法部署、应用与损害结果之间是否存在因果关系。例如，很多国家开始要求社交媒体平台主动承担监控义务，对用户上传的恐怖、色情、仇恨等非法内容加强监管并承担法律责任。③

有学者认为，当前算法监管迈入新阶段，需要围绕算法本体化特征进行规制的调整。④ 所谓“本体化”是指，这一阶段的算法更加先进、复杂，独立自主性进一步增强，具备自我学习能力，可以自主迭代升级。因此，当前阶段规制思路应当指向算法本身风险防范，必须在算法投入使用前就进行充分考察，以加强风险防范。⑤ 因此，对算法运行全流程监管的思路渐渐出现，要求算法在设计之初就嵌入算法伦理考量，算法测试、算法备案、算法监控、算法解释等程序性监管思路被提出。⑥

---

① 参见张凌寒：《算法规制的迭代与革新》，载《法学论坛》2019年第2期。

② 参见周汉华：《论互联网法》，载《中国法学》2015年第3期。

③ 为加强网络言论管理，德国联邦议会2017年6月30日通过了新的网络管理法，新法将于10月正式实施。在此法律下，Facebook等社交媒体未能在24小时内删除“显而易见的非法内容”——包括仇恨性言论、诽谤及煽动暴力等。根据新法，对Facebook等社交媒体公司的初步罚款在500万欧元左右，随后可能会升至5000万欧元。参见《为制裁社交媒体，德国出台了新法律》，载新浪网，http://news.sina.com.cn/o/2017-07-01/doc-ifyhryex5667797.shtml。印尼要求社交媒体关闭宣扬极端言论的账户。印尼通信部长警告社交媒体不关闭激进内容账户将被阻止共享。参见《印尼通信部长警告社交媒体不关闭激进内容账户将被阻止共享》，载新浪网，http://news.sina.com.cn/o/2017-07-15/doc-ifyiaewh9262033.shtml。

④ 参见张凌寒：《算法规制的迭代与革新》，载《法学论坛》2019年第2期。

⑤ 参见张凌寒：《风险防范下算法的监管路径研究》，载《交大法学》2018年第4期。

⑥ 参见张吉豫：《论算法备案制度》，载《东方法学》2023年第2期。

（二）事前规制与算法透明

算法本体化使得算法归责变得困难，由此诞生了针对算法的事前规制思路。但准确地说，事前规制并非司法部门的职能，而是行政监管部门的职能。对算法进行事前规制，主要任务即通过对算法研发者与使用者行为进行控制，使算法应用不出现问题。有学者认为，现有法律责任体系无法回应算法“大规模微型”侵权特征，即从单个用户视角而言，算法对其权利的侵害相对微弱，但是对整个社会的侵害加总规模非常庞大。因此，应当以公法为核心建立算法场景化规制体系，使算法问题不再发生。①

事前规制主要是落实算法透明理念，算法透明理念是针对算法黑箱问题提出来的，也被若干法律、行政法规、部门规章、规范性文件吸纳进我国算法规范体系。个人信息保护法第七条规定，处理个人信息应当遵循公开、透明原则，公开个人信息处理规则，明示处理的目的、方式和范围。保障用户知情权，根据《互联网信息服务算法推荐管理规定》第十六条的规定，算法推荐服务提供者应当以显著方式告知用户其提供算法推荐服务的情况，并以适当方式公示算法推荐服务基本原理、目的意图和主要运行机制等。保障用户选择权，根据个人信息保护法第二十四条第二款的规定，通过自动化决策方式向个人进行信息推送、商业营销时，应当同时提供不针对其个人特征的选项，或者提供便捷的拒绝方式。保障用户要求解释权，根据个人信息保护法第二十四条第三款的规定，通过自动化决策方式作出对个人权益有重大影响的决定时，个人有权要求个人信息处理者予以说明等。以上规范均是算法透明理念的具体制度落实。

对算法透明的理解有两种：一种是算法公开，另一种是算法解释。还有学者将其理解为以模型为中心的透明与以用户为中心的透明，观点

---

① 参见丁晓东：《论算法的法律规制》，载《中国社会科学》2020 年第 12 期；段泽孝：《人工智能时代互联网诱导行为的算法规制》，载《江西社会科学》2019 年第 2 期。

都比较相似。[①] 因此，之后的学术讨论中，算法透明理念被具体化为算法解释权与算法备案制度。[②] 算法解释权指用户请求算法开发者与使用者说明算法原理、目的、内容的权利。围绕算法解释权，理论界的主要争议在于算法解释权中的解释到底是“具体的”还是“一般性的”。有学者认为，算法解释权应该是事后对于具体算法决策进行解释的权利，当自动化决策算法具体决定对相对人有法律上或经济上的显著影响时，相对人有权向算法使用人提出异议，要求提供对具体决策的解释。[③] 有学者则认为，立法不应当创设事后的、针对具体决定的算法解释权，而仅应规定事前的、针对算法基本情况的解释权。[④] 还有学者认为，在公法上应当规定事后解释权，在个人与公权力场景，公权力不得以商业秘密为由拒绝解释具体的决定；而在私法上应当规定事前的解释权，因为公民的知情权、消费者保护与企业发展同为法律所促成的目标。[⑤]

同时，关于算法透明原则能否发挥其所预设的效果，学界也存在较大争议。例如，沈伟伟教授指出，算法透明受制于技术复杂性等问题，无法成为规制算法的有效手段，同时还有可能会导致危害国家安全、社会秩序紊乱以及商业秘密暴露等问题；[⑥] 王莹教授则认为，任何算法事前的程序性控制方案都不能有效地避免某个具体算法损害的发生，也无法为已然发生的算法侵害提供符合人类理性与正义要求的规范上可感的修

---

① 参见安晋城：《算法透明层次论》，载《法学研究》2023 年第 2 期。

② 根据汪庆华教授的观点，算法透明原则应当被具体化为参数规制与算法解释权，但在之后的讨论中，对于算法的参数规制主要以算法备案审查的思路展开。参见汪庆华：《算法透明的多重维度和算法问责》，载《比较法研究》2020 年第 6 期。

③ 参见张凌寒：《商业自动化决策的算法解释权研究》，载《法律科学（西北政法大学学报）》2018 年第 3 期；张恩典：《大数据时代的算法解释权：背景、逻辑与构造》，载《法学论坛》2019 年第 4 期。

④ 参见沈伟伟：《算法透明原则的迷思——算法规制理论的批判》，载《环球法律评论》2019 年第 6 期；林洹民：《个人对抗商业自动决策算法的私权设计》，载《清华法学》2020 年第 4 期。

⑤ 参见林洹民：《〈个人信息保护法〉中的算法解释权：兼顾公私场景的区分规范策略》，载《法治研究》2022 年第 5 期。

⑥ 参见沈伟伟：《算法透明原则的迷思——算法规制理论的批判》，载《环球法律评论》2019 年第 6 期。

复。[1] 但是对此，支持算法透明的学者也进行了反驳，认为算法透明不仅具有规制算法风险的工具价值，还有增进算法社会交往、理性与信任的内生价值。同时，算法黑箱过于复杂、无法打开的技术障碍也随着可解释人工智能技术的发展而被攻克，算法透明不存在技术上的困难。[2]

算法备案制度则是一种法律性、政策性混成制度，目前实施的算法备案以行政备案为主，指向的是企业合规管理。《互联网信息服务算法推荐管理规定》中提及的备案内容包括服务提供者的名称、服务形式、应用领域、算法类型、算法自评估报告、拟公示内容等信息。根据互联网信息服务算法备案系统中的具体情况，填报信息主要包括三部分：算法主体信息、算法信息（备案信息）、产品及功能信息。[3] 张吉豫教授指出，目前备案内容多为普适的、格式化规定，未来随着算法备案的实践和发展，应当针对不同领域、不同风险级别和不同类型算法，建立更精细化的备案内容。[4]

（三）事后规制与算法责任

算法事后规制在学术讨论中经历了“高峰—低谷—再高峰”的三个阶段。

最初阶段，事后规制作为逻辑上的第一个选择，被学者广泛讨论。这一阶段，讨论主要停留在如何确定网络服务提供者的算法责任，算法特殊性并没有被明确认知。网络服务提供者帮助侵权的“通知—删除”规则以及自动驾驶汽车的侵权责任成为讨论算法归责问题的主要场合。[5]

---

① 参见王莹：《算法侵害责任框架刍议》，载《中国法学》2022 年第 3 期。

② 参见安晋城：《算法透明层次论》，载《法学研究》2023 年第 2 期。

③ 参见互联网信息服务算法备案系统，https：//beian. cac. gov. cn。

④ 参见张吉豫：《论算法备案制度》，载《东方法学》2023 年第 2 期。

⑤ 参见彭桂兵：《“避风港”规则与网络服务商合理注意义务的确立——以卓易公司案为中心的探讨》，载《当代传播》2017 年第 3 期；雷逸舟：《不安全的“避风港”：重新思考中国网络视频平台的著作权侵权责任》，载《电子知识产权》2020 年第 3 期；李安：《智能时代版权“避风港”规则的危机与变革》，载《华中科技大学学报（社会科学版）》2021 年第 3 期；赵申豪：《自动驾驶汽车侵权责任研究》，载《江西社会科学》2018 年第 7 期。

这一阶段，算法自身问题没有充分暴露、引起的社会问题也还未受到充分关注，因此对算法规制的讨论并不充分，甚至没有确立算法规制理念。

第二阶段，由于算法责任理论无法处理算法造成的广泛社会问题，学者将目光投向行政规制，将算法视作风险物，以风险规制思路在源头防止算法损害发生。在这一阶段，对算法进行事前规制的思路大行其道，秉持算法透明原则，以算法审查、算法备案、算法公开的方法试图规制算法使用，典型表现是“算法滥用等情形目前主要通过监管或数据治理等方式予以规制，民事责任方面尚未见相关适用和突破”[①]。这可能导致危害极大的算法操纵、算法共谋、算法标签、算法歧视等行为产生的损害很难得到司法救济。[②]

第三阶段，由于事前规制仍然无法完全处理算法问题，学者开始在反思算法责任的基础上重建算法责任。例如，王莹教授在区分算法妨害与算法损害的基础上，建立了因果支配型责任与非因果支配型义务性责任以及抽象危险归责；[③] 唐林垚研究员认为应当为算法责任不同的潜在责任主体创设合规义务，构建人工智能责任体系中国标准；[④] 潘芳芳博士、朱晓峰教授、袁文全教授等以算法歧视为基础讨论算法民事责任规制时，均提到算法民事责任认定问题，讨论更加细化，例如，是否要确认严格责任归责原则，损害概念是否因为算法侵害这一特殊前提而有所不同，因果关系认定是否要转向概率计算方法等。[⑤]

值得一提的是，国家互联网信息办公室 2021 年 9 月牵头制定的《关于加强互联网信息服务算法综合治理的指导意见》要求算法“应”透明，

---

① 姚佳：《论个人信息处理者的民事责任》，载《清华法学》2021 年第 3 期。

② 参见尹雪萍、王义方：《以风险和责任为核心的算法法律规制》，载《法律适用》2022 年第 10 期。

③ 参见王莹：《算法侵害责任框架刍议》，载《中国法学》2022 年第 3 期。

④ 参见唐林垚：《人工智能时代的算法规制：责任分层与义务合规》，载《现代法学》2020 年第 1 期。

⑤ 参见潘芳芳：《算法歧视的民事责任形态》，载《华东政法大学学报》2021 年第 5 期；袁文全：《算法歧视的侵权责任治理》，载《兰州大学学报（社会科学版）》2023 年第 2 期；朱晓峰、夏爽：《论个人信息侵权中的损害》，载《财经法学》2022 年第 4 期。

《互联网信息服务算法推荐管理规定》则仅“鼓励”算法透明，说明立法者在算法透明规范的强制力上抱有疑虑。[①] 这也展示了算法事前规制所面临的困境——责任缺失使得算法事前规制无法发挥其应有效果。

（四）走向融合的场景化规制

在算法规制研究中，场景化规制为在制度上落实算法规制要求提供了可行方案。场景化规制理论认为将算法本身作为独立实体施加法律责任，不符合法律特征，算法技术具有依附性、非独立性，只是一种在具体场景中的决策机制或者辅助决策机制。因此，算法规制应当建立在场景化思维的基础上。[②]

场景化理论为我们提供了融合算法事前规制与事后规制的可行思路。在场景化规制理论看来，不应当对算法事前规制与事后规制作截然区分，而应当根据算法应用场合的不同而作出不同处理。例如，事前规制所强调的公开性，完全可以被事后规制的框架所采纳：算法透明可以被纳入证明责任中，在侵权责任中实行过错推定责任，使网络平台承担不能解释算法功能、用途、目标的不利后果；算法备案等程序性合规义务可以被理解为注意义务的履行，如果算法没有备案则可以推定网络平台有过错。

三、司法语境下的算法规制研究

（一）在算法责任框架下开展算法司法规制

在规制算法风险、促进算法向善的事业中，司法部门也应当承担应尽的责任。在司法语境下展开算法规制时，算法责任应当是一个主要规制工具与规制框架。因为司法部门在面对算法问题时，主要处理的是已

---

① 参见安晋城：《算法透明层次论》，载《法学研究》2023 年第 3 期。

② 参见丁晓东：《论算法的法律规制》，载《中国社会科学》2020 年第 12 期；齐延平：《论人工智能时代法律场景的变迁》，载《法律科学（西北政法大学学报）》2018 年第 4 期；刘权：《网络平台的公共性及其实现——以电商平台的法律规制为视角》，载《法学研究》2020 年第 2 期。

经发生的损害与已经现实化的风险，此时事前规制已经错过时机。因此，在开展算法司法规制时，应当主要采取事后规制思路，以算法责任规制算法风险。

但是，对算法进行事后规制，并不代表不能对算法规制采取事前观点。所谓事前观点，是指对于法律展开解释或修订时，着重于诱使未来行为人可以选择更好的行为。① 通过预测行为人在不同责任制度下的行为状态，选择合适的责任配置，以激励行为人采取更好的行为，是对算法事后规制采取事前观点的核心要义。② 具体到算法规制领域，即通过算法责任配置，激励算法开发者、使用者合理开发、使用算法。事实上，这也是能动司法的题中应有之义：在保证法律效果的前提下，充分发挥审判机关作用，实现政治效果、法律效果、社会效果的统一。

此外，之所以要在算法责任框架下开展算法司法规制，是因为算法行政规制与算法司法规制的任务与功能不同。算法行政规制发生于算法造成受害人损害之前，因此，主要任务在于防范算法风险；但是在算法司法规制语境下，算法损害已经发生，因而算法司法规制处理的是如何分配算法导致损害产生的责任，这与算法责任规制思路不谋而合。

同时，在一定前提下，事后算法司法规制相较于事前算法行政规制更有优越性。一方面，算法司法规制相较于算法行政规制更加“包容”，因为算法司法规制是在算法运行与使用出现问题后才展开的规制，这使得大量算法能够先行被投入使用，进而能够鼓励算法开发者、使用者进行算法创新，以造福社会；另一方面，算法司法规制可以为已然发生的算法侵害提供符合人类理性与正义要求的规范上可感的修复。③

正如学者所指出的，算法设计者责任、算法应用开发者责任、算法用户责任、算法应用平台责任及监管部门责任应当如何合理分配，至今未有清晰的总体原则。④ 但是已经有相当多的文献涉及算法责任问题，归

① 参见张永健：《法经济分析：方法论 20 讲》，北京大学出版社 2023 年版，第 60 页。

② 参见张永健：《法经济分析：方法论 20 讲》，北京大学出版社 2023 年版，第 89 页。

③ 参见王莹：《算法侵害责任框架刍议》，载《中国法学》2022 年第 3 期。

④ 参见苏宇：《算法规制的谱系》，载《中国法学》2020 年第 3 期。

纳该类文献将有助于整理目前关于算法归责的学术观点，推动形成算法责任共识。

（二）无缔约情形下的算法侵权责任

在算法使用者与受害人事先没有缔约时，算法给受害人造成损害构成侵权责任。适用算法侵权责任的情形主要是算法自动化决策侵犯著作权、人格权等绝对权的情况；同时，根据民法典第一百八十六条①之规定，算法侵权责任还可能与算法违约责任、算法缔约过失责任形成竞合。此时，由于算法自动化决策与黑箱特点，侵权责任归责存在一定困境。

首先，因果关系认定在算法司法规制领域存在特殊之处。算法侵害的因果进程冗长、复杂、不透明，导致不仅难以对算法决策机制作出人类可理解的解释，甚至将侵害结果追溯到具体行为主体都变得困难。第一，算法决策的本质是相关性而非因果性。算法作出决策本身基于某一事物与另一事物在统计学上的联系，但这种联系可能并非导致与被导致的关系，例如，一株树苗的高度与一个未成年人的身高在十八年内可能都在增长，但是并非树苗导致了该未成年人的长高，也并非该未成年人导致了该树苗的长高。第二，算法黑箱或技术不透明带来了因果关系的可解释性、可追溯性难题。裁判者无法判断某一参数的输入如何导致了某一侵害结果，也无法判断某一侵害结果的产生是哪一个参数输入导致的。

其次，算法侵权责任规制在过错层面同样面临挑战。由于算法侵权目前未被民法典特殊侵权责任所明文规定，因此应当适用民法典第一千一百六十五条第一款所规定的一般过错侵权责任。但由于算法决策是由多元技术主体参与的一系列大数据收集、分析与归类的行为，各参与主体在某个行为阶段具有何种主观方面特征往往难以认定。同时，以违反注意义务为中心的过失认定在算法决策中也并非易事，因为人工智能新

① 民法典第一百八十六条规定："因当事人一方的违约行为，损害对方人身权益、财产权益的，受损害方有权请求其承担违约责任或者侵权责任。"

兴科技领域算法应用往往还未形成实定法或司法裁判上的注意义务标准。此外，算法人工智能自主性所带来的失控也对基于控制和支配的归责逻辑造成冲击，在算法应用极大弱化甚至架空人类对于算法决策的参与时，能否将算法自身的违法行为归责于具体的人，也不无疑问。

最后，算法侵权责任形态存在特殊之处。算法人工智能涉及复杂的技术生态，算法开发、应用涉及算法模型开发与训练者，数据收集、控制与处理者，产品制造者，软件所有人等众多参与主体。其中，每一个主体可能只负责算法中的一部分内容。而随着数据在不同技术主体之间的流动，责任也变得具有流动性、模糊性，产生具体错误结果时往往很难查明和界定哪个主体有过错。

而对于算法侵权规制的上述三个挑战，学界提出了以下回应方案：在因果关系认定方面，以相关性认定替代或"软化"因果关系认定。有学者指出，虽然算法决策可能中断必然因果关系，但趋于模糊的因果关系仍然具有特定相关性，并不妨碍对责任主体的确定和归责。[①] 诉讼中进行鉴定时，可以进行事后溯源，只要能够证明其所受歧视与算法决策重要因素存在高度相关性，法律上的因果关系就成立，不必证明该行为是损害发生的唯一原因或直接原因。[②] 在过错认定方面，有学者提出，应当类推适用民法典关于产品责任的规定，进而使得算法侵权责任归责原则成为严格责任。[③] 有学者则认为，算法侵害的危险性可以随主观而改变，算法归责不能适用无过错责任原则，而应当适用过错推定归责原则。[④] 还有学者则认为，应当有限制地运用无过错责任工具，在高风险人工智能系统应用或算法复杂程度超过人类可理解性的情况下，可以适用严格责

---

① 参见袁文全：《算法歧视的侵权责任治理》，载《兰州大学学报（社会科学版）》2023 年第 2 期。

② 参见刘小璇、张虎：《论人工智能的侵权责任》，载《南京社会科学》2018 年第 9 期。

③ 参见李文超、武一帆：《算法侵害行为的事前规制与侵权救济研究》，载《法律适用》2023 年第 3 期。

④ 参见袁文全：《算法歧视的侵权责任治理》，载《兰州大学学报（社会科学版）》2023 年第 2 期。

任。[1] 在算法侵权责任形态方面，有学者提出，应当创制出不同于单位责任、共同侵权责任的集合责任形态，将数据生产链上的所有行为主体视为具有技术上的一体性或商业上的一体性，在直接侵权人承担侵权责任之外，各技术参与主体还应当承担连带赔偿责任。[2]

（三）磋商中的算法缔约过失责任

如果一方当事人在接触和磋商过程中引入算法决策程序，却因为没有尽到必要的注意义务而侵害了相对方合法权益，并导致合同不成立、解除或被撤销时，行为人的行为构成先合同义务的违反，应当承担赔偿被算法决策者的信赖利益的责任。针对算法缔约过失责任规制在实践过程中同样存在，例如在胡某康与上海寻梦信息技术有限公司缔约过失责任纠纷案中，原告胡某康主张被告在悬赏广告中，存在运用自动化决策算法降低原告获奖概率的行为，因此诉至法院请求赔偿其在抽奖过程中损失的信赖利益。[3]

有学者指出，算法使用者与相对人在磋商缔结合同时，包含两方面特殊的先合同义务。[4] 一是算法程序使用的告知和披露义务。算法使用者应当在数据输入层面与处理程序层面向缔约相对方解释、说明算法程序的运作机理：在数据信息层面，除了出于个人信息保护目的所要求的告知内容外，算法使用者应当主动向相对人告知和说明算法决策结果作出所依据的数据类别，同时，如果相对人对输入算法的数据产生怀疑，算法使用者也应当作进一步说明；在程序运行层面，算法使用者应当告知相对人引入算法程序的功能和目的、算法决策结果在最终决策中的重要

---

① 参见王莹：《算法侵害责任框架刍议》，载《中国法学》2022 年第 3 期。

② See Expert Group on Liability and New Technologies - New Technologies Formation (EG-NTF), Report on Liability for Artificial Intelligence and Other Emerging Digital Technologies (2019), at https://www.europarl.europa.eu/meetdocs/2014_2019/plmrep/COMMITTEES/JURI/DV/2020/01-09/AI-report_EN.pdf, p. 56.

③ 参见上海市长宁区人民法院（2021）沪 0105 民初 12644 号民事判决书，上海市第一中级人民法院（2022）沪 01 民终 7261 号民事判决书。

④ 参见潘芳芳：《算法歧视的民事责任形态》，载《华东政法大学学报》2021 年第 5 期。

性、决策结果可能存在的风险以及算法决策对相对人产生的影响和后果等信息。二是算法风险的评估、审计和预防义务。算法使用人应当尽最大努力预防算法使用可能给相对人带来的不利影响，算法使用人不仅应当评估数据来源与数据结构的合理性，还有义务对算法程序自身风险进行评估和审计，避免相对人因为算法程序的使用而遭受歧视性评价和待遇，最终影响缔约结果。①

综上所述，一方当事人在合同磋商和缔约过程中引入算法程序辅助或替代人类决策，却未履行或未完整履行信息披露义务与算法风险评估、审计和预防义务，致使相对方遭受算法不当损害，影响合同缔结，使合同不成立或成立后无效、被撤销时，行为人应当承担缔约过失责任，赔偿对方因信赖合同成立而遭受的信赖利益损失和人身、财产权益遭受损害导致的固有利益损失。同时，如果因为算法不当决策造成了固有利益进一步损害，行为人还应当对扩大的损害承担相应责任，此时受害人既可以选择侵权请求权，也可以选择基于缔约过失的损害赔偿请求权。②

（四）合同履行中的算法违约责任

在某些算法决策程序使用场景中，算法使用者与相对人之间具有合同关系，此时如果算法造成相对人损害，相对人则有寻求违约救济的请求权基础和依据。③ 通说认为，算法使用者在合同履行过程中需要承担主给付义务、从给付义务和附随义务。④ 其中，主给付义务与从给付义务指向的是合同履行利益，即合同履行后给债权人带来的利益。合同履行中算法的不当决策有可能导致债权人履行利益损失，但是，通常语境下的算法责任规制指向当事人固有利益保护，因此，算法违约责任主要以附

---

① 参见张欣：《从算法危机到算法信任：算法治理的多元方案和本土化路径》，载《华东政法大学学报》2019 年第 6 期。

② 参见韩世元：《合同法总论》，法律出版社 2018 年版，第 187 页。

③ 参见马长山：《智慧社会背景下“第四代人权”及其保障》，载《中国法学》2019 年第 5 期。

④ 参见王利明：《合同法研究》，中国人民大学出版社 2015 年版，第 32~36 页。

随义务违反为特征。[1]

有学者认为，如果算法使用者在合同履行中使用了自动化决策算法，则必须承担与一般合同履行不同的附随义务。一是实体上的信息安全保障义务。算法技术的展开和运行，以收集、使用和处理个人信息为基础，因此，算法使用者在运用算法进行合同履行时，必须符合个人信息保护相关法律法规的规定。算法使用者收集、使用和处理个人信息时必须要满足最基本的“知情同意”原则，并采取合法、正当的方式，符合诚信、公开、透明原则。以个人信息保护法中的规定为原型，行为人应当采取的必要措施包括但不限于以下方面：（1）制定内部管理制度和操作规程；（2）对个人信息进行分级分类管理；（3）采取相应的加密、去标志化等安全技术措施；（4）合理确定个人信息处理的操作权限，并定期对从业人员进行安全教育和培训；（5）制定并组织实施个人信息安全事件应急处理预案；（6）法律、行政法规规定的其他措施。二是程序上的程序性保障义务。算法规制不仅重视实体权利维护，而且强调当事人在不同阶段应当享有各种正当程序。具体而言，行为人程序性保障义务的履行主要体现为相关信息告知和披露，算法使用者有义务告知相对人将算法程序引入合同履行的目的和功能、给相对人带来的风险和影响；同时，行为人有义务对所引入算法的运行机制进行解释说明，且内容上应当简洁明了、清晰可见、晓畅易读；此外，行为人应当积极主动告知和提醒相对人在算法程序运行中所享有的知情、参与、查询、更正（数据和信息）和选择（参与或退出）的权利。

关于合同履行中算法侵害的认定，有观点认为，应采取无过错“差异影响”审查模式，即不需要考量主体实施行为或者规则时是否有侵害的故意，只需要审查行为或规则实施以后，是否对对方产生了差异性的

---

① 传统民法理论认为，合同法中需要保护的当事人利益主要有三种：履行利益、信赖利益和固有利益。履行利益指的是合同履行后当事人可以获得的利益；信赖利益是当事人为了获得履行利益而进行的必要投资；固有利益则是即便没有缔结合同当事人仍然享有的利益，如自身财产权、人格权上的利益等。参见王利明：《合同法研究》，中国人民大学出版社 2015 年版，第 646 页。

影响即可。[①] 关于责任承担方式，有学者认为，原则上因合同附随义务不履行或者不完全履行而违约的，相对人不得要求解除合同，只能够请求对方承担违约损害赔偿责任，赔偿所遭受的损失。[②]

---

① See Richard Primus, *The Future of Disparate Impact*, Michigan Law Review 108, pp. 1341 - 1387 (2010).

② 参见韩世远：《合同法总论》，法律出版社 2018 年版，第 343 页。实践中亦有人民法院支持违反附随义务可以请求合同解除的案例，但韩世远教授认为其属于“特例”，作为与主给付义务相区分的特征之一，违反附随义务原则上不能请求解除合同。

【地方法院案件解析】

在线预订服务提供方负有协助取消订单等附随义务

——熊某等诉上海某国际旅行社有限公司网络服务合同纠纷案

高燕竹* 周泉泉**

【法理提示】

酒店等在线预订服务提供方依法负有及时协助消费者取消订单、申请退款等法定附随义务。尤其是在第三方中间供应商参与预订服务履行的合同中，预订服务提供方有义务亲自或通过督促中间供应商积极协助消费者取消订单并将反馈意见如实告知消费者。具体履行方式和合理范围的认定应结合预订服务费用金额、消费者权益是否被不合理减损、订单取消原因以及各方预见程度等因素进行综合考量。如果第三方中间供应商未能履行协助或如实告知义务，则应由预订服务提供方就其中间供应商的相关行为向消费者承担责任。

【案例索引】

一审：上海市长宁区人民法院（2022）沪 0105 民初 3357 号

* 最高人民法院民事审判第一庭法官。

** 上海市长宁区人民法院法官。

【基本案情】

原告：熊某、肖某、熊某雪、熊某笙。

被告：上海某国际旅行社有限公司。

2020 年 1 月 5 日，原告熊某通过“某某旅行”App 向被告预订了“广州长隆+珠海长隆 5 日自由行［万人亲子优选］”产品，订单号为 1117377745，出行人为原告一家四口，出行日期为 2020 年 1 月 14 日至 2020 年 1 月 18 日，订单总金额为 16228 元。

2020 年 1 月 12 日晚，因熊某笙发烧无法出行，熊某当即联系被告工作人员告知相关情况，后被告为四原告办理了机票退票手续。

关于酒店取消事宜，被告以订单不可取消为由不同意返还原告已付费用，并提供了信息发送记录及被告后台系统记录予以佐证，具体内容如下：（1）就广州酒店订单，2020 年 1 月 13 日 17 时 24 分，被告向其供应商发送邮件并上传病历材料，申请取消不扣款；2020 年 1 月 13 日 18 时 45 分，被告供应商王某某答复不可取消。（2）就珠海酒店订单，2020 年 1 月 13 日 17 时 19 分，被告向其供应商发送邮件并上传病历材料，申请取消不扣款；2020 年 1 月 13 日 17 时 24 分，被告供应商罗某某告知需要扣除每间每晚 200 元共计 800 元违约金，其可提交申请但不保证结果，违约金从此单房费中扣除，并请被告核实客人是否申请。2020 年 1 月 13 日 21 时 27 分，被告后台操作内容显示“事件暂缓”，备注栏显示暂缓结束时间是 2020 年 1 月 15 日 17 时 20 分，暂缓原因是信息待核实，客人原因：“酒店客人不同意损失，待其通知再操作。”

审理中，在法庭主持下，原告当庭拨打广州酒店电话，该酒店客服人员确认 2020 年 1 月 6 日收到入住人熊某 1 间 2 晚的订单，并收取费用 3216 元；客人在预订日期并未入住，故 3216 元未退还；订单上未显示当时的取消政策。随后，原告拨打珠海酒店电话，该酒店客服确认系统登记有入住人熊某 2 间 2 晚的订单，显示是“no show”（未入住）状态，但未显示酒店收取的具体金额，后电话转接至另一名工作人员，该工作人员确认该笔订单系入住人熊某从第三方平台预订，但无法确认是哪个平台，当时的取消政策是：如自行取消要扣除每间每晚 200 元的违约金，如提供相关疾病证明则除节假日外可无损取消。

另查明，原、被告双方一致确认涉案订单共计收取 16228 元，已经退还机票费用 5927 元。涉案两家酒店费用 5334 元及 5526 元均未退还，但被告已经主动补偿原告 888 元，扣除该补偿款及原告同意不再主张返还的机票退票费，原告方据此主张返还剩余应返还费用金额 9972 元未果，遂涉诉。

【裁判理由】

审理法院认为，原告通过“某某旅行”App 在线预订机票、酒店等旅游产品，双方之间依法建立网络服务合同关系。现原告对于机票预订及退订服务无异议，故本案争议焦点为，被告在为原告提供酒店预订服务过程中是否尽到相应义务，原告要求赔偿酒店费用是否应当予以支持。

一、被告是否尽到相应义务

首先，应明确被告负有何种义务。本案双方是网络服务合同关系，被告提供的服务并不是涉案酒店的住宿服务而是预订服务，故服务的主要内容为被告通过相应渠道代原告预订其指定酒店，以使原告与酒店方顺利建立旅店服务合同关系。根据法律规定，当事人应当按照约定全面履行自己的义务。当事人应当遵循诚信原则，根据合同的性质、目的和交易习惯履行通知、协助等义务。鉴于涉案服务合同履行的特殊性，预订等事宜并非由原告直接与相应产品提供方沟通确定，故在原告因同行人员患病需取消预订时，应当认为被告依法负有及时协助原告向酒店方申请取消订单、申请退款等法定附随义务，而非一经预订成功即视为被告的全部义务已履行完毕。

其次，关于在原告提出取消预订后被告通知、协助义务的实际履行情况。被告为证明其已履行了相应义务，提供了与两家酒店供应商的沟通记录。审理法院认为，法律虽然没有明确规定此种情况下通知、协助义务履行的具体方式及标准，但综合在案事实及证据，应认定被告未能合理履行通知、协助义务，理由如下：其一，根据珠海酒店供应商的答复以及本案审理过程中当庭核实的情况，珠海酒店预订事实上可以取消，至多承担800元的违约金。但在案证据未能反映出被告已将供应商反馈的该项信息如实告知原告。其二，根据广州酒店供应商的答复，该酒店预订不可取消。但该答复仅为供应商的答复，被告对该答复也未提供来自酒店方的证据。经当庭与酒店方核实，该订单当时的取消政策不明，无法与被告供应商的上述答复相印证。事实上，珠海酒店供应商就涉案订单取消政策的答复亦与酒店方的答复存在一定差异。在此过程中，被告就涉案酒店的取消始终是仅与其供应商沟通而非直接与酒店沟通，导致原告从被告方得知的取消政策与酒店方实际实施的取消政策并不一致，或者就酒店方的取消政策干脆不得而知。其三，诚然，法律不能苛求被告在该种情况下均要直接与酒店沟通协助取消，被告亦可能无法完全确保其供应商反馈信息的真实性和准确性，但原告系与被告而非被告供应商之间订立的服务合同关系。至于被告与其供应商之间是何种法律关系、涉案酒店完整的预订过程、被告供应商与酒店之间是何种法律关系，消费者无从得知，更无法控制。如果原告在沟通过程中不存在过错，要求原告自行承担供应商反馈信息不真实或不完整的不利后果，不仅没有法律依据，也有违公平原则，对于控制此类风险的发生也没有任何正向意义。因此，应根据谁更有能力控制风险的发生和升级、谁更有能力转嫁风险、谁从风险中最终获益来进行考量。据此，除非有证据表明两家酒店供应商的上述答复经过酒店方的明确授权，被告应就其供应商反馈的酒店方信息错误或缺失，向消费者承担相应责任。综上，法院认为，本案中被告有义务亲自或通过其供应商积极协助原告向酒店方申请取消预订并将酒店方反馈如实告知原告，并对其供应商的行为对外向原告承担责任。但本案中，被告未能履行上述义务，构成对法定义务的违反。

最后，被告是否可以因事先已告知原告不可取消预订而免责。对此，被告称取消政策已在下单页面及下单后发送的行程确认单中予以披露，然而根据查明的事实，订单快照未展示原告所预订机票及酒店的费用明细，“取消政策”一栏仅载明“预授权或付款成功后如需更改、取消、退订，将按您所预订资源的退变更条款收取费用”；产品确认单亦未列明各项费用，其中，两家酒店的“取消政策”仅列明取消截止时间及延期取消收取费用。而行程确认单系在预订完成后被告单方发送的，无法证明合同缔结时原告已知悉并同意。故从事实层面来看，被告主张的已向原告事先披露涉案两家酒店“不可退改”的取消政策难以成立。与此同时，根据法律规定，消费者享有知悉其购买、使用的商品或者接受的服务的真实情况的权利。本案自由行产品预订价格及相应的退改政策系直接关系消费者权益的重要信息，被告作为代订服务的提供方，负有及时、全面向消费者披露之法定义务。被告主张适用的取消政策相对于酒店方实际适用的取消政策明显不利于消费者，而被告在此过程中收取了较大金额的预订差价，故即便被告在预订前已告知原告该政策，在原告不清楚该预订政策与酒店方预订政策存在不符以及被告从订单中获益的情况下，该约定仍有可能因不合理地限制了消费者权利而不应适用。此外，不可取消政策一般针对的是无理由取消订单情形，亦不可能完全排除法定情形下合理的取消请求。而原告在本案中取消订单的理由为其同行子女突发疾病，并非无故取消订单。此种情形下，原告申请取消订单具有一定正当性和合理性，需要结合具体情形判定原告申请取消的事由是否确实影响出行，并不必然适用不可取消政策。有鉴于此，对于被告辩称的本案应适用其告知的取消政策，法院不予采纳。

二、原告的损失情况与被告应承担的责任

根据法律规定，当事人一方不履行合同义务或者履行合同义务不符合约定的，应当承担继续履行、采取补救措施或者赔偿损失等违约责任。根据在案事实，针对珠海酒店，如被告积极协助并及时全面地告知原告该酒店的取消政策，则原告的绝大部分损失本可以避免。而针对广州酒

店，酒店实际取消政策未能查明，系因被告或其供应商未直接与酒店方沟通联系所致，被告应就此承担举证不能的不利后果。据此，应认定原告就案涉两家酒店已支付的房费扣除依据珠海酒店取消政策可能支付的 800 元违约金以外，构成原告损失，该损失与被告的违约行为之间具有因果关系，被告应承担赔偿责任，向原告赔偿剩余费用 8772 元。至于利息损失，考虑到原告的实际损失情况、被告的过错程度以及事发后被告已及时对原告作出相应补偿，故不再予以支持。

【裁判结果】

上海市长宁区人民法院于 2022 年 7 月 8 日作出（2022）沪 0105 民初 3357 号一审民事判决，判令被告赔偿原告 8772 元。一审判决后，双方均未提起上诉，判决已经生效。

【案例评析】

在线旅游平台（OTA 平台）如今已发展成为成熟的商业模式。在线旅游平台上游对接各类服务商或供应商获取旅游资源，下游对接广大消费者提供线上预订服务。这种商业模式下，一方面，基于市场经济活动的多样性及灵活性，在线旅游平台并非总是直接与酒店等终端服务提供方建立合作关系，还可能通过多个中间商或代理商来获取资源，法律关系错综复杂；另一方面，由于消费者信息不对称或法律意识欠缺，很难厘清其中的法律关系，在发生纠纷后往往一律要求在线旅游平台承担所有合同不能履行的后果。此种情况下，为精准判定争议发生的具体环节，订单所涉及的各方主体及履行过程往往成为事实争点；在法律适用方面，在线旅游平台义务的范围和义务履行方式的判断（尤其是在订单无法履行时）、在供应商等第三方参与合同履行的情况下具体责任承担问题，成为此类案件法律适用方面的焦点及难点。

一、在线旅游平台在线预订服务的特征及法律属性

在线旅游平台所提供的网络预订服务与提供终端服务的住宿、航空

旅客运输、餐饮等合同在合同属性和内容上存在明显不同，因此有必要对在线旅游平台提供网络预订服务过程中的义务内容和范围边界进行区分。

在网络预订服务合同中，在线旅游平台及在线预订服务提供方主合同义务为根据消费者的预订需求，代为预订具体的酒店住宿、交通出行、旅游产品，并代为支付相应住宿费、交通费、旅游费用。除上述主要义务以外，同时依法也对消费者承担附随义务，其法律依据为民法典第五百零九条第二款规定的“当事人应当遵循诚信原则，根据合同的性质、目的和交易习惯履行通知、协助、保密等义务”。

至于附随义务的具体内容和履行方式，应根据网络预订服务合同的特性、消费者使用在线旅游平台的主要目的和提供此类服务的一般交易惯例，结合具体案件来确定。从合同特性来看，不同于消费者直接向酒店、航空公司、旅行社预订产品，在在线旅游平台预订等事宜并非由消费者直接与相应产品提供方沟通确定，故在消费者需取消预订时，在线预订服务提供方依法负有及时协助原告向终端服务方申请取消订单、申请退款等法定附随义务，这也符合当前主流在线旅游平台的交易惯例。从消费者使用在线旅游平台提供的预订服务的目的来看，通常是为了获得价格优势、信息集聚带来的效率抑或平台对资源的选择及品质管控。但不同产品项下，消费者通过在线旅游平台预订相比于其直接向终端服务提供方预订所能获得的优势，在预订时可能并未显明出来。因此，基于权利义务相一致、利益均衡之考量，在纠纷发生后所查明的具体事实，反之亦可能作用于对在线预订服务提供方附随义务范围及合理标准的认定。换而言之，如消费者在使用在线旅游平台预订过程中可以实现其合同目的（如获得更优惠的价格、在线旅游平台提供了相比于其广告等收益而言已属可观的增值服务等），则对在线旅游平台及预订服务方附随义务的范围及履行合理性的判断标准也将适当降低。反之亦然。

二、第三方参与预订服务情形下的权利义务关系

与附随义务履行相关更为复杂的问题是第三方参与履行的情况下因

第三方原因引发的纠纷。例如，在本案中，中间供应商的介入导致消费者所获得的退订政策与酒店方实际执行的政策不一致，而后者明显更有利于消费者。此类纠纷所呈现的样态尚处于不断更新中，如何对各方之间的法律关系进行划分及定性、是否有必要在供应商与预订服务合同双方当事人之间建立连接、如何夯实相关裁判思路的法律依据，均是目前司法实务中值得进一步探讨的问题。因此，考察附随义务是否适当和完全地履行，对于判定在线旅游平台在线预订服务提供方责任承担问题具有重要意义，而相应的判定又无法脱离具体的业务样态。

经对实践案例进行梳理，现有在线旅游平台根据具体服务内容的提供、服务费用收取方式的不同，其与消费者之间构建的法律关系亦不同。如就同一产品，根据向消费者展示的服务主体不同，存在平台自营、平台内经营者他营、第三方平台渠道经营等多种情形。就具体服务费用的收取，在现有的在线旅游平台预订模式中，一般不直接向消费者披露服务费收取金额，而是直接涵盖在预订费用中（机票预订因不能额外收取服务费除外）。消费者通过不同平台、渠道预订的费用在价格上存在差异（消费者如不进行主动比较可能无法得知），但是否收取服务费或差价，消费者通常无从得知。诚然，在符合法律规定的前提下，商事主体在向消费者提供预订服务的同时收取一定比例的服务费或差价并无不妥，但如前所述，该收费情况亦对其义务范围及责任判定具有参考意义，甚至在特定情况下发挥重要作用。

类似本案情形中即存在这样一个不容回避的问题：如果酒店等最终服务提供方事实上赋予了消费者更多的权利，随着预订服务提供方（及其供应商）的参与并收取订单差价，当消费者要求行使某项权利如取消订单可能导致预订服务提供方或中间供应商原本可获得的差价不复存在时（如本案中酒店方允许全部退款），如果不明确预订服务提供方负有协助的义务，不审核最终答复给消费者的方案相较于消费者原本可从酒店等最终服务提供方享受到的权益是否被不合理地减损，则显然将极易引发道德风险并损害消费者利益。因为在很多情况下，消费者与预订服务提供方之间存在明显的信息不对称，此时预订服务提供方及其供应商缺乏动力去积极主动地促成消费者退订等相应诉求的实现。良好的网络空间消费秩序维护以及消费者权益的保障，不能仅依赖于经营者对消费者体验的重视，更应通过义务的彰显、责任的确立来实现。据此，在线预订服务提供方有义务亲自或通过其供应商积极协助消费者向酒店方申请取消预订并将酒店方反馈如实告知消费者。在线预订服务提供方通过其供应商履行上述义务而该供应商并非事先向消费者披露的预订服务合同主体的，则在线旅游平台或预订服务提供方与其供应商之间系内部委托关系，如果其供应商未能履行协助或如实告知义务，则应由在线旅游平台预订服务提供方对其供应商的相关行为向消费者承担责任。

遗产管理制度中利害关系人的司法认定

——顾某芳、顾某元、顾某其申请指定遗产管理人案

王 坤*

【法理提示】

对被继承人没有扶养义务但事实上扶养较多，依法可以分给适当遗产的人，与遗产存在法律上的利害关系，属于民法典第一千一百四十六条规定的“利害关系人”，可以依法向人民法院申请指定遗产管理人。

【案例索引】

一审：江苏省太仓市人民法院（2022）苏 0585 民特 32 号（2022 年 12 月 7 日）

【基本案情】

申请人顾某芳、顾某元、顾某其诉称：杨某梧和杨某本系姐弟关系。太仓市城厢镇实小弄××幢××室房屋登记在杨某梧名下。杨某梧死后，其仅有杨某本一个继承人，包括上述房屋在内的遗产应归杨某本所有。杨某梧、杨某本为孤寡老人，三申请人在两位老人生前一直照料。杨某梧

* 江苏省太仓市人民法院民事审判第一庭庭长。

生前最后八年一直住院，生活照料也均由三申请人负担；杨某本生活不能自理，基本上由三申请人日常照顾，三申请人还帮其雇用护工照料。杨某本于2017年10月15日入住太仓市新安康复医院医养，三申请人每隔一天探望杨某本，后因疫情防控要求，才每星期探望一次，直至2021年1月30日杨某本在医院病逝。杨某梧和杨某本的丧葬事宜均由三申请人负责，且每逢祭祖纪念日，三申请人按照当地风俗祭扫。因杨某本死亡后，无继承人，故三申请人与此套房产有利害关系，申请法院依法指定太仓市民政局为杨某本的遗产管理人。

被申请人太仓市民政局辩称：对三申请人主张的事实无异议，但对杨某梧、杨某本生前的生活居住、遗产状态不了解，两位老人更多由其生前住所地的居民委员会在帮忙照顾，故太仓市城厢镇府东社区居民委员会担任遗产管理人更为合适。三申请人是否属于利害关系人，由法院认定。

江苏省太仓市人民法院经审理查明事实如下：

杨某梧（出生于1929年8月18日）与杨某本（出生于1930年12月23日）系姐弟关系。二人父母先于二人去世，二人均未婚、无配偶，无其他兄弟姐妹。杨某梧于2014年6月8日死亡，杨某本于2021年1月30日死亡。二人生前居住在太仓市城厢镇实小弄××幢××室房屋内，该房屋土地使用权和房屋所有权登记在杨某梧名下。

顾某伯与顾某娣系申请人顾某芳、顾某元、顾某其的祖父母。顾某娣系杨某本乳母。

另查明：杨某本为聋哑残疾人，在杨某梧死亡后，政府相关单位协调安排杨某本生活时，杨某本选择由顾某芳、顾某元、顾某其照顾其晚年生活。

因杨某本生活不能自理，顾某元、顾某芳、顾某其对其进行日常照顾，并帮其雇用护工照料。2017年9月24日，杨某本因病至太仓市中医医院治疗，经诊断为“脑梗塞、高血压病、肺炎”。后经太仓市中医医院治疗，于2017年10月15日转至太仓市新安康复医院住院治疗，直至2021年1月30日死亡。在太仓市新安康复医院治疗期间，顾某芳、顾某元、顾某其定期对其进行探望，住院期间的护工费、伙食费、医疗费等均由顾某芳负责处理。杨某本死亡后，其丧葬事宜由顾某芳、顾某元、顾某其处理。后顾某芳向其所在社区申请，将杨某梧、杨某本及其父母的骨灰盒一并安葬在太仓市娄东街道香花桥社区的集体存放场所内。每逢祭祖纪念日，顾某芳、顾某元、顾某其按照当地风俗进行祭拜。

审理中，经向杨某梧、杨某本生前所在的太仓市城厢镇府东社区居民委员会调查，该居民委员会认可三申请人所述本案事实，并表示三申请人系杨某本和杨某梧指定的照顾二人的人员，且三申请人也对两位老人尽到了照顾义务。

【裁判理由】

法院生效判决认为，民法典第一千一百四十五条规定："继承开始后，遗嘱执行人为遗产管理人；没有遗嘱执行人的，继承人应当及时推选遗产管理人；继承人未推选的，由继承人共同担任遗产管理人；没有继承人或者继承人均放弃继承的，由被继承人生前住所地的民政部门或者村民委员会担任遗产管理人"。第一千一百四十六条规定："对遗产管理人的确定有争议的，利害关系人可以向人民法院申请指定遗产管理人。"

本案中，杨某梧死亡后，其无第一顺序继承人，杨某本作为第二顺序继承人，有权继承包括案涉城厢镇实小弄××幢××室房屋在内的遗产。依据民法典第二百三十条的规定，因继承取得物权的，自继承开始时发生效力。因此，杨某本通过继承已取得杨某梧名下包括案涉房屋在内相应遗产的物权。现杨某本于 2021 年 1 月 30 日死亡，其无继承人，符合民法典第一千一百四十五条、第一千一百四十六条所界定的申请指定遗产管理人的情形。

因申请人顾某芳、顾某元、顾某其在杨某本生前对其扶养较多，符合民法典第一千一百三十一条规定的"可以分给适当的遗产"情形，故三申请人有权作为利害关系人，申请人民法院指定遗产管理人。具体理由如下。

第一，根据民法典第一千一百三十一条的规定，继承人以外的对被继承人扶养较多的人，可以分给适当的遗产。该条基于权利义务相一致的原则，赋予继承人以外的对被继承人扶养较多的人酌情分得遗产的权利。本案中，三申请人并非杨某本的继承人，但对杨某本生前的饮食、医疗等极尽照顾，生活上扶助较多。故依据上述法律规定，三申请人符合民法典第一千一百三十一条规定的“可以分给适当的遗产”的情形，有权作为利害关系人申请指定遗产管理人。

第二，本案中，三申请人虽然与杨某本无血亲和姻亲关系，没有赡养杨某本的法定义务，但基于祖辈与杨某本的特定关系，三申请人与杨某本在生活中联系紧密。尤为重要的是，杨某本选择三申请人照顾其晚年生活，三申请人亦尽心照料、陪伴杨某本多年，给予其精神上的慰藉，直至杨某本病故，使其得以安享晚年。在杨某本去世后，三申请人负责其全部丧葬事宜，并按照风俗祭祖，符合中华民族赡养老人、扶残救济的传统美德，这也是社会主义良好道德风尚的具体体现，应予鼓励。因此，准予三申请人作为利害关系人申请指定遗产管理人，有利于弘扬文明、和谐、诚信、友善的社会主义核心价值观。

第三，在无法确定遗产管理人的情况下，遗产存在毁损、灭失、侵占等风险。为避免损害发生，民法典设定遗产管理人制度，以保障遗产的安全性和相关民事主体的合法利益。本案中，杨某本无法定继承人、受遗赠人和遗产债权人，如不允许三申请人申请指定遗产管理人，不利于遗产的保存、管理和处理。

鉴于民政部门承担社会救济、社会福利事业、社区服务等工作，比较了解辖区内公民的家庭关系、财产状况等，有能力担任遗产管理人，故对三申请人申请指定杨某本生前住所地的民政部门即太仓市民政局作为遗产管理人，依法应予支持。

【裁判结果】

江苏省太仓市人民法院于 2022 年 12 月 7 日作出（2022）苏 0585 民

特 32 号民事判决：指定太仓市民政局作为杨某本的遗产管理人。

【案例评析】

民法典新设遗产管理制度，明确规定在对遗产管理人的确定有争议时，利害关系人可以向人民法院申请指定遗产管理人。但民法典未对利害关系人的内涵和外延进行明确，对于现实中无人继承又无人受遗赠的遗产，除债权人以外，其他民事主体能否作为利害关系人向人民法院提出指定遗产管理人的申请？本案在无类案可鉴的情况下，准确适用遗产酌给规则以及遗产管理人产生规则作出判决。以下结合本案案情，对我国遗产管理人制度中利害关系人的认定问题进行分析。

一、利害关系人申请指定遗产管理人的前提条件

遗产管理制度，指在继承开始后遗产交付前，有关主体依据法律规定或有关机关的指定，以维护遗产价值和遗产权利人合法利益为宗旨，对被继承人的遗产实施管理、清算的制度。而遗产管理人，则是依据遗嘱指定、继承人的共同意志确定或者法院指定而负责处理遗产有关事务的民事主体，即对被继承人遗产进行保管存放和管理分配的人。民法典第一千一百四十五条和第一千一百四十六条分别是关于确定遗产管理人的规定和遗产管理人争议解决程序的规定。根据该两条规定，遗产管理人包括三类，即遗嘱执行人、继承人、民政部门或村委会；在遗产管理人有争议的情形下，由利害关系人向法院提出申请，由法院来指定遗产管理人。因此，法院根据利害关系人的申请，指定遗产管理人的前置条件为“对遗产管理人的确定有争议”，而民法典基于法律实施后所发生情形适用性的考虑，并未对此作出细化规定。从法律适用角度来讲，法院需对争议的范围进行考量，若单以“对遗产管理人的确定有争议”作为受案标准而没有进一步的司法解释对“争议”进行释明，这给法院受理此类案件带来困惑。

对“对遗产管理人的确定有争议”中的“争议”，应作广义理解，

既包括有明确争议主体的情形，也包括虽没有争议主体，但存在不确定事项的情形；既包括积极争议即多人争当遗产管理人的情形，也包括消极争议即互相推诿无人愿意担任遗产管理人的情形。否则，实践中可能出现无人担任遗产管理人也无人申请法院指定遗产管理人的情形，无法实现遗产管理人制度保护遗产完整性、安全性以及维护继承人、受遗赠人和遗产债权人等主体权益的立法意旨。实践中，“对遗产管理人的确定有争议”主要表现为以下情形：遗嘱执行人不愿意参与遗产管理；多个遗嘱执行人之间因遗产管理发生纠纷或者继承人之间因为遗产管理发生纠纷；继承人不认可遗嘱执行人作为遗产管理人；继承人对遗嘱执行人管理全部遗产有异议；对继承人的范围存在争议，导致无法推选遗产管理人；受遗赠人、遗产债权人认为其权益受到继承人的损害或有损害危险，等等。

本案中，三申请人针对杨某本遗产的无人管理状态，提出指定遗产管理人的主张，但太仓市民政局认为被继承人杨某本生前住所地的居民委员会担任遗产管理人更为合适。故本案属于“对遗产管理人的确定有争议”的情形，法院受理顾某芳、顾某元等三人的申请符合民法典第一千一百四十五条的规定。

二、遗产管理制度中利害关系人的判断标准

民法典未对“利害关系人”的内涵和外延作出明确规定，可以综合运用目的解释、体系解释等法律解释方法，合理判断当事人与遗产是否存在法律上的利害关系。

首先，从遗产管理人制度的立法目的认定利害关系人。根据民法典第一千一百四十六条的规定，申请指定遗产管理人的主体必须是利害关系人。民法典出台前，由于缺乏遗产管理制度，在被继承人死亡后遗产交付前，遗产很多处于无人管理状态，或者出现遗产分割前已经占有遗产的人转移、侵吞遗产等情形，侵害共同继承人和遗产债权人的利益。遗产管理制度设立的目的主要是解决原继承法框架下遗嘱执行人履职和

诉讼担当的缺失问题。从民法典的规定来看，遗产管理人承担以下职责：一是管理和保全遗产；二是维护遗产权利人利益；三是实现遗产公平分配；四是确保交易安全。这就决定了一旦对遗产管理人的确定产生争议，则遗产管理人不能正常履职，遗产本身的财产价值、遗产权利人的利益以及遗产的处置秩序等处于不稳定状态。因上述不稳定状态，导致其权利和义务受到影响的相关主体，可以成为遗产管理人制度中的利害关系人。因此，从立法目的来看，利害关系人应界定为与遗产有法律上利害关系的主体，即其与遗产的管理、清算、分配存在法律上的利害关系。

其次，运用体系化的解释方法判断利害关系人。对于与遗产有法律上的利害关系，可以分解为三个关键词“遗产的处理”“法律上”“利害关系”分别进行解读。第一，“遗产的处理”，既包括遗产的处理结果，也包括遗产的处理过程。前者指遗产最终的分配主体和分割比例；后者则指遗产的保管、清算等。第二，“法律上”指的是从法律规范的角度，相关主体的权利义务与遗产存在某种牵连，即从具体的公法或私法的法律规范入手去判断是否存在利害关系。第三，“利害关系”是指相关主体与遗产之间存在实体法上的权利义务关系，其中既包括与遗产的处理有直接利害关系，也包括与遗产的处理存在间接利害关系。故认定与遗产是否具有法律上的利害关系，就是运用体系化的方法在相关实体规范中寻找申请人的权利义务与遗产是否存在直接或间接牵连的依据。

最后，基于公益性的考量合理界定利害关系人。申请指定遗产管理人案件适用特别程序审理，不具备一般意义上诉讼案件的争讼性和对抗性的特征，具有一定的公益性特征。遗产管理人兼具遗产保管人和遗嘱执行人的特征，具有中立性和专业性的特点。故判断申请指定遗产管理人的主体是否适格，既要考虑申请人的私益，还要考量国家、社会公众的利益。故应从公共权益保护视角，对遗产管理人制度中的利害关系人进行宽泛解释，灵活判断申请人是否为利害关系人。因为正确理解和把握利害关系人，不仅是保障当事人诉权和防止滥诉问题之间的平衡点，也是保护当事人私益和维护公益之间的平衡点。需要注意的是，虽然应当结合实体法的规定来判断申请人是否与遗产存在法律上的利害关系，但利害关系人的认定仅具有程序法上的意义，即使认定申请人为利害关系人，甚至支持其指定遗产管理人的主张，也不代表其对遗产必然享有某种公法或私法上的权利，仍应由遗产管理人对遗产进行合理处分。

本案中，顾某芳等三人既不是继承人也不是受遗赠人，更不是遗产债权人，不具有一般意义上申请指定遗产管理人的资格。三人是否有权提出指定申请，应当从实体法律规范中判断其是否与遗产存在法律上直接或间接的利害关系。民法典第一千一百三十一条关于继承人以外的人酌情分得遗产的规定，其宗旨在于创造一种新的遗产取得方式，使继承人以外的其他人基于正义、扶助的理念获得一定数量的遗产，赋予继承人以外与被继承人形成某种扶养关系的人适当分得遗产的权利。三申请人作为继承人以外的人，对被继承人进行了事实上的扶养，可以适当分得遗产。故应当结合遗产酌给制度，认定三人与遗产的分配具有法律上的直接利害关系，属于利害关系人。相反，若否认三人的申请资格，杨某本的遗产将处于无人保存、管理和处理的不稳定状态，不利于私法秩序的维护和资源的合理利用。

三、遗产管理人的类型划分

根据前述关于利害关系人判断标准的分析，实践中的遗产管理人主要分为以下几种。

第一，对遗产享有直接财产权益的主体。民法典第一千一百二十七条第一款规定："遗产按照下列顺序继承：（一）第一顺序：配偶、子女、父母；（二）第二顺序：兄弟姐妹、祖父母、外祖父母。"依据民法典第一千一百三十三条的规定，自然人可以立遗嘱将个人财产指定由法定继承人中的一人或数人继承，也可以赠与国家、集体或者法定继承人以外的组织、个人。因此，继承人继承遗产，受遗赠人接受遗赠，遗产将成为继承人和受遗赠人的财产，继承人和受遗赠人作为利害关系人自不待言。

第二，对遗产享有间接财产权益的主体。虽然对遗产本身不享有直接的财产权益，但如果遗产缺乏管理，将无法有效行使自己权利的主体也可能成为利害关系人，主要表现为遗产债权人。遗产管理人的重要职责就是维护遗产权利人的利益，其在接管遗产后，应通知遗产债权人在规定期限内申报遗产权利，并防止部分继承人对遗产进行藏匿或转移。根据民法典第一千一百六十一条的规定，继承人以所得遗产实际价值为限清偿被继承人依法应当缴纳的税款和债务；如放弃继承的，可以不负清偿责任。故在没有继承人或继承人放弃继承的情况下，若无遗产管理人及时对财产进行管理，被继承人的债权人将无法确定其行使债权的对象，其当然有权作为利害关系人申请指定遗产管理人。同理，税务机关也可能基于被继承人欠缴税款，而成为利害关系人。

第三，法律赋予管理遗产职责的单位、组织。除了私法意义上的利害关系人，民政部门和村民委员会也有可能作为利害关系人提出申请。根据民法典第一千一百四十五条的规定，在没有继承人或继承人均放弃继承情况下，民政部门或村民委员会是法定的遗产管理人，其可以担任遗产管理人对遗产进行管理。此时，民政部门或者村民委员会可能因为行使遗产管理权而与他人发生争议。由于民政部门或者村民委员会一定情形下负有法定的管理遗产的职责，也属于利害关系人范畴。

具体到本案，三申请人在杨某本生前对其经济上资助、生活上扶助、精神上慰藉，事实上扶养较多，可以分得适当遗产，属于对遗产享有直接财产权益的主体，自然与遗产分割存在法律上的利害关系人，故而可以作为利害关系人，请求法院指定遗产管理人。

人民法院对虚假诉讼所涉生效裁判应当依法改判

——曹某东与尹某安民间借贷虚假诉讼案

吴剑铭*

【法理提示】

欠债不还，采取虚假诉讼等恶劣手段恶意逃债，转移财产，逃避法院执行的，属于虚假诉讼。对经查证确属虚假诉讼的，应判决驳回其诉讼请求，并对其妨害民事诉讼的行为依法予以制裁。人民法院发现虚假诉讼后，应当对虚假诉讼所涉生效裁判依法改判。

【案例索引】

一审：江苏省泗阳县人民法院（2014）泗民初字第0306号（2014年2月13日）

再审：江苏省泗阳县人民法院（2019）苏1323民再6号（2019年11月20日）

民事制裁：江苏省泗阳县人民法院（2019）苏1323司惩6号（2019年12月2日）；江苏省泗阳县人民法院（2019）苏1323司惩7号（2019年12月2日）

* 江苏省高级人民法院民事审判第五庭法官。

【基本案情】

原审原告：曹某东。

原审被告：尹某安。

2014 年 1 月 21 日，曹某东持尹某安出具的金额为 50 万元的借条诉至法院。曹某东主张 2007 年尹某安因经营需要分三次向其借款合计 44 万元，双方对其中 20 万元约定月利率为 2%、15 万元约定月利率为 1.5%、9 万元约定月利率为 1%。2010 年 1 月 30 日，经双方结算，尹某安向曹某东借款本金及利息合计 50 万元，尹某安向曹某东出具了借条。后因借条破损，尹某安于 2013 年 11 月重新出具借条给曹某东。尹某安对借款事实没有异议，但辩称没有偿还能力。江苏省泗阳县人民法院作出了（2014）泗民初字第 0306 号民事判决。

尹某安、曹某东因涉嫌虚假诉讼罪被公安机关传唤。法院调取公安机关对尹某安、曹某东的讯问笔录并对尹某安、曹某东进行调查核实。尹某安陈述：曹某东起诉称尹某安借款 50 万元是虚假的，当时因为尹某安为案外人的债务提供担保，为了工资不被债权人拿走，尹某安多次找到曹某东请其帮忙，最终曹某东碍于情面勉强答应。曹某东就该案执行到的款项也都被尹某安提走，起诉时的费用也是由尹某安支出的。曹某东陈述：尹某安从来没有向其借过钱，双方也没有经济往来，借款是虚构的，其在诉讼中陈述的事实都是假的。当时尹某安说他可能涉及债务纠纷，只有工资可供执行，尹某安怕工资被执行，就向其出具一张 50 万元的借条，由其起诉尹某安。起诉的材料和费用都是尹某安提供和支付的。后来尹某安又让其帮忙申请执行，其办理了一张银行卡交由尹某安使用。

根据公安机关对曹某东、尹某安的讯问笔录等证据和尹某安与曹某东在再审中的陈述，可以证实尹某安虚构 50 万元债务，并出具借条给曹某东，曹某东于 2014 年 1 月 21 日提起民事诉讼，要求尹某安偿还 50 万元。在原审审理中，尹某安对借款事实予以承认。实际上，尹某安与曹某东之间并不存在上述借贷事实。二人虚假诉讼导致法院于 2014 年 2 月 13 日作出（2014）泗民初字第 0306 号民事判决：尹某安于判决生效后十日内偿还曹某东借款 50 万元。该判决生效后，曹某东申请了强制执行，取得的执行款 15.91 万元由尹某安控制和领取。

【裁判理由】

再审法院认为，民事诉讼法（2017 年修正）第一百一十二条规定，当事人之间恶意串通，企图通过诉讼、调解等方式侵害他人合法权益的，人民法院应当驳回其请求，并根据情节轻重予以罚款、拘留；构成犯罪的，依法追究刑事责任。本案原审被告尹某安为逃避因承担保证责任而被债权人申请执行其财产，与原审原告曹某东恶意串通，虚构债权债务，并由曹某东作为债权人提起民事诉讼。曹某东在获取生效民事裁判文书后，申请执行尹某安的财产，相关款项实际由尹某安领取。尹某安和曹某东通过诉讼方式侵害他人合法权益，扰乱审判秩序，损害司法公正，二人行为属恶意串通虚假诉讼。人民法院发现后，应当对虚假诉讼所涉生效裁判依法改判。

【裁判结果】

再审法院在查明案件事实的基础上改判：（1）撤销该院作出的（2014）泗民初字第 0306 号民事判决；（2）驳回曹某东的全部诉讼请求。因尹某安、曹某东恶意串通企图通过诉讼方式侵害他人合法权益，妨害民事诉讼，再审法院于 2019 年 12 月 2 日分别作出（2019）苏 1323 司惩 6 号、7 号决定书，决定：对尹某安拘留十日、罚款 5 万元；对曹某东拘留七日、罚款 3 万元。

【案例评析】

虚假诉讼不仅严重侵害案外人合法权益，破坏社会诚信，也扰乱了正常的诉讼秩序，损害司法权威和司法公信力。民间借贷是虚假诉讼的高发领域。《最高人民法院关于依法妥善审理民间借贷纠纷案件促进经济发展维护社会稳定的通知》（法〔2011〕336号）第七条规定，人民法院在审理民间借贷纠纷案件过程中，要依法全面、客观地审核双方当事人提交的全部证据，从各证据与案件事实的关联程度、各证据之间的联系等方面进行综合审查判断。对形式有瑕疵的“欠条”或者“收条”，要结合其他证据认定是否存在借贷关系；对现金交付的借贷，可根据交付凭证、支付能力、交易习惯、借贷金额的大小、当事人间关系以及当事人陈述的交易细节经过等因素综合判断。发现有虚假诉讼嫌疑的，要及时依职权或者提请有关部门调查取证，查清事实真相。经查证确属虚假诉讼的，驳回其诉讼请求，并对其妨害民事诉讼的行为依法予以制裁；对于以骗取财物、逃废债务为目的实施虚假诉讼，构成犯罪的，依法追究刑事责任。《最高人民法院关于审理民间借贷案件适用法律若干问题的规定》等司法解释和政策文件亦对虚假诉讼的审查进一步作出明确规定。本案中，再审法院依照借贷金额的大小、当事人之间的关系以及当事人陈述的交易细节经过等因素综合判断，认定本案属于虚假诉讼，并对双方当事人妨害民事诉讼的行为依法予以制裁，严厉打击通过虚假诉讼逃废债行为，既依法维护了债权人利益，也回应了人民群众对打击逃废债行为的呼声和诉求。

【地方法院调研】

关于农业生产过程中
涉无人机作业侵权纠纷民事案件的调研报告

天津市第一中级人民法院课题组*

随着无人机等新兴科技在农业生产中的广泛应用，因无人机操作管理不规范导致邻近土地农作物遭受损害的新类型纠纷日渐增多。妥善化解涉农新兴领域纠纷，切实做好服务“三农”工作，回应老百姓现实关切，维护农民群众合法权益，是人民法院司法服务乡村振兴战略的重要举措。人民法院充分发挥审判职能作用，妥善审理涉无人机作业纠纷等涉农案件，不仅关乎个案公平正义，更关乎服务保障乡村振兴、维护基层社会稳定大局。如何公正高效审理涉农案件及科学合理确定涉无人机作业纠纷案件裁判思路，是现阶段人民法院面临的崭新课题。

我国无人机发展方兴未艾，已经进入一个农用无人机发展的黄金时期。植保无人机广泛应用于农药喷洒、播种施肥等领域，其在农业生产中发挥的作用愈发明显。然而由于操作人员技术不熟练，农户风险防范意识不强，农药飘移导致的药害仍是农用无人机发展的最大风险点。因此，对辖区法院涉无人机作业侵权纠纷案件开展调研，以此总结经验、发现问题、提出对策，对促进无人机等新兴科技的长远发展，维护老百姓切身利益十分必要。前期，课题组先后到武清、宝坻、蓟州等辖区基

---

* 课题组主持人：刘莉；课题组成员：王晓燕、杨阿荣、邵丹、吴庆榜。

层法院进行调研，与基层一线办案法官及市农业农村委员会等单位具体负责同志进行座谈，到宝坻、武清、蓟州、北辰小麦地、藕田等田间地头了解影响损失发生的因素，摸清了此类纠纷的现状、成因及执法司法中的问题，总结了此类纠纷的审理难点和裁判思路，并在此基础上研究提出有针对性的对策建议。

一、涉无人机作业侵权纠纷案件基本情况

2020 年至今，天津市第一中级人民法院辖区法院共审理涉无人机作业侵权纠纷案件 11 件，其中，武清法院 5 件，宝坻法院 4 件，蓟州法院 2 件。从案件案由分析，此类案件立案案由均为财产损害赔偿纠纷。从纠纷成因分析，此类纠纷多因无人机喷洒农药（除草剂、杀虫剂、催熟剂等）造成相邻地块农作物（蚕豆、大蒜、水稻、果树、藕塘等）或养殖鱼塘歉收或绝收而引发。

上述案件呈现出下列特点：（1）案件数量呈递增趋势。辖区法院 2020 年审理 2 件，2021 年审理 2 件，2022 年审理 7 件，且据基层法院介绍，尚有案件正在审理。（2）案件具有涉众性。无人机作业操作不当易致周边作物等遭受大面积损害，致多人利益受损，且此类案件因果关系、损失数额的认定较为困难，如不能妥善处理，易引发群体性纠纷，形成社会不稳定因素。（3）裁判尺度不统一。关于农户与操作人员的法律关系、责任承担主体及承担比例、损失认定等，辖区法院裁判尺度不一致，存在同案不同判问题。

处理此类案件有如下难点：（1）利益关系平衡难。涉无人机作业侵权纠纷案件不仅是法律问题，更是一种利益平衡问题。一方面，司法为民是司法工作的永恒主题，农民是社会弱势群体，农民合法利益必须切实维护；另一方面，若对使用无人机一方课以重责，势必弱化包括无人机在内的科技产品的推广使用，最终亦不利于“三农”事业的长远发展。在无人机等新型科技广泛运用于农业生产的动态过程中，如何有效平衡科技便利与法律风险之间的关系，需审慎待之。（2）因果关系认定难。

此类案件损害后果具有潜伏性、滞后性、复杂性的特点，损害后果的显现需要一定时间的积累。实践中，受损方往往无法确定无人机操作人员、喷洒时间、喷洒范围、喷洒农药品种等，一些案件因农药的挥发、吸收、稀释等已不具备因果关系鉴定条件。此外，对于鱼虾等养殖物的损害，即使没有无人机喷洒农药等外来因素，其自身病害也可能导致死亡。在侵权方不认可的情形下，农作物损害与无人机作业之间有无因果关系成为此类案件审理的难点和关键所在。（3）损失数额确认难。此类案件损失主要包括农作物减产或绝收损失、养殖物死亡损失等。对于小麦、玉米、水稻等常见粮食作物的减产损失，因种植面积大、平均亩产量的可比性强，较容易认定减产损失。对于不常见作物（如莲藕）、水果（如车厘子）或其他经济类作物，因种植面积小、可比较性差等因素，认定减产损失难度较大。加之农户法律意识淡薄，取证意识不强，往往无法证明真实损失情况。即便通过司法鉴定确认了损失数额，但农作物减产受环境、气候、自然灾害、作物管理等多种因素影响，如何公平合理地确定损失范围和数额成为审理难点。（4）责任划分认定难。此类案件多是农户提供农药，寻找操作人员进行喷洒。实践中，受损方往往因不清楚操作人员的具体情况，仅起诉农户赔偿损失。在受损方同时起诉农户、操作人员的情况下，案件存在两种法律关系：一是内部的合同关系，即农户与操作人员之间的关系；二是外部侵权关系。据此，如何认定合同关系的性质，准确把握责任主体、责任比例的承担也需认真思考。

二、涉无人机作业侵权纠纷审判思路

通过调研，课题组发现，该类案件审理过程中一定程度存在裁判尺度不统一问题。诸如，举证规则不统一，是采用一般侵权还是特殊侵权的举证规则；侵权构成要件中因果关系及损害事实的确定亦是审理难点，因果关系是侵权方承担责任的基础，是加害行为与损害结果之间的联系，加害行为是否可以构成法律上的“原因”；损害事实主要涉及损失数额的确定方式，是否需要启动鉴定程序以及如果不启动鉴定程序如何确定损失数额；另外，该类纠纷涉及农户、无人机操作人员、受损方三者的内部合同关系及外部侵权关系，如何确定法律关系及认定责任亦是需要着重分析的问题。

（一）关于举证规则

经调研发现，关于此类案件的举证规则主要存在两种观点：一是采用一般侵权纠纷举证规则，即“谁主张，谁举证”，将举证责任分配给受损方；二是采用环境侵权纠纷举证规则，即“举证责任倒置”，将举证责任分配给侵权方。采取何种举证规则会直接影响结果的认定。调研组认为，因农药呈现广谱、高效、低毒、低残留等特征，且从近年来审理的侵权案件看，未发现广泛污染环境情形的发生，仅限于对有限范围的农作物等造成一定程度的减产、绝收。因此，此类案件不宜突破“谁主张，谁举证”的规则，仍应由受损方对无人机喷洒农药致害承担举证责任。

（二）关于因果关系认定

此类案件中侵权责任构成要件的因果关系是审理难点之一，案件审理中，对于因果关系的认定可从以下几个层面予以考量。

1. 侵权方认可使用无人机喷洒农药致相邻作物损害

因损害结果的潜伏性、滞后性，多数案件并不具备因果关系鉴定条件，但从统计案件看，受损方法律意识逐步增强，利益受损后通过及时向公安机关报案、到村委会反映等途径寻求救济，侵权方在此过程中的陈述、行为，可作为因果关系认定的重要依据。在统计案件中，部分侵权方对使用无人机喷洒农药致相邻作物损害始终认可，部分侵权方在公安机关询问及村委会调解过程中认可，部分侵权方在与受损方沟通过程中认可。在侵权方认可因使用无人机喷洒农药致相邻作物损害的侵权事实，只是对损失数额有异议的情形下，亦可对存在因果关系予以认定。

2. 侵权方不认可使用无人机喷洒农药致相邻作物损害

如前所述，受损方应就损害后果与无人机喷洒农药行为具有因果关系承担举证责任，但是否具有因果关系，仍需法院结合飞行轨迹、土地间隔、有无遮挡、农药类型及损害后果、当事人陈述等予以综合认定。在具备鉴定条件的情形下，根据个案具体情况必要时启动鉴定程序。在张某诉戈某、李某财产损害赔偿纠纷一案①中，张某主张戈某雇佣李某使用无人机喷洒农药，致其种植的西瓜、甜瓜、西葫芦等农作物不能正常生长。李某辩称无人机飞行记录显示未覆盖张某农田，与张某农田相隔几百米，有树木、大棚、路和水渠相隔。张某亦陈述与喷洒农药地块相隔250米左右，中间有树木和河相隔。武清区人民法院认为张某未能提供农作物不能正常生长系李某喷洒农药所致的相关证据，不能认定存在因果关系，判决驳回张某的诉讼请求。在赵某等127人诉王某1、王某2、陈某等财产损害赔偿纠纷一案②中，赵某等人发现损害后向有关部门进行反映，天津市公安局物证鉴定中心进行农药检测，并对部分检材检出农药成分。宝坻区方家庄镇政府为化解矛盾，委托农业生态环境及农产品质量安全司法鉴定中心进行鉴定。经鉴定，受鉴区域农作物发生损害为无人机喷洒农药所致。据此，宝坻区人民法院对鉴定意见予以确认，认定无人机操作人员王某1、王某2对损害后果承担赔偿责任。

（三）关于农户与操作人员法律关系认定

在统计案件中，受损方同时起诉农户、操作人员的案件有6件，其余案件仅起诉农户。在6件案件中，关于农户与无人机操作人员的关系，3件认定为劳务关系，1件认定为承揽关系，2件被调解未予认定。此类案件法律关系认定裁判尺度的不统一，直接影响责任主体及责任比例的认定，而其中的关键即为劳务关系与承揽关系的区分界定。

根据民法典第一千一百九十二条、第一千一百九十三条的规定，如当事人之间存在控制、支配和从属关系，由一方指定工作场所、提供劳动工具或设备，限定工作时间，定期给付劳动报酬，所提供的劳动是接

① 参见天津市武清区人民法院（2022）津0114民初1116号民事判决书。

② 参见天津市宝坻区人民法院（2021）津0115民初1619号民事判决书。

受劳务一方生产经营活动的组成部分的，可以认定为劳务关系。反之，则应认定为承揽关系。[①]

调研组认为，在此类案件中，农户与操作人员之间的法律关系宜认定为承揽关系。实践中，因无人机作业需要操作人员具有相关资质，农户一般是寻找操作人员使用无人机喷洒农药。具体工作模式为农户提供农药，告知操作人员喷洒区域，操作人员操作无人机进行喷洒。操作人员系使用自己所有或控制的无人机，以操作无人机的技术独立完成农药喷洒工作。农户与操作人员之间的支配、从属关系较弱，劳动报酬较低，也基本上一次性结算，喷洒后即时交付成果，工作不具有持续性，符合承揽关系的特征，应认定双方系承揽关系。

（四）关于责任主体及比例认定

在统计案件中，受损方仅起诉农户时，均认定农户承担相应责任；在受损方起诉农户、操作人员的6件案件中，1件驳回诉讼请求，2件调解，1件认定操作人员全责，1件认定农户全责，1件认定农户主责、操作人员次责。在认定承揽关系的前提下，一般应由承揽人（操作人员）承担侵权责任，但定作人（农户）对定作、指示或者选任有过错的，农户亦应承担相应的赔偿责任。

关于农户、操作人员责任的承担，我们认为可区分以下几种情形予以确定。

1. 受损方同时向农户、操作人员主张权利

在认定为承揽关系的前提下，操作人员应对全部损失承担赔偿责任，但农户存在定作、指示、选任过错的，农户也应承担相应赔偿责任。具体承担责任的比例，应综合农户在定作、指示、选任方面过错程度予以认定。具体而言可分为如下三种情形。

如损害完全由农户过错所致，农户承担全部赔偿责任。

---

① 参见最高人民法院民法典贯彻实施工作领导小组主编：《中华人民共和国民法典合同编理解与适用》，人民法院出版社2020年版，第1803页。

如损害完全由操作人员所致，农户不承担赔偿责任。在赵某等127人诉王某1、王某2、陈某财产损害赔偿纠纷一案①中，宝坻区人民法院认定农户陈某与操作人员王某1、王某2系承揽关系。关于责任比例，王某1、王某2在操作无人机喷洒农药返回时，为节省时间，没有绕行，而是从其他农户地块飞过，造成127户农户农作物损害。宝坻区人民法院认定操作人员作业时未充分履行防范及注意义务，并采取必要措施避免给相邻土地的农作物造成损害，应对损害后果承担赔偿责任。陈某选择具有无人机操作资格的人员进行农药喷洒，不存在任何过失，不承担责任。

如损害由农户、操作人员过错叠加所致，宜认定实施决定农药选择、喷洒等行为的主体承担主要责任。以上责任认定主要是考虑到无人机喷洒农药致害案件的特殊性，该行为由不可拆分的两部分组成，即农药的选择、喷洒等以及无人机的植保飞行。实践中，农药的选择、喷洒方式等完全由农户自主决定，而操作人员仅负责植保无人机的飞行，植保飞行活动从属于农户的决定行为，仅在不符合飞行规范及操作不当的情形下承担责任。据此，作为定作人的农户的决定行为起主要作用，操作人员作为承揽人的执行行为起次要作用。此外，实践中操作人员大多为个人从业，缺乏专业化组织的培训、管理，操作人员也无统一的操作规范予以遵守。而且操作人员收费普遍较低，在每亩3元左右，获利与承担责任相差悬殊。综合以上因素，在现有无人机作业模式下，宜认定农户承担主要责任，操作人员承担次要责任。在宋某诉某合作社、安某财产损害赔偿纠纷一案②中，喷洒农药“敌草快”说明书中明确施药时应避免雾滴飘移，避免在大风和高温天气施药，推荐使用背负式喷雾器，而使用无人机喷洒方式、何时喷洒、喷洒何种农药均系某合作社决定，安某也表示喷洒当天有风，作业前向某合作社进行了风险告知和提示，蓟州区人民法院考虑双方的过错程度酌情认定某合作社承担60%责任，安某

① 参见天津市宝坻区人民法院（2021）津0115民初1619号民事判决书。

② 参见天津市蓟州区人民法院（2022）津0119民初10313号民事判决书。

承担40%责任。调研中还发现，随着专业合作社的兴起，部分操作人员接受专业合作社培训，根据其指示进行作业，此情形下，农药的采购、选择、配比、喷洒方式等均系专业合作社决定，专业合作社对外应作为责任承担主体，责任比例参照前述操作人员。

2. 受损方仅向农户或操作人员主张权利

此情形下，应释明追加操作人员或农户作为当事人参加诉讼，根据个案情形认定责任主体及责任比例。

（五）关于损失数额认定

在统计的10件认定损失的案件中，7件有鉴定机构的鉴定意见，1件损失系一审法院酌情认定，2件调解结案未确定损失数额。对于此类案件损失数额的认定，调研组认为可以从以下几个层面予以考量。

1. 不宜轻易启动鉴定程序

鉴定程序的启动必然产生相应的鉴定费用，但对于争议金额较小的诉讼，鉴定费用的叠加将致诉讼成本增高，且鉴定周期也较长，不利于双方纠纷的及时化解。因此，对于损害面积不大、损失数额较小、对立情绪不激烈的纠纷，基于农作物的生长周期相对固定，一定区域的种植成本相对透明，可探索通过询价、走访、调研的方式确定损失数额。

2. 有鉴定意见的情况下，也不能“以鉴代审”“一鉴了之”

农作物损失受气候、土壤、培育、生长周期、自身疾病等诸多因素的影响，鉴定意见可作为认定损失的参考性证据，但不能“以鉴代审”，更不能“一鉴了之”，应在参考鉴定意见的基础上，进行实地走访、开展调查研究，综合评定鉴定意见的可信度及合理性，如鉴定意见明显超出损失的合理限度，可在综合相关因素的情形下，对鉴定意见酌定一定比例认定损失数额。在白某诉赵某、李某财产损害赔偿纠纷一案①中，损失经鉴定为58万余元，武清区人民法院据此认定赵某赔偿全部损失。二审

① 参见天津市武清区人民法院（2022）津0114民初9173号民事判决书。

法院经分析调研，鉴定机构采样基本靠近喷洒农药地块，根据收购商的称重确定收购重量，以询价方式确定正常产量，但采用距离近的样本作为整体数据并不客观，且藕塘产量、收购价格受市场行情、藕塘种植时间、人工成本高等多种因素影响，以鉴定意见认定损失数额并不具有客观性。综合以上因素，二审法院在鉴定意见基础上对损失数额予以酌定。

3. 无法鉴定的情况下，应综合予以认定

在受损方不能证明具体损失数额，且无法鉴定的情况下，人民法院可采取实地查勘、询价等方式，分析影响损失的因素，并结合当事人陈述及相关证据，酌情认定损失数额。在张某1诉鲁某等财产损害赔偿纠纷一案[①]中，实际损失数额无法鉴定，仅鉴定了鉴定标的正常情况下一个收获季的产值。该案中，张某1主张损失为全部桃树的损失，但鲁某提交照片证明张某1有售卖桃子行为，以及其他果园桃树在没有沾染农药的情形下仍存在烂果、掉果现象。据此，武清区人民法院认为，桃树的减产具有多样性，张某1提交的证据无法证明实际损失，综合案情酌定损失为正常收获季产值的10%。

三、化解涉无人机作业侵权纠纷的综合性对策和建议

农业生产领域无人机作业已成必然之势，规范和加强监管是保障行业健康发展的重中之重。而无人机行业的规范和监管又是一项系统的工程，不仅需要相关法律法规进行规范，还需要全社会多方力量合力共同担责，需要政府、社会、企业和个人等多方力量共同努力。具体而言，可从人民法院坚持能动司法、相关部门加强培训指导及政府机关完善监管机制三个方面着手，及时阻断植保无人机作业过程中的法律风险向主体间法律纠纷与法律责任承担的转化。

（一）坚持能动司法，妥善化解矛盾纠纷

最高人民法院院长张军在国家法官学院2023年春季开学典礼上指

① 参见天津市武清区人民法院（2022）津0114民初8270号民事判决书。

出，要把能动司法贯穿新时代新发展阶段审判工作始终，以司法审判工作现代化服务保障中国式现代化。人民法院应坚持能动司法理念，紧扣“公正与效率”主题，多措并举，引导植保无人机行业健康有序发展，以法治之力为乡村振兴蓄势赋能，以司法之为服务“三农”发展，以能动司法展现人民法院担当作为。

1. 统一裁判认识，注重利益平衡保护

严格落实“十项行动”要求，精准服务保障乡村振兴、引领基层社会治理，是人民法院司法服务的重点。受损方利益的维护与促进植保无人机行业的健康有序发展应构成人民法院审理涉无人机作业侵权纠纷案件的双重底色。人民法院应坚持平衡保护理念，做到保障农户利益与促进无人机行业发展并重，努力寻找双方利益的共同点和平衡点，在综合个案具体情况和价值判断的基础上，依法作出裁判，以公正裁判确立规则、规范行为。案件办理过程中，应合理分配当事人的举证责任，查明案件事实真相，最大限度确保裁判结果的公平公正。同时，应统一裁判认识和裁判尺度，确保同案同判，切实维护司法公正、提升司法公信力。

2. 依法能动履职，深入推进诉源治理

习近平总书记指出，法治建设既要抓末端、治已病，更要抓前端、治未病。人民法院不仅要办好每一起案件，更要积极推进诉源治理，主动向有关部门提出司法建议，让矛盾化于未发、止于未诉，从根本上减少案件发生。植保无人机作业侵权纠纷案件是随着无人机的普及涌现出的新类型案件，为从源头治理和防范无人机作业引发的纠纷，强化农业现代化的科技支撑水平，人民法院应坚持和发展新时代“枫桥经验”，将工作重心前移。一方面，走进田间地头、深入街头巷尾、融入群众中间，做好纠纷的预见性调解，加强纠纷的前端化解，从源头减少诉讼增量；另一方面，可采取向政府及有关单位提出司法建议等非审判的方式提前介入，做深做实诉源治理，以更专业优质的司法服务回应“三农”需求。

3. 创新工作机制，构建多元解纷新格局

社会治理的重心在基层，乡村振兴的关键在基层，新时代“枫桥经验”最显著的优势亦在于能否扎根基层、服务基层。为妥善处理农业生产过程中出现的新型矛盾纠纷，切实回应人民群众的现实关切，人民法院必须创新工作机制，积极推进矛盾纠纷多元化解、多元共治。一方面，充分发挥审判职能作用，深挖案例资源优势，通过以案释法、判后答疑等方式宣讲涉农政策及法律法规，提示农户和无人机操作人员充分了解无人机作业存在的损害后果及法律风险。对于已发生的纠纷，可联合基层民警、乡（镇）政府工作人员、村干部等，及时对各方当事人进行耐心沟通劝导，最大限度把矛盾纠纷化解在基层、化解在诉前。另一方面，可与农业农村委员会、专业合作社等有关单位建立常态化沟通机制，通过组织召开座谈会等形式，会商“三农”工作面临的挑战和困难，为助力乡村振兴贡献司法智慧和力量。

（二）加强培训指导，规范无人机作业管理

1. 开展专业技术培训

调研发现，现有的无人机飞行资质多由企业、协会颁发，缺乏统一的规范。自 2024 年 1 月 1 日起实施的《无人驾驶航空器飞行管理暂行条例》规定，对从事常规农用无人机作业飞行活动的人员无须取得操控员执照，但应当由农用无人机系统生产者按照国务院民用航空、农业农村主管部门规定的内容进行培训和考核，合格后取得操作证书。因此，规定其实赋予了主管部门一定的职责，专业技术培训应主要针对广大农户、无人机操作人员、专业合作社、涉农企业等进行，培训内容应包括涉农法律法规，农药药性研判和稀释配比，作业安全防护和风险防范，无人机操作技能、维修养护、故障排查等方面。同时，可由主管部门定期组织举办“最佳飞手”等无人机赛事，对优秀无人机操作人员予以表彰奖励，以提升无人机操作人员科学用药水平和无人机操作技能，从而促进精准农业和智慧农业的发展。

2. 提升安全防护意识

由于农用无人机喷洒的农药浓度高、药性强，无论是周边地块农作

物还是操作人员本身都有被农药伤害的风险，因此，相关部门应加强农业安全生产宣传力度，提示农户及无人机操作人员充分了解无人机作业存在的损害后果及法律风险，规范无人机操作人员作业前应充分考虑空气湿度、飞行高度、风速风向等易致药剂漂移的因素及相邻土地种植情况。作业过程中科学使用农药，严格按照农药标签标注的使用范围、方法、剂量等注意事项使用农药，并在喷洒过程中采取必要的安全防护措施，以减少农药使用事故的发生。作业后及时按规定步骤清洗无人机内残留药剂，以免下次作业时与喷洒农药不兼容，发生作业事故。此外，相关部门可探索制定科学合理的无人机作业行业标准，如确定使用范围、适宜温度、飞行高度、飞行速度、农药浓度等，以保证操作人员在统一标准约束下，根据操作规范进行作业。

3. 规范行业运营管理

一是推广专业合作社运营模式。经调研发现，植保无人机作业侵权纠纷多发生在“散户”作业情形下，专业合作社因管理规范、培训科学等原因，纠纷发生的概率明显小于“散户”作业情形，且发生纠纷后赔付能力也较强。因此，应鼓励无人机所有者加入专业合作社，由专业合作社进行统一作业管理。二是加强植保无人机审查监管。对无人机实行实名认证管理，推行无人机一机一码标识，加大对未取得无人机操作资格擅自进行作业行为的打击力度。三是政府部门在政策允许范围内，在个人购置植保无人机时给予适当比例的农机补贴，对从事植保无人机作业的专业合作社亦予以一定补贴，引导专业合作社为农户提供更多优质服务，以提高病虫害防治机械化水平，为促进农业绿色可持续发展提供技术支撑。

（三）完善监管机制，预防和减少纠纷发生

1. 明晰法律监管主体

调研发现，农用无人机作业目前无论是植保飞行还是农药喷洒都缺乏明确的监管主体，行业监管相关法律法规亦较为滞后，对无人机作业

质量的评定等缺乏相应的法律依据。为加强无人机作业活动的安全监管，有效化解和防范风险隐患，避免出现科技“助农”变“误农”的局面，不仅应在法律法规中明确农用无人机作业的具体监管部门，还应进一步细化具体监管要求，明确监管范围及监管方式。此外，政府相关部门还可利用互联网和大数据，探索搭建无人机作业信息服务和管理平台，加强对农用无人机飞防作业的监督管理。

2. 引入强制商业保险制度

无人机作业领域亟须建立健全商业保险强制购买制度，以防范高额赔偿风险。保险公司根据无人机作业的特性打造相匹配的保险产品，无人机所有人须购买保险以规避高额赔偿风险。在保险期间，由于操作人员操作失误或其他意外原因导致无人机损毁及第三人财产损害，均由保险公司赔付。保费由政府财政按照标准保费的一定比例给予补贴，剩余部分由无人机所有者承担。此外，可探索建立无人机作业保证金制度，制定损害处置流程。

3. 完善应急处理法律机制

建立健全无人机作业应急处理法律机制，是防范无人机作业危害扩大化的有效手段。无人机在喷洒农药等作业过程中，若与树木、电线杆、信号塔或飞鸟等发生碰撞事故，无论是操作失灵还是坠毁，都极易发生火灾，毁坏地面物品，危及人身安全。由此，在法律上应完善应急处置机制，明确事故应急处理的主体及程序。此外，可通过公安、消防等部门的勘查、鉴定意见判断无人机操作人员是否违法违规，进而确定承担法律责任的主体。

【民一庭法官会议纪要】

事业单位工作人员自动离职，属于人事争议案件受案范围

（最高人民法院民事审判第一庭 2023 年第 25 次法官会议）

【法律问题】

审判实践中，对于事业单位工作人员自动离职引发的纠纷是否属于人民法院人事争议案件受案范围，存在不同认识。

【法官会议意见】

最高人民法院民事审判第一庭 2023 年第 25 次法官会议讨论认为：原人事部 1997 年发布的《人事争议处理暂行规定》第二条第二项规定，“本规定适用于下列人事争议：……（二）事业单位与工作人员之间因辞职、辞退以及履行聘任合同或聘用合同发生的争议”。《最高人民法院关于人民法院审理事业单位人事争议案件若干问题的规定》第三条与《人事争议处理暂行规定》第二条第二项基本一致。中共中央组织部、原人事部、原总政治部 2007 年发布《人事争议处理规定》，《人事争议处理暂行规定》同时废止。《人事争议处理规定》第二条第二项规定，“本规定适用于下列人事争议：……（二）事业单位与工作人员之间因解除人事关系、履行聘用合同发生的争议”。

从《人事争议处理暂行规定》《人事争议处理规定》有关事业单位

人事争议仲裁受理范围的规定沿革看，原“辞职、辞退”已规定为现在的“解除人事关系”。因“自动离职”系事业单位工作人员擅自离职的行为，属于解除人事关系的情形，故“自动离职”引发的纠纷属于人民法院人事争议案件受案范围，对于此类人事争议案件，人民法院应当依法予以受理。

【民事审判信箱】

离婚纠纷案件，经审理后认为夫妻感情尚未破裂的，是判决不准离婚还是驳回诉讼请求？

Q问 Quesnon 离婚纠纷案件，经审理后认为夫妻感情尚未破裂的，是判决不准离婚还是驳回诉讼请求？

答 从现有法律规定看，民法典第一千零七十九条第五款规定：“经人民法院判决不准离婚后，双方又分居满一年，一方再次提起离婚诉讼的，应当准予离婚。”民事诉讼法第一百二十七条第七项也规定，判决不准离婚和调解和好的离婚案件，判决、调解维持收养关系的案件，没有新情况、新理由，原告在六个月内又起诉的，不予受理。可见，民法典和民事诉讼法均使用了“不准离婚”的表述。与此相对应的，民法典第一千零七十九条第二款则使用了“准予离婚”的表述。离婚纠纷为典型的身份关系纠纷，从民法典第一千零四十一条新增加“婚姻家庭受国家保护”的规定看，其体现了国家对婚姻家庭的特别保护，“不准离婚”更多地体现了这种保护的色彩。从案件受理角度看，根据民事诉讼法第一百二十七条和《最高人民法院关于适用〈中华人民共和国民事诉讼法〉的解释》（以下简称《民事诉讼法司法解释》）第二百一十二条规定，一般民事案件被裁定不予受理或驳回起诉后，只要符合起诉条件和人民法院受案范围，当事人均可再次起诉，但是对于离婚纠纷，没有新情况、新事由，原告在六个月内不能再次起诉。从实体处理看，一般民事诉讼中的判决驳回诉讼请求的理由多为原告的诉讼请求没有事实和法律依据，与离婚纠纷中法院判断双方感情尚未破裂相比，理念不尽相同。而且，第一次诉讼后当事人如果于六个月后再次起诉的，不属于重复诉讼。但是，从《民事诉讼法司法解释》第二百四十七条规定的重复起诉判断标准看，如果采用判决驳回诉讼请求的方式，在解释上与《民事诉讼法司法解释》第二百四十七条规定亦存在一定的冲突。从便利大数据分析角度看，判决不准离婚能够区别于其他判决驳回诉讼请求的民事案件，便于统计分析。从历史沿革看，判决不准离婚也是以往审判实践的惯常做法。综上，我们认为，离婚纠纷案件，人民法院经审理后认为夫妻感情尚未破裂的，以判决不准离婚为宜。

约稿函

《民事审判指导与参考》由最高人民法院民事审判第一庭编。自2000年创办以来，本书以传播最高人民法院民事审判政策和指导意见、介绍最高人民法院和全国地方各级人民法院的优秀审判工作经验以及审判实践中疑难问题的解决思路为己任，对全国法院民事审判工作起到了重要的指导与参考作用，并为全国民事审判工作人员及其他关注、研究民事审判工作的法律工作者提供了一个广阔、互动的交流平台。为了能够有更多优秀稿件更好地反映各地民事审判研究成果，特在此向全国法院系统人员征集与民事审判相关的稿件：

【业务文章】主要收录民事审判实体法律适用以及裁判方法、审判理念等方面的文章，文章应立足审判实践，言之有物、论证有据、观点明确，切忌拖沓，每篇6000字左右为宜。

【地方法院案件解析】主要收录各地法院审结具有典型性和一定指导意义的案件，主要包括基本案情、审判情况及对涉及的法律问题的评析。每篇文章不超过5000字。

【热点调研】主要收录各地法院针对民事审判实践中的新情况、新问题进行调研形成的调研成果，调研文章应当数据翔实、分析论证透彻，并提出相应的意见和建议。每篇文章以1万字左右为宜。

【地方法院传真】主要收录各地法院有关民事审判工作的规范性意见和文件等，为各地法院提供一个信息共享、经验交流的平台。

来稿请发送到以下电子邮箱，并注明联系人电话等联系方式，写作规范及体例请参照已出版图书相应栏目的文章。

联 系 人：张一宸

电　　话：010-67556755

电子邮箱：zuigaofaminyiting@ 163. com

最高人民法院民事审判第一庭

《民事审判指导与参考》编辑部